キェルケゴールとキリスト教神学の展望

〈人間が壊れる〉時代の中で

橋本淳先生退職記念論文集

キェルケゴール没後 150 年記念論文集

日本キェルケゴール研究センター　刊行

松木 真一　編著

関西学院大学出版会

キェルケゴールとキリスト教神学の展望

――〈人間が壊れる〉時代の中で

記念論文集刊行にあたって　――橋本淳先生との出会い

この記念論文集は、当初橋本淳先生の関西学院大学ご退職及び名誉教授を記念して企画された献呈論文集であった。橋本ゼミ生だった人たち数名と私とが発起者になって、国内外の研究者たちに呼びかける形でスタートした。橋本先生のライフワークであるキェルケゴール研究を軸に、先生が長く親交を続けてこられたデンマーク及び韓国の著名な三人のキェルケゴール研究者、そして日本の同研究者たち、さらに先生と関わりの深いキリスト教神学の研究者たちによって共同で執筆された国際的な研究論文集である。

ところが、本論文集の刊行年度の二〇〇五年度は、実はキェルケゴール没後一五〇年の記念の年にあたる、というまったくタイムリーなそれであるということから、この論文集が献呈論集であると同時に、「キェルケゴール没後一五〇年記念論文集」としても刊行されることになったのである。本書のタイトルは、そうした事情による。

刊行にあたって今、橋本淳先生について一言することにした。

先生は、キェルケゴールに関して日本のみならず国際的にも群を抜く数々の業績を残され、よってデンマーク・キェルケゴール協会会員、国際研究機構キェルケゴール・アカデミー終身会員として活躍されているだけでなく、日本基督教学会、日本キリスト教文化学会、日本組織神学会それぞれの長の要職を担われ、特に関西学院大学神学部では二七年にわたり、神学教育、研究、行政に多大な貢献を果たされ、さらには大学とデンマークとの親善・学術交流に新しい道を開かれる等、多くの功績を残された。

先生のそうした数々の輝かしい貢献功績は、とりわけゼミでの指導、その指導を受けたゼミ生たちにも直接間接に反映している。ゼミ生には、現在大学教員になっている者、キリスト教関連諸学会で活躍している者、牧師として宣教のわざに従事している者、様々な形でキリスト教教育に携わっている者、また一般企業の第一線で活躍している者、社会の種々の領域で元気に働いている者等がおり、顔ぶれは実に幅広くまた多彩である。けれども仕事や領域のそうした幅広さ多彩にも拘わらず、とにかく各々が一所懸命に存在し、一所懸命に生きているという点は、橋本ゼミ生共通の色あいを感じさせる。おそらくは、先生の学風の実存的な影響のように思える。機会あるごとに「どうぞしっかり生きていってください」と私たちに語りかけられる先生の実存的な姿勢が、印象深い。

私自身は、ゼミ生ではないが、長い間私的な面でも研究の面でも先生とのいつも変わらぬ深い交わり、関わりに恵まれてきた。確か、先生の学位論文『キェルケゴールにおける「苦悩」の世界』の頃以来、であるように思う。私がキェルケゴールを最初に学問的に知ったのは、京都大学の武藤一雄先生の授業の中でであった。その時学んだ弁証法的思惟の方法は、当時学生の私の内に特に深く刻み込まれた。武藤先生のキェルケゴール論については、本論集「回想」のところで、林忠良先生がまさに先生にしか書けない明解な文章で書いておられるので、ぜひ一読していただきたい。橋本先生も実は、そうした武藤先生のキェルケゴール理解に深く共感を覚えておられるお一人であり、さらにはそれの一層の深化展開を志向されてもおられ、そうした方向の意義についてはこれまでにも何度か教えていただいた。

おそらくは、このような研究姿勢、学風、見方・生き方に由来すると思われるが、橋本先生は時に応じて、鋭い厳しい目をもって問いかけられる。例えば、日本の新約学やその学会等にいつの間にか染み付いてしまった、主観と客観の分裂に基づく新約文書の客観的な歴史再構成という実証的研究の暴走、それに伴う福音信仰や神学の軽視・切り捨て、それを埋めるプラグマティックな社会的実践・道徳主義的な教説への不当なすり替え等に対して、特に厳しい

（この点、日本新約学会元会長の学会の行く末に対する絶望感と通じるところがある）。あるいは、キリスト教主義学校におけるキリスト教教育の歪んだ現状、今の道徳主義のみならず、特に宗教的イベント・行事やクリスマス等における人気取り、大衆化への頽落状況にも鋭いメスを入れられ（この点は、日本キリスト教文化学会での先生の多様な問題提起にも顕わである）、さらにはクリスチャンやキリスト教教育者や神学者たちの「分かったつもり」の神理解や神観念も厳しく批判され、いわゆる体系的教義といった類を自覚的に退けられる、等々である。

「私にとっての真理」という、いわゆる主観・客観分裂を超えた実存の深みに経験・体得される普遍的な真理ということが、おそらくは先生の人生・苦悩・研究・批判・問題提起の基準であるように思えてならない。

本論集の副題を「〈人間が壊れる〉時代の中で」としたのも、先生のこうした実存的な問題意識からである。現代人の精神的崩壊に正面から対応すべく、今一度キェルケゴールの主体的真理、思想を呼び戻し、それと共に一層の神学的展望を持ちたい、というのが本論集執筆者たちの切なる願いにほかならない。橋本ゼミ生であった執筆者によるモルトマンやティリッヒの論文等が見られるのも、この意味からである。

なお、本論集「回想」に稿をお寄せいただいた桝田啓介先生は、ご病気の身にありながらもご尊父について心に残る思い出をお書きいただいた。一言、お礼を申し上げたい。

最後に、長い間私たちを指導して下さった橋本淳先生に感謝と尊敬の念をもって、本論文集をおささげしたい。

二〇〇六年　春

日本キェルケゴール研究センター理事　松木真一

目次

【編者註】

＊　人名表記に関し、「キェルケゴール」と「キルケゴール」の両方が見られる。各論文の執筆者の表記の慣用によるものであるが、本書では執筆者の意向を尊重し、あえて統一しないままにしておいた。

1

キェルケゴールと現代

フィン・H・モーテンセン
林　忠良訳

一　受容という視点

キェルケゴールにとって、ロマン主義は〈限界を破砕するもの〉と同じことを意味し、それゆえ規則にのっとる古典主義的な模倣芸術とは対立することを力説した。その点では彼は自分自身をロマン主義者と捉えていた。芸術家を独創的作品を生み出す天才的創作者だとするロマン主義の考えを不遜のわざと評しもするが、しかし彼はロマン主義的な考えによって、文学であれ、哲学であれ、神学であれ、既存のさまざま伝統的に形成されたものを再解釈したり、結び合わせたりできるようにもなったのである。そこで筆者は本論の前半部では、彼がどういう伝統を生かし、かつそれをどのように変容させているかを解明しよう。それに関してとりわけ、彼による民衆文化の伝統の脚色という問題にふれてみたいと思う。後半部では、キェルケゴールと〈現代〉との関係のもう一つ別の局面、すなわちキェルケゴールの受容という問題を素描してみたいと思う。はじめに述べておきたいことは、キェルケゴールの受容が、デンマークや他の北欧諸国はむろんのこと、フランス、ドイツ、アメリカ、日本といった国々においてもきわめて重要な意義をもつものとなったこと、また彼は、彼に追随するにしても異論を唱えるにしても、少なくとも同じように大きな刺戟を与えてきたことである。最後に、彼を取り入れようとした諸文化伝統のあいだにも、またその出発点となるキェルケゴール像のあいだにも、少なからぬ相違があらわになってくることも指摘しておかなければならない。

国際的にキェルケゴール文献はおそろしく多量にのぼり、しかも年々さらに多くの新しい論文がつけ加わり、いかにたゆまず没頭しても読みきれない材料があるほどになっている(1)。ただしキェルケゴールは、自分はただ一つのことだけを欲しているのだと主張し、またつねにそう明言してきたし、彼のみならず彼の解釈者や注釈者たちも、その事柄に多くの言葉を費やしてきたのである。彼の著作に対する関心は、彼の生きた時代から時間的に距たるにつれ、ますます高まっていった。今世紀に入って彼は注目すべき現存在理解に影響を与え、作用を及ぼし、それによってこの一〇〇年の文化史における一つの事件となった。彼は、異なる傾向のキリスト教信仰のあいだの争いにとどまらず、日本ではさらに、異なる型の仏教のあいだの議論にもかかわりをもってきた。哲学にあっては、観念論の伝統においてもマルクス主義の伝統においても、その展開に重要な役割を演じてきたし、西洋的思惟と東洋的思惟との関係をめぐる議論でも重要な役割を演じてきた。政治的な面では、既存体制の保守的な代弁者とも、弱者の側に与し体制と闘う者ともされた。こうしたさまざまな受容方向の裏で共通している問題は、キェルケゴールを現代に生きる人物と解し得るかいなか、解し得るとすればそれはどのようにか、ということであった。さらにその背後には、与えられた状況のなかに彼を生かしたいという願い、あるいはもう少し学問的に、彼を近代化の企て全体に貢献する者としようとする努力がひそんでいた。大半のキェルケゴール受容には、この両方の思いがひそかな同盟を結んでいるといえよう。

またとりわけ初期の受容のなかには、彼を聖人のような人物に仕立てている書物もあれば、彼を陰鬱な妄想の現われと見なす書物も見られる。しかし論争はまだこれだけではない。彼をヘーゲル主義者だとする者がある一方で、ある者は彼は最初からヘーゲルに対して距離を保っていたと考え、またある者は彼はおそらくヘーゲル主義者だったのだが、自分の手本を完全に誤解していたのだと考える(2)。彼がポスト共産主義社会のイデオロギー的空白を埋めることができるだろうと主張する者がある一方で、ある者は彼はある種の反動に貢献するだけでしかないと主張する(3)。

こうした問題に関してはこれにとどめよう。ここでは筆者は急進的な受容方向に焦点を合わせることにした。この流れはキェルケゴール研究の基礎を築いたと同時に、キェルケゴールを非キリスト教的ヒューマニズムの視点から批判的に読むことによって、彼を〈現代への突破〉へ巻き込もうとしたのであった。〈現代への突破〉は無神論的な人々が新しいヒューマニズムを定義しようとしたものであったから、彼のどこが活用でき、どこを退けねばならないかが問題となった。この流れは、北欧の〈突破〉の楽観的な旗手となったゲオウ・ブランデスからTh・W・アドルノにまで辿ることができる。アドルノの書物は、ドイツにおけるヒットラーの権力奪取という暗雲のもと、近代の崩壊の直中に立ちつつ、宗教的なもののみならず観念論をも放棄するという苦悩のなかで書かれたのであった。

二　キェルケゴールにおけるさまざまな伝統層

キェルケゴールの〈二重性〉と〈弁証法〉が、文化史から受けついだいくつもの伝統層の考察・統合を彼に可能ならしめた二つのプリズムであると考えることができる。このプロセスはすでに『イロニーの概念』に関する学位論文の根底にも存在している。すなわちそこでは、古代の異教はソクラテスにおいてその頂点に達し、それがキリスト教によって論破される。そしてそのキリスト教のなかの異教は自我を称揚するドイツの宇宙的ロマン主義によって代表され、それがまたキェルケゴールの〈制御されたイロニー〉という概念によって論破される。こういうスタイルはキェルケゴールの著作において、最後の諸著作に至るまでくりかえし見出される。それらの著作でキリスト以後の異教の役割を演じるのは、キリスト教界、糊口の資と化したキリスト教である。

ソクラテスのみならず、ストア派も、ピュタゴラス派も、古代ギリシャ＝ローマ神話も、さまざまな著作においてキリスト以前の異教という役割をはたしている伝統層である。その役割は、テキスト構造の全体的な枠組みから細部の構成要素に至るまでさまざまな現われ方をし、構成の上でも、テーマの上でも、文体の上でも現われてくる。いくつか実例を挙げてみよう。

ソクラテスの人物像は助産術的叙述形式の展開の全体に役立てられているが、プラトンの伝統は同時にテキストの形式としても利用され、『人生行路の諸段階』の一部は『饗宴』を下敷きにして書かれている。キェルケゴールはイロニー論文ではプラトンのソクラテス像に対して批判的な姿勢をとるとはいえ、ソクラテスもプラトンもともに彼がたえず言及する人物である。この『人生行路の諸段階』の饗宴に集って女性を称える美的な飲み仲間たちの一人に、コンスタンティン・コンスタンティウスがいるが、彼は一八四三年に『反復』の著者としてキェルケゴールの仮名の多名組織に加わった。この人物は、その名の示すとおり、ストアの伝統から取られており、それによって彼は〈段階論〉の枠組みにあっては『旧約』のヨブ物語に対置される。『反復』はストア的な外的な反復の観念を否定して、ヨブが経験したような反復を指し示す。すなわちヨブは義しい人であったが、神によりすべてを取り去られる。だが彼はその不可解を受け入れ、それによってふたたびすべてを得ることになる。

ピュタゴラスの伝統はいろいろな著作での沈黙の理想をめぐる議論のなかに生きており、多くの仮名のなかでわけても『おそれとおののき』の著者、沈黙のヨハンネスに見られる。しかしさらにそれに加えてこの伝統は、〈助産術的なもの〉の場合に似たような、広汎にわたる機能もはたしている。これについては筆者は、キェルケゴールが段階論の枠組みや組織的な本文構成の裏で、本文の数量的な組立てを用いており、それが〈二重性〉と〈弁証法〉との対立を反映しているのだと主張しておきたい。とりわけ日誌のなかのピュタゴラスの神聖な数をめぐる考察を参照すれば、こういう数的な構成が、この伝統が形成したものを形式の面で写していることがきわめてはっきり見てとれる(4)。古代ギリシャ＝ローマ神話に関して言えば、『誘惑者の日記』における、ユピテルによる人類の両性への分離と旧約の神によるそれとの対立に見るように、それはキリスト教的なものの対蹠物として用いられている。

上述の多くの異質な古代の伝統層に対峙する宗教性の方も、さまざまな層がつまった立場である。ある個所では、旧約と新約とは共通する同質的伝統の現われとして用いられる。とくに古代の異教に対置される場合にはそうである。しかし別の個所では、まさにこの二つの聖書の信仰の観念を区別することに努力が傾けられる。ヨハンネス・クリマクスやアンティ・クリマクスにとっては、その区別がきわめて重大なこととなる。

キリスト教以後の異教という役まわりにも、特別な関心が寄せられる。そこを占めるのは、生に倦んだ宇宙的ロマン主義の思想家・詩人たちや、同時代の慣習的キリスト者、ビロードを着込んだ腹話術的説教者だけではない。『あれか―これか』では、ここではこれ以上ふれることはできないが、説話や童話や民間本やさまざまな迷信といったかたちで存在している民衆文化の伝統に由来するものにも意が払われている。

三　ドン・ファン、アハスウェルス、ファウスト

一八三四年の母の死後数年間、若きセーレンは好き放題のしゃれ者、カフェーの常連となり、その浪費のつけは父

の豊かな財産から支払われたが、それは貧しいユランの少年時代をつねに心に刻印したままの、父のつましい生活態度とはくっきり対照をなすものであった。この時期、息子は危機におちいって、それまでの勤勉さや有能さは、集中力の欠如と、たくさんのやりかけの学問的文学的企てにとって代わった。その大半は数行の下書きとしてしか存在しないけれども、一つの企てだけははるかに真剣である点できわ立っている(5)。キェルケゴールは、民衆文化について学問的著作を書くという目論みをもっていて、一八三五年の夏には北シェランへの旅を試みたが、この旅は二つの点で重要なものとなった。この旅ははじめて彼を父の権力空間から外へ連れ出すことになった。そして家族の呪いに対する自らの責任にふれる父の訓戒から解き放たれ、息子ははじめて野生の自然を、森を、海を、さえぎるものなき地平線を体験した。ここ北シェランの海辺で彼は人格の転機を迎え、それによって彼は、母の死と父の責任を宗教的な観点から解釈し直せるようになり、そしてそれがのちの彼の人格の哲学やすさまじいエネルギーの基盤となり、やがてそのエネルギーが精神的な無気力状態にとって代わっていった。またこの旅によって彼は、両親の生い立ちである農民たちと親しく近づきを得た。そこで彼は、口承農民文学の真の担い手の最後の世代を代表する人たちに出会ったのである(6)。

しかしキェルケゴールは決して民間伝承の蒐集家にはならなかった。それに留まるには、彼には上層市民的文化があまりに深く根を下ろし、彼の哲学的な感覚も鋭敏にすぎた。素材をより高い理念から理解できてはじめて彼はそれらを、あらたな芸術創作に組み込まれた要素として用いることができたのである(7)。一八〇〇年代のデンマーク文学において、二〇年代半ば以降に、従来ひじょうに軽視されてきた散文小説が出現したことに見られる転機ほどに重要な現象はない。それがもたらした結果として、短編小説や長編小説という近代的なジャンルが発展した。文学の世界はより広い大衆に向けて開かれ、政治面では民主化ということに表現された大衆性に応えるものとなった。これと結びついて、新しい散文のなかに二つの伝統が取り入れられた。一つは、イギリスやフランスの散文小説の翻訳からの刺戟である。それらは、新しい社会的、人格心理的な経験パターンをもたらす貢献をした。もう一つは民衆文学の伝統からの刺戟である。その伝統が出版刊行され整備されて、新しい散文作家たちは、民族的ロマン主義と手を携えながら、それらの古い史料をもとに執筆し、農民文化を市民的統一文化の一部として活かすことができたのである。そうした展開によって、比較的裕福な自作農民と都市住民との接合を図る都市官吏の政治的指導性が正当化されたのであった。

しかしほんとうに良質の芸術家たちは、そういう動きに囚われはしなかった。H・C・アンデルセンは初期の民話の再話を早々に打ち切り、心理的に近代的で実験的な童話創作に向かい、芸術創作においてはどこまでも童話というジャンル型式にこだわり続けた。キェルケゴールはもっと徹底的にことを進めた。民衆文学の素材に手をつけるよりも前に、彼にはキリスト教およびヘーゲル主義へ道をきり拓くことが問題であり、素材のジャンル問題には関心を寄せなかった。のちになって彼は農民文化を、実存の諸段階との関連でキリスト以後の異教の一つの表現として低位の段階に配するとともに、さらに、アンデルセンと同様に市民層の調和的な統一文化というものは否定せざるを得なかった。どのようにして彼がこういう結論に至ったかを、もう少しくわしく見てみよう。

『日誌』からわかることは、キェルケゴールが、自らの蔵書に蒐集した膨大な民衆文化の素材を取り扱うにあたって、その最上段にドン・ファンとアハスウェルスとファウストとを並置し、それらに、宗教的なものの外にはあるが、しかし弁証法的にのりこえられることによって倫理や宗教性へ導いて行くことになる三つのイデーを見ているということである。

三人の人物は出発点においては互いに何の関係もないことからすれば、この組み合わせは意外である。しかし伝承される過程において、これら三人の人物の物語はある共通する特徴を獲得することになる。一つには、印刷された文書としては、それらはヨーロッパ文化史の同一の時代、すなわち一六〇〇年前後に由来するという刻印を帯びていることである。さらにまた、それらがロマン主義に至るまでかなりの魅力を発揮してきたという点である。このことは民衆の伝統においても純文学においても、たくさんの補作や改作がなされてきたことに見てとれる。かくしてキェルケゴールの時代にはそれらは、彼のような書斎人にも、教養ある読書好きの市民層よりはるかに広い範囲の大衆にも手に入るものであったのである。問題は、キェルケゴールがその伝統にどのように手を加えているか、またなぜこれら三人の人物を結びつけるのかである。まず、それぞれについて見て行こう。

ドン・ファンという人物がはじめて見出されるのは、同じ名前で、一六二〇年ごろに書かれたティルソ・デ・モリーナの戯曲『セヴィーリャの色事師と石の招客』においてである(8)。その話では色事師ドン・ファンが死神を食事に招くが、その石の招客に招き返された折に自らの悪事のゆえに重罰を受ける。この芝居は、二度の招待など、その構造をそれ以前の古い歌や民話の伝統から受けついでいる。従来の伝統においては石の招客が主役で、色事師の方はただの無名の酔っぱらいである。モリーナにおいて石の招客はきびしい復讐者とされる。石の招客は、キリスト教的なモラル、旧約に見られるような〈目には目を〉を主張してはいるが、なお昔の民衆文学に見られるような異教的な悪魔を思わせるところがある。しかしながらモーツァルトの時代以降は、この物語は一転させられ、色事師が主役の座を奪うことになる。こうした状況で、伝統を受けついだ者たちは、色事師のもともとの罪業リストにたえずあらたな女たらしの話をつけ加えることに遅れはとらなかったが、石の招客の方はただ話の展開に決着をつけるために触れられるだけのものとなった。キェルケゴールが『あれか―これか』で用いているのは、この物語のこうした最後の稿本である。

アハスウェルス、永遠のユダヤ人あるいはエルサレムの靴屋の話は、すでに昔のキリスト教の伝統のなかに見出されるが、しかし書き誌されたのは一六〇〇年代のドイツの民間本においてであった。そこでは彼がイエスを追い払い、その罰として死ぬこともできず永遠にさまようことを課せられる様子が物語られる(9)。時がたつにつれその民間本は、謎めいたさまよう老人やそのほかのはぐれ者など、あらゆる種類の話をそのなかに取り込んでいった。

前二者とはことなり、ファウストはもともと空想の人物ではなく、一五〇〇年代初頭のドイツの妖術師、学者であった(10)。彼はあらゆる知識をもっていると主張し、そのため権力者によって、たとえばいつ戦争が起こるかなどという未来を見通すのに利用された。しかしまたファウストはそれ以上に、その洞察力の代償に悪魔と契約を交わしたのだと思われて、迫害も受けた。彼をめぐる話はどんどん伝説の性格を帯び、しだいに彼は別の物語の主人公、つまり超自然的に見えるやり方で自然の秘密を探り出そうとしている学者の物語の主人公にされるまでになった。

もともと相互に独立のこの三つの物語は、伝統形成の過程で、構造的にも、主題的にも結びつけられて行った。すなわち、それらの物語はすべて神に反抗し、そのために罰を受けた人間をめぐるものとなる。その罰は、性や不死や認識などの人間の喜びが、楽園追放で人間の呪いに変じてしまった根本状況のなかで、彼らが苦悶するところにある。これらの物語が語るように、もちろん罰を伴なってはいるものの、こういう喜びは何にも優るもので、民衆の伝統でも身震いするほどの喜びになっている。そういう興奮がキェルケゴールのこれらの物語との取り組みに影響をおよぼした形跡はないが、楽園追放によるこれら三種の呪いは、彼がそれらの物語を、ともに宗教の外にある生を描く、並立的な三つの視点として理解できるようになる前提の一つとなった。

キェルケゴールの『日誌』に目を通して行くと、これら三人の人物に対する彼の理解に関して、四つの傾向に気づく(11)。

(一)　彼は一八三六年から『あれか―これか』の草案に至るまでは、これらについてしばしば書いているが、それ以後は彼の関心は減衰したように見えること。しかし当の時期には、民衆の伝統も純文学の伝統もいずれも熱心に研究している。

(二)　一番多い記述はドン・ファンに関するもので、ファウストはそれより少なく、アハスウェルスはわずかにとどまること。

（三）一八三六年の三人の人物を並列的にとらえている捉え方から、やがてヘーゲル的弁証法を用いてそれらをまとまりとして考え、ドン・ファンとファウストとの類似性が強調されるようになるという展開があること。

（四）それらの人物はイデーのカテゴリーとして、キェルケゴールの時代の具体的な実存のありように関しても解釈を与える力があると捉えられ、それゆえ歴史から引き出されて、美的段階の範型となるイメージとして用いられていること。

日誌のなかに、『あれか―これか』のAの文書に見られるように、ドン・ファンがファウストへとヘーゲル的に〈止揚〉されて行く道を準備するプロセスを辿ることができる。ファウストはキェルケゴールにとっては人格化された懐疑を代表するものであり、その懐疑は普遍人間的なものだと捉えられている。彼の見方によれば、その物語は罪と罰ではなくて、罪と絶望をめぐっており、そしてその絶望はわけても彼自身の時代とそれが内包する分裂にこそあてはまるものである。

ロマン主義においてはこの主人公は、芸術や研究において、自然についての爆発的に増加する知を支配しようとしながら、しかし自らそれに幻惑されてしまう燃える魂であった。キェルケゴールは、ゲーテが最後には彼のファウストを回心させることで和合させてしまったと批判する(12)。またデンマークのヘーゲル右派の旗手J・H・ハイベアに対しては、ファウストを直接的なドラマと捉えていると批判する(13)。

そのプロセスの次の段階は、キェルケゴールがハイベア自身のヘーゲル的ジャンル美学の延長上で書きとめる着想であり、ドン・ファンとアハスウェルスとファウストは、直接的に美的なものから反省的に美的なものへの三複対的発展と見るべきであり、それゆえそれぞれ抒情詩的、叙事詩的、戯曲的と言い表わすべきだとする(14)。角杯が男根のシンボルとしてドン・ファンとファウストを結びつけることにキェルケゴールが気づいてから、ドン・ファンを直接的な誘惑者と見るようになる道筋がはっきり見えてくる。直接的な誘惑者は、モーツァルトがやったように、音楽的―エロス的にもっともよく表現される。それに対してファウストは反省する誘惑者と捉えられる(15)。

『あれか―これか』の美的な第一部では、二人の人物のうちドン・ファンの方が古いとされている。それは伝承の歴史とは矛盾するが、これは弁証法と年代順とを合致させようとしたためである。ドン・ファンの欲望は無反省にあらゆる女性に向かい、身体的なレベルにあるのに対して、ファウストは彼の分身 alter ego である誘惑者ヨハンネス同様ただ一人の人を誘惑する。彼の魔力はドン・ファンとはちがい精神的な性質のもので、それだけにはるかに破滅的な結果をもたらす。『あれか―これか』においては両者は中世に配され(厳密にいえばそこに由来するものではないが)、天国に襲いかかる巨神たち巨人たちにキリスト教以後において対応するもの、そしてキリスト教以前の神々の怒りには引き裂かれていないものと見られている。

Aの文書の筋は、約めていえば、ファウスト的な誘惑者ヨハンネスが、反省することなきドン・ファンを弁証法的に同化して行く過程である。彼が自分自身を「性愛の自然科学者」と性格づけるのもそれに対応する(16)。すなわち、彼はコーデリア相手の心理的実験を科学者の厳密な組織立てと論理によって遂行して行くが、それに夢中になる。彼らが合一してひとりの人間となり、ユピテルより強力になるという夢物語を、彼は彼女あての最後の手紙のなかでくり広げる(17)。その努力は、段階の思想から見れば、幻としては美しいけれども失敗に終わるものと断ぜられる。

同時にヨハンネスはまた、『誘惑者の日記』の最後の数行に明らかなように、休みなしにあらたに実験をくり返さざるをえない点で、アハスウェルスという人物を同化するものともされている(18)。キェルケゴールの三つの物語の取り扱いに関して、もう一つ注釈を加えておかなければならない。すなわち、ヨハンネスが「性愛の自然科学者」とされるのはドン・ファンが止揚されたためであるが、しかしそれによって同時にファウスト的人物の立つ認識という領域は、男女の関係に切り詰められることになる。こういう限定をふまえてキェルケゴールは認識を誘惑であるとし、この操作によって学問を美的実存段階に配することをさらにはっきりさせ、そこで学問はキリスト以後の異教として現われる。これによってこの書物はもう一つの弁証法と二重性との対立を表現する。その弁証法的な構成がこの作品の一部であり、そしてその作品が助産術的に本来の二重性、すなわち『あれか―これか』か〈建徳〉かという二重性を秘めているのである。

四　ゲオウ・ブランデスによる受容――洗礼を受けた理性と洗礼を受けない情熱

死後一八九〇年ごろまでは、キェルケゴールは主に神学者たちの関心の対象であった[19]。しかし教界は、体制を手きびしく批判したこの男に対してはなべて否定的であった。保守的な聖職者たちは侮辱に対する間接的な表現として、彼に係り合うことを拒んだけれども、彼の攻撃によってその面目を失い、もはやふたたび国民教会全体に対し力を回復することはできなくなる一因となった。代わって力をもつようになったのはグルントヴィ派、すなわち民族主義的楽観主義的で教会に基をおいたキリスト教理解であったが、物質的にはそれは、この時期売上高も増し政治的影響力ももちつつあった独立自営農民に根差したものであった[20]。グルントヴィとキェルケゴールとの違いは大きく、運動としてのグルントヴィ派がキェルケゴールの遺産を必要とすることはなかった。グルントヴィは一八七二年に埋葬されたが、その出来事はこの運動の勢力を顕示するものとなった。それ以来グルントヴィ派は国民教会のなかで指導的な流れとなった。ただし勢力はもっていたものの、グルントヴィ派が絶対というわけではなかった。敬虔主義的キリスト教を背景にもち、小自作農や手工業者や使用人たちのあいだに支持を得ていた覚醒派が、〈内国伝道〉という名のもとで盛んとなった。この運動は、キェルケゴールの言う信仰における内面性や、実存的な誠実を求める要求や、また彼の教会攻撃などに結びつくことができた。彼の教会攻撃はしばしば民衆の平信徒運動とのかかわりで力を発揮したが、彼の神学は父を介してこの運動に根差していた。内国伝道はキェルケゴールを地獄を説く説教者の役割で利用したけれども、彼自身は決してそうあろうとしたわけではない。

しかしこの時期にキェルケゴールに関心を寄せたのはこの宣教運動だけではない。彼の考えの正しさに真に深く捉えられた牧師たちもなくはなかった。しかし世間一般には、彼はもともと精神を病んでいたのか、それともあとからそうなったのかとか、背骨が曲がっていたのか猫背だったのかとか、そもそも彼は身体的にレギーネとの壊れた関係を実現させることができたかどうか等々をめぐる議論が盛んであった。こうした議論は話題としては面白いにしても、しかしそれはキェルケゴールの死後五〇年にわたって、神学の側が彼の本質的な問題に対して示し続けた沈黙を間接的に表現したものにほかならなかった。しかし九〇年代からは次第に、彼の宗教的思想家としての貢献が公に認識されるようになり、世紀の交あたりからは教会が彼を好意をもって見るようになり、そうしたことが彼の全集と日記の刊行がはじめて企てられる要件になったのである。しかしこのことで留意しておくべきは、一つはその過程で彼の草稿原本の多くが破棄されてしまったこと、またキェルケゴールがデンマークの教会史において重要になるのははるかにのちのことだという点である[21]。

キェルケゴールの著作のいちばん最初の受容は、彼自らが公刊の『わが著作活動について』と、未刊日誌遺稿に残したより周到で個人的な『わが著作活動の視点』とで提示した。だが初期の受容史で注目すべきは、一八七七年にゲオウ・ブランデスが『セーレン・キェルケゴール――批判的概説』で本格的なキェルケゴール研究の開始を告げたことである。同時に注目に値するのは、このモノグラフが急進的で非宗教的なキェルケゴールの読みの先駆けとなったばかりでなく、それが神学者たちに自分たちの解釈の独占が打ち破られたことへの義憤をも呼び起こし、そこで彼らも彼の著作について真剣な著書を公にし始めるようになった点である[22]。

ブランデスの書物はいろいろな理由から重要である。この書物はグルントヴィ死去の年に彼が『十九世紀文学主潮』で開始した、すたれかかったロマン主義の時代との対決の一環である。キェルケゴールこそいちばんブランデスを捉え、刺戟したデンマークの著作家であったのであり、この批判的叙述には、一方でそれまでの時代の精神史全体との根本的な対決がはらまれるとともに、他方ではキェルケゴールを〈現代への突破〉に役立てられるかどうか、できるとすればどういう点かを吟味しようとする試みが秘められている。この書物は〈現代への突破〉においても、ブランデス自身の精神史においても、いちばん中心となる文書の一つである。なぜなら本書は、先立つ時代の弁証法的な取り込みを示して見せているだけでなく、ブランデスが広汎な著作を通じてみごとに展開した伝記的方法のいちばん最初のすばらしい実例であることによって、そのことを示して見せているからである(23)。

同時にこのモノグラフはコペンハーゲン大学の教授資格を目指したブランデスの最後の試みであったが、近代的批判的で、人間主義に根差す学問たらんとする彼の主張のために、そこからは彼は締め出されることで幕を閉じた。最後の点ではこの書物は不成功に終わった。これは一八七六年冬にコペンハーゲン大学や北欧の諸大学でなされた講演に基づいたものである。そしてこの書物は異議のあらしをまき起こした。しかしそのことは、この実質的に範型的な著述が話題の種になったことを証明するものである(24)。この論争には長短あわせおよそ二〇〇編の論考が寄せられたが、大半はブランデスの就任に反対を表明していた。オスロ大学では彼は講義する権利さえ拒まれたのは不可解であるが、しかし彼の叙述をめぐるこの論争が、〈現代への突破〉に対する反対者と支持者との文化論争において、両者を分ける重要な違いとなったことは意味深い事実である。すでにこのようにしてキェルケゴールは、触媒として、近代性の一部をなすことになったのである。ノルウェーでは、神学者たちがブランデスを攻撃したあとに、近代的急進主義が著しく活気づくことになった(25)。

ブランデスのキェルケゴールの読みに対する抵抗は、ひっくるめて四つの要点に集約することができる。

（一）ユダヤ人であるブランデスはデンマークの文化には通じておらず、そもそもそれを扱うべきではなかったということ。

（二）彼は自由思想家であり、それゆえそもそもキェルケゴールを理解する前提を欠いていたということ。

（三）彼はイポリット・テーヌから無批判に受けついだ近代自然科学的な、無精神の唯物論的な方法を用いたということ。

（四）彼自身が密な個人的な関心を寄せていたにせよ、キェルケゴールにとっては疎遠であった文化闘争に、彼がキェルケゴールを利用したということ。

ブランデスにとって書物というものは文化政策的行動であり、神学者たちの感情を害するなど少しも意に介しなかった。彼らはキェルケゴール解釈を独占してきたが、その解釈は表面的な読み以上には役立たなかったからである。彼はまた学問と情熱との融合を図ることにも意を払わなかった！　この書物は、彼がニーチェにあてた手紙で力説するように、論争の書として読まれるべきであった、すなわち、「この書物は彼の影響を抑制するために書いた一種の論争書です」(26)。しかしだからといってそれは、この書物に学問的資格がないということではない。逆にこれこそ、批判的な思想は疎遠な世界であっても入り込む権利と義務をもっているとする、ブランデスのヘーゲル左派的な主張の成果である。

ブランデスはユダヤ系の家族背景をもっているが、正統派ではない。そして彼は、自由な思想をもつユダヤ人という立場が、民族文化の研究に携わるのにも利点だと見なしていた。彼は自由思想家であった。だが彼を批判した人たちは、彼の自由思想がキェルケゴール的な実存の危機の結果であり、またその思想は長らくキェルケゴールやスピノザを介してキリスト教を目指しながらも、空しく終わった結果にほかならないことを見逃していた。ブランデスはあたらしい分析方法を用いたが、しかし批判者たちは、彼がすでにその七年前に学位論文で、テーヌに対して批判的な態度をとり、なかんずくその決定論と唯物論を斥けていたことには注意を払わなかった(27)。ブランデスはテーヌの影響を受けたが、テーヌの影響はサント・ブーヴやルナンやミルなどと相互に作用し合い、彼らがブランデスの解釈戦略に心理的な洞察、社会的な理解、政治的活動力をつけ加えたのである。

最後の、キェルケゴールが文化闘争には疎遠であったという点についても、ブランデスの批判者たちが理解していたよりはずっと複雑な問題だともいえる。彼らは、キェルケゴールのはたらきが最後には〈現代への突破〉の前の一世紀におけるもっとも決定的な文化闘争になったという事情をあまり重く見ようとしないが、支配者に対抗するこの公然たるはたらきこそ、ブランデスがキェルケゴールにおいてもっとも高く評価するところにほかならない。この点において彼は自分自身をその衣鉢をつぐ者と捉えている。キェルケゴールに結びつく彼の最初の個人的体験は幼年時代にさかのぼり、彼がズボンの裾をきちんと下げなかったときに、子守り女が彼をセーレン・キェルケゴールだと叱りつけたのだった。この書物の序文にブランデスが書いているように、キェルケゴールの脚は、この詩人哲学者を描いた諷刺画によって、彼の才能に縁などない社会にも周知のものになっていたのである(28)。

総じてこう言うことができよう。ブランデスに対するキリスト教や民族主義に根ざした批判は、彼のこうした問題を平板化し、近代性の敵対像を固定化した。ブランデスはキェルケゴールをそのイメージに結びつけようとしている。ブランデスの企ての真剣さは、彼がすでに一八六六年の処女作のなかで、信仰と学問的認識との関係をめぐる議論を提起していることからも明らかである(29)。そこで彼はデンマークや北欧ではじめて、ヘーゲル左派的な、自由な研究や批判的人間主義的な思想の権利の要求を表明したのである(30)。

そのテーマをこのキェルケゴール論も秘めている。この論文で主人公にブランデスが与えた特徴づけの核心は、彼において理性は洗礼を受けているが、情熱は洗礼を受けていないということである。それに対しブランデスは、彼のいうヨーロッパの英雄たち、ゲーテ、ヘーゲル、シェリー、ミルを対置する。彼らは洗礼を受けていない理性、したがって自由な理性をもっているが、しかし彼らの情熱は洗礼を受けている。情熱が見られるところでも、その情熱は「強大であるが行儀のよい馬のように、精神が乗る勝利の車に柔らかに、気高く、しっかりと繋がれている」[31]。ブランデスが欲したのは、洗礼を受けない理性と洗礼を受けない情熱との結合である。このことはすでに、キェルケゴールとの対決が本質的な点において彼とのつながりを示すものでもあることを意味している。ブランデス自身は信仰ではなく自由な思想を選んだが、それは彼をおそったキェルケゴール的な危機と、青年時代に彼がキェルケゴールを読んだことから生れたのだという事実によってもそのことは支持される。このモノグラフを彼がホテルの一室で数週間で書きあげることができたことは、浅薄さとは正反対のことを表わしていた。それは彼が長年にわたってキェルケゴールを内に秘めつづけてきたことに基づいていたのである。

学問論的には、このモノグラフはブランデスの伝記的方法の基盤となったものであるが、それもキェルケゴールの影響を受けている。ブランデスはこの書物で「人格的な要素」を、すべての著作がそこから光を放つ中心点だととらえ、それを追求した[32]。「すべてを生み出している定式に達したときにはじめて――数学のように――そのさまざまな構成のすべてが理解できる」[33]と彼は書いている。自然科学をたとえに援用してはいるが、しかしブランデスは決して皮相な実証主義を用いているのではない。彼は理念を求めて表層の下にまで下りて、ロマン主義の分裂やら、キェルケゴールの場合でいえば、彼の成長を阻害した私的な事情などに未だ影響されていない、純粋な人格の核を同定しようとする。ブランデスは、キェルケゴールと同様にあらゆる決定論を斥け、個人の人格に対する信頼を、キェルケゴール以上にはっきりと言い表わしている。最後の頁で彼は「わが国の文学において、いかなる作家も彼より深く人間の心の深淵にまで下りていった者はいないし、いかなる者も彼より深く感じ取り、鋭く思惟し、純粋さと堅忍不抜の理想に対する熱狂へと、彼以上に高く飛翔した者はいない」[34]と書いて、主人公の情熱を称えもするのである。この点でさらに、キェルケゴールの人格理解がその複雑性において、実はブランデスの理解以上に現代的ではないかたかが問題となろう。さらにまた純粋さと堅忍不抜の理想とは、キェルケゴールよりもむしろブランデスの理想ではなかったかが問題となろう。

ブランデスにとっての課題は、理性が洗礼を受けることによって、キェルケゴールの純粋な人格がどのように刈り込まれていったかを解明することになる。ここにはテーヌやサント・ブーブの痕跡が認められる。すなわち、キェルケゴールの肖像がモザイク画として描かれ、それが社会史的に人格成長の阻害を説明することになる。つまり、ユランの荒野で父が生い育ったことが息子の憂鬱を決定づけ、首都での彼の成功が敬虔心を呼び起こし、そのため息子は憂鬱な敬虔さを刻印される。だがその父は弁証家でもあって、そのため息子は、自分が敬虔にしたがっているさまざまな権威を擁護するために反抗心や嘲笑やイロニーを駆使するようになる。こういう個人史的な小片に、同時代ヨーロッパの意識の発展からとられた別の小片がつけ加えられる。その結果、キェルケゴールは、非近代的であるばかりでなく、「純粋に封建的な徳」を具えた前近代的な人物だと規定される(35)。

この書物でブランデスはキェルケゴールの文体のみごとな分析を提示し、それを嘆賞して、自らその言い回しを模倣さえしている。彼はまた、芸術的につくり上げられたイメージによって、用いられている概念を提示するという技法もキェルケゴールから借りてきている。そのことは、著作活動の大区分に関連して、実証主義的な刺戟―反応モデルのなかにイメージを組み込むところに現われている。すなわち、まずレギーネがデンマークの民衆のイメージへと充電し直された上で、彼女との出会いが、ブランデスの叙述によればキェルケゴールが〈詩人段階〉と呼ぶ初期に属する作品となる(36)。そのあと残りの諸作品は諷刺新聞『コルサール』に代表される公衆との出会いから引き出される。この二区分を下敷きにブランデスは、キェルケゴールが教会に反対してキリスト教を主張したのとはちがったしかたで、つまりブランデスのように、そのいずれをも退けるというかたちで反応することもあり得たことを示唆する手立てを手に入れる。

この分析方法に特徴的なのは、きわめて素朴な刺戟—反応モデルが、その立論の力を科学的な理論からではなくて、文学的芸術的なイメージから得ているところにある。ここでキェルケゴールは、きわめて生産的な素質を有しており、まったく平凡な日常の影響から一連の重要な著作すべてを生み出してくるという才能の持ち主であると特徴づけられる。そうした才能の持ち主たちは「通りすぎていった船にのっていた船客たちが、そこに果物の種をいくつか置き忘れて、遠からずして黒々とした森に覆われる、南海のあの木の生えていない島々に似ている」(37)と言われる。

この比論はひじょうに魅惑的でもあり、また結果においては問題的でもあって、たくさんのキェルケゴールに関する狭義の伝記的叙述を誘発することになった。またこの個所は、テーヌ流の気候論と芸術的な衝撃力とを結びつけたブランデスの分析の典型である。

彼の分析はいたるところでレトリックのあや、とりわけ対照法を用いている。その原型は、キェルケゴールとブランデスとの対置、つまり封建的な詩人哲学者に対して、ブランデスは自分自身を、まさにキェルケゴールの意識の歴史には欠けているものが見えている現代の人間として対置するところにある。彼らのあいだの対照は、三つの段階を経てバロック的な高みにまで引き絞られる。まずはじめにブランデスは、斧をもち、異教の偶像を伐り倒す勇気をもつただ一人の人である牧師の話を引き合いに出す。次に彼はその話を、キェルケゴールに、キェルケゴールの「権威の忠実な騎士から……権威の殺害者へ」(この殺害者はその人格的な誠実さでキリスト教を外から攻撃しようとする)の発展に転用する。そして斧を振りかざす牧師の導入部の九頁あとには、対照の第三段階、すなわちブランデスだけが批判の刃で断ち切ることのできる結び目が現われるが、その結び目はキェルケゴールの〈飛躍〉の概念を借りて表現される。「彼によってデンマークの精神の生はその頂点に達した。そこからは飛躍が、カトリックの暗い深淵のなかへの飛躍か、それとも自由が手招きしている岬への飛躍かが起こらねばならぬ」(38)。ここにブランデスは立っている。

キェルケゴールのなかで彼が活用できるのは、言葉使いの柔軟さ、情熱、文学的仮構と概念構成物との結合、飛躍論、またこの点でいちばん重要な〈単独者〉という範疇などである。しかし飛躍や諸段階に比べ、キェルケゴールの宗教性や逆説的な二重性の範疇はしりぞけられる。そして〈単独者〉に関して彼は、キェルケゴールが彼のこのもっとも重要な発見を誤まって解したと主張する。もしキェルケゴールが最後の飛躍を敢行していたら、彼は、あたらしい人格の国は理性が洗礼を受けているインドではなくて、ブランデスが「人格と大いなる情熱とすばらしい自立性」の国だとするアメリカであることを見抜いていたことであろう(39)。そしてこの自由の岬の上にキェルケゴールの人格概念がうち立てられたことであろう。そしてそれこそがブランデスのいう現代的な企てであったのである。

ブランデスは自分とキェルケゴールとのあいだに、現代性というはためく旗を立てる理由をさまざまあげている。すなわち、キェルケゴールは歴史が解放へと向かっていることを見抜けない。彼は現代的な精神の生への洞察をもたず、ためにヘーゲル左派の人々や自由思想家たちは顧みないで、ヘーゲル右派に与して戦っている。彼はドイツ観念論から影響を受けるだけで、受けるべきだったイギリスの経験科学からの影響は受けていない。彼は現代の政治や性の解放の戦いなどに対する感覚を少しももちあわせていない。ブランデスはこれらすべてを見抜くばかりか、さらにそれよりはるかに先まで行くゆえに、自分は現代的なのだとする。

しかしながらこのようにキェルケゴールを〈前近代的なもの〉に配置する対照的構成にはさまざまな問題がある。たとえば、ブランデスは、彼自らも述べているキェルケゴールから受けた刺戟のことはなぜ説明しないのか？　キェルケゴールを当時のデンマークに未だ浸透していなかった精神史的伝統と引き比べることははたして当を得たことであるのか？　解放に向かう歴史の方向性や純粋な人格などに対する信頼は、キェルケゴールのはるかに調和的でない考え方よりほんとうに現代的であったのか？　別言すれば、ブランデスは自ら自由や進歩を代表しようとして、キェルケゴールを非近代的としたのではないか？　ブランデスも未だ達しておらず、したがってまた彼の〈現代への突破〉

の構成要素にはなっていない現代性の特徴を、キェルケゴールが身につけていたと考えることはできないだろうか？

こうした問題はまず、〈突破〉のあとにどういうことが生じたかで明らかになる。ブランデスがキェルケゴールの人格観念を何のためらいもなく近代的な自然科学から解釈し直したあとにも、なお問題は残されるが、宗教的なものばかりか、それや逆説といっしょに、キェルケゴールがあばいた人格をめぐる多くの錯綜した問題も取り除かれてしまう。キェルケゴールのうちにある倫理的なものを取りのぞくことを要求することによってブランデスは、のちに現代的な芸術を生み出してくるさまざまな葛藤を無視せざるをえなくなった。世紀の変り目ごろになると、世俗化のもたらす人間の解放が心的な諸問題をはらんでいることが次第にはっきりしてくるが、そうした問題は、ブランデスが想定したように神は死んだとするだけでは解決されえなかったのである(40)。

〈突破〉の文学のなかには、リアリズムから象徴主義への動きや、ほかならぬキェルケゴールのなかにある〈突破〉以上に現代的な側面を扱ったものが見られる。そうしたことがスウェーデンのアウグスト・ストリンドベルィや、ノルウェーのヘンリック・イプセンや、デンマークのJ・P・ヤコブセンのような作家において見られる。この人たちすべてに対してキェルケゴールは、ブランデスによる彼の再構成の試みをはるかに越えた意味をもつものとなった。かくしてブランデスの試みは〈近代的なもの〉に与する楽観主義を表現したものとなった。しかしそのブランデス自身も、哲学者としてのニーチェを最初に見出した人となって、その楽観主義を後にすることになった(41)。

このキェルケゴール論がはらむ豊かさや、研究史にしめるその地位にもかかわらず、本書は方法の面でも重大な問題をかかえている。キェルケゴールの著作を彼の個人的な問題の書き直しと見ることによってブランデスは、本来の、分裂のない人格を仮定するだけでなく、同時に内容と表現との分離も当然のこととしている。その結果、二重性の範疇は私的なものとされ、前近代的なものとしてしりぞけられてしまうとともに、テキストの構成面やジャンル面での現代的な実験も解明されず、気づかれもしないことになる。ブランデスはキェルケゴールの雑多な文体を歎くが、彼の方にはたった一つの評価基準しかなく、そしてそれは古典的なバランスのとれた好みに応えるリアリズム的な散文であった(42)。この面でもキェルケゴールは、ブランデスという彼に対する近代的批評家以上に現代的な人間であった。

五　Th・W・アドルノによる受容――一点における体系

Th・W・アドルノの論文『キェルケゴール――美的なものの構築』はいろいろな点でブランデスの著作と対をなすものである。本書も若い時代の作品であり、これによって彼は自分の学問上の資格証明を果たし、また自らの分析方法の基礎をも築いている。この書物は自らを〈近代性〉の企ての一環と捉え、そのためにキェルケゴールの作品のなかに、根本的に見れば否認される意識の歴史の景観のなかにひそむ、希望の痕跡と廃墟とを析出しようとするものである(43)。

その裏で二つの書物のあいだの対照もきわめて鮮明である。近代的な発展に与するブランデスの楽観主義に対し、アドルノの作品が刊行された一九三三年の情況はするどく対立する。それ以前に理性は徹底的に破綻しており、アドルノは現実そのものがいかなる観念論も、存在と理性との結びつきも否認していると感じた。そこでは全体性はただ「ほんとうの正しい現実」(44)をちらりとのぞかせる残骸としてしか現われ得ない。こうした悲観論はアドルノとホルクハイマーが第二次世界大戦の経験に基づいて書いた『啓蒙の弁証法』における〈啓蒙〉の破綻の分析にもふたたび見出されるし、そもそもフランクフルト学派の文化批判における近代的な意味喪失の苦悩にも見出される(45)。キェルケゴールを扱ったこの論文は、アドルノの観念論との対決、とりわけハイデッガー学派との対決の幕開けであった。

それにキェルケゴールを用いたために、キェルケゴールはまさに、モノグラフというこの書物の性格にもかかわらず、一人の著作活動の哲学的分析をはるかに越える広汎な問題の試金石となった。

この書物には二つの附論がついており、最初のものは三〇年代末に書かれ、もう一方は一九六三年に書かれている。アドルノがその著述活動全体を通じてキェルケゴールに関心を寄せてきたことは、彼の秘められた主著『ミニマ・モラリア』も証明するところである。これは一九五一年にはじめて出版されたが、第二次世界大戦下およびその直後の亡命の時期の〈傷ついた生活〉での省察が収められている(46)。この書物は哲学の本来の領域である「正しい生活についての教え」(47)の展開に寄与するものとして提示されている。その表題によってこの書物は、人間の幸福は理性と一致してはたらくことにあると強調するアリストテレスの大倫理学(Magna Moralia)に対置されている。『ミニマ・モラリア』から始めよう。

この書物は認識論と道徳哲学との垣根をのりこえることを目指す試みである。その形式は、論理的につみ上げてゆく学問的な論文というより、むしろエッセイの集成である。その一五三のテキストと附論は広く〈傷ついた生活〉のさまざまな現象形式に及んでいるが、それらをまとめ上げる傑出した分析的把握は反転にある。ニーチェの〈悦ばしき学問〉に対してアドルノは〈憂鬱な学問〉を対置するが、それは彼がヘーゲルの弁証法、ただし「真なるものは全体である」から「全体は真ならざるものである」(48)へと反転された弁証法に負うていることを認めるからである。同じようにフロイトも反転される。彼はたしかに唯物論的に意識の根底を無意識のうちに探り出したにもかかわらず、彼が発見した衝動というものに対するブルジョアの軽蔑に同調するという誤りを犯した(49)。そのためにフロイトは、衝動の断念を文化を促進する昇華と捉えるか、反現実的な抑圧と捉えるかのあいだで揺れるのである。アドルノにとってフロイトは啓蒙されざる啓蒙の実例である。それは彼が分析の目的を規定するべき批判的尺度の価値を切り下げるからである。

キェルケゴールもアドルノの批判において反転されるものの一つである。彼はキェルケゴールが「官能性の秘密そのもの」に触れている点では同意するが、しかしキェルケゴールのうちにあるルター的自己憎悪と彼が呼ぶものに対しては攻撃を加え、それゆえ彼は表題を『死に至る病』から自らの「死に至る健康」(50)へと反転させるのである。『ミニマ・モラリア』で認識論と道徳哲学とをつなぐことだけでなく、もっと広く弁証法と絶対的真理との関係をめぐる根本的な議論を続ける点でも、アドルノは初期のキェルケゴール分析を引き合いに出している。

かくしてアドルノは〈終わりに〉という表題のもとで、「絶望に直面しながらもなお擁護できるただ一つの哲学は、すべての事柄を救済の立場から見られているように考察する試みであろう」(51)と述べて、キェルケゴール的な始まりをめぐる問題を取り上げている。彼の希望は、認識が世界のカリカチュアをつくり出し、その裂け目を通してメシア的な光が射し込めるようになることである。アドルノはキェルケゴール的な解決をしりぞけるが、それはその解決が、個々人は他者との出会いにおいてはじめて人間となり、客体と歴史的特殊的に直面することにおいてはじめて主体となることを否認するからである。真理を個々の個人のなかに求めることによって、ヘーゲルの悪しき無限に逆戻りするだけであり、それこそまさにキェルケゴールの人格の純粋性の考えが駆逐したはずのものであったとアドルノは述べる。

これにキェルケゴールが答えるとすれば、おそらく彼は、ここでアドルノが彼に帰している人格理解は、まさしく倫理的な段階に配されたものにほかならないと申し立てることであろう。アドルノも〈メシア的な光〉という考えにおいては、キェルケゴールと同様に、認識の外にある超越的な立場を取らざるをえない。彼は「現存在の支配圏の、どれほど僅かなりとも彼方にある立場」(52)に言及する。

それゆえこの汚されていない全体こそ、具体的現実が〈仮象〉としてしりぞけられ、経験的現実もそれの無批判的再生産としてしりぞけられ、観念論も実存主義も等しく否認されたあとに残るただ一つのものである。アドルノは実存主義か経験主義かの二者択一を脱する道としての弁証法にどこまでも踏みとどまるが、しかしその弁証法もまたいかに価値に規定されたものであり、それゆえまた汚れた支配関係の一環であるかをも指摘するのである(53)。

それゆえ直接に明言はしないけれどもアドルノは、すでに「ディアプサルマタ」に萌芽的に存在し、キェルケゴールのその後の哲学のなかでさらに展開されたのと同じ結論、すなわち始まりは空無ではないという結論に達する。アドルノは現存在は原理的に理解不能だとは断ぜず、モダニストとして悲しみの眼で、つねに歪んだ表層の裂け目を通して見出される希望の閃光をさがし求める。これがまた若き時代のキェルケゴール論での彼の戦略でもある。アドルノはブランデスよりはるかに徹底的に、キェルケゴールのテキストを逆なでして行くのである。

キェルケゴールがアドルノの注意を引きつけた理由は、彼がヘーゲルの全体性思考を清算したからであり、実存を思想とは非同一なものとしたからである。それゆえ彼は、アドルノの理解によれば、自己自身を否認したばかりでなく、それと気づくことなく観念論の伝統全体をも掘り崩してしまったのである。こういう見方は、キェルケゴールが宗教性の背理性を指摘することで、知らず知らずのうちに宗教性そのものをも止揚してしまったとするブランデスの考えに符合している。

キェルケゴール論の七つの章を通してアドルノは、キェルケゴールを一枚一枚剥がしていって美的なものに行きつき、それをヘーゲル的に「客観性に対する思想の姿勢」(54)と規定する。彼が企てるのは、弁証法が古代的な悪魔性を透かし照し出すのと同じようにして、幻想がわれ知らずに自然を踏みこえてゆく痕跡を見つけ出すことである。アドルノは総じてキェルケゴールの芸術上の功績は拒むし、キェルケゴールの作品を文学という視点から読むことも拒むから、彼が見出すものはきわめて僅かでしかない。したがって彼によるキェルケゴールにおける〈美的なもの〉の構築の最初の課題は、それを文学と区別することとなる。それらのテキストを文学や哲学とは別のものとして理解する可能性については、彼は意を払わない。

アドルノの著作は二つの動きで組み立てられている。まずは批判的に覆いを剥いでゆく動きで、それは零点にまで達し、その上に希望の廃墟として〈美的なもの〉の構築が生ずる。最初の数章でキェルケゴール自身の美的なものの概念を解体することを通してアドルノは、キェルケゴールが「客体を失った内面性」という考えにおいて現実にもっとも近づきながらも、その内面性の情熱を捉えそこなって実定的な宗教性へと転じてしまっているのだとする結論に行きつく(55)。アドルノからすれば、キェルケゴールの最大の功績は、彼が現存在の意味を規定しようとはせずに、それ自身意味のない現存在に意味を与えることができるものは何かという問いを立てようとしたところにある。しかしながらアドルノ自身は、客観的な観念論も主観的な観念論も、現実的なものは理性的であるとするヘーゲルの考えも、意味は人格の内面の舞台にこそあるとするキェルケゴールの考えもしりぞける。

アドルノによれば、キェルケゴールは超越論的主体を一掃し、ヘーゲルの世界史を人格へ移すことができると考えるから、哲学的にはカントよりもヘーゲルよりも後退する(56)。アドルノによれば、その結果ヘーゲルの普遍的な抽象性が、すべてを包括はするが内実のない自己としてふたたび姿を現わし、その自己は、真剣に決断するという意味でしかまわりの世界と結びつきをもたなくなる。だがその真剣さもそれに意味を与える内面性から定義されるので、それは主体がそれ自らの客体になるのと同じように同語反復的なものとなる。結論的にヘーゲルに対するキェルケゴールの関係は次のように規定される、すなわち、「キェルケゴールの自己は、〈点〉にまで無次元的に収縮された体系である」(57)。キェルケゴールは啓蒙の企てやヘーゲルの志向に同調するかわりに、自らを自然悪魔性に引き戻してしまったとされる。そのために彼は、ブランデスが捉えるように前市民社会的、前近代的な思想家と捉えられる。のちほど筆者は、アドルノの分析のこの個所の考察には異論の余地がある反証として、キェルケゴールの民衆文学の伝統との取り組みを取り上げたいと思う。

アドルノは、キェルケゴールの段階論はヘーゲルに深く依存するものであるが、彼はそれに客観性という性格を与えているとし、その性格は主観的な観念論とは矛盾するものであり、アドルノはそれを「古代的な概念実在論」(58)だと見なしている。キェルケゴールは弁証法と段階の客観的な性格とのあいだのその矛盾に気づいていないために、宗教的な段階が他の段階を侵略することになるのだとアドルノは指摘する。さらにアドルノは、キェルケゴールの考えにしたがえば、自律的精神は死においてしか救出され得ないと述べ、ブランデスとは異なり、宗教的逆説と二重性の思惟がキェルケゴールの支配的な思考形式であると認める。しかしまた、アドルノが自らの課題を解決するのには、その思考形式は解体されなければならないのである。

彼が行きついた零点を、アドルノは〈犠牲〉と呼ぶ。ヘーゲルが実存を拘束する言表を体系の完結まで先延ばしにしたのに対し、キェルケゴールはそれをさらに先延ばしにしただけだとアドルノは主張し、キェルケゴールがヘーゲルに深く負っていながら、ヘーゲルの哲学の核心である現実性を根拠づける思惟の権利を認めることを拒んでいると指摘する(59)。意識の犠牲がキェルケゴールの中心であり、それによって彼は自律的な意識を犠牲にするばかりか、キリスト教も自然も犠牲にして、すべては自然悪魔性に帰してしまうことになる。「神の悲哀というイメージにおいて創造者は没落し、無力となり、犠牲となって自然に呑み込まれる」(60)とアドルノは結論する。キェルケゴールは神を「実は人間の絶対的な精神性にほかならないあの自然のなかに溶解してしまう。クロノスが息子たちを呑み込んだように、神話的な弁証法がキェルケゴールの神を呑み込んでしまう」(61)。この犠牲によってキェルケゴールは、その逆説において観念論の破産を証明している。

キェルケゴールを少々こじつけて引用しつつアドルノは、神―人の逆説を図示的に接線と円との接点としてイメージされるものだとする。キェルケゴールではまさに「世の中と世の外」の両方にあるものを、一つの地平に接合するこの視覚化には厳密さが欠けることを釈明せずに、アドルノは無批判に幾何学を文字通りに受けとり、この接点は広がりを有しないこと、同時にまたそこにあらゆる逆説が詰め込まれ、一切が自然悪魔性への犠牲にささげられる自発的な意識行為という一点にまで収斂すると主張する。

キェルケゴールをこのただ一つの点にまで還元したあと、アドルノはその廃墟のなかにただ一つの希望の閃光を見出す。つまりキェルケゴールはキリスト教を非キリスト教的に犠牲にささげるが、それとは反対に自然神秘的なものに対してキリスト教的な見方をしているとする。

その典拠としてアドルノが挙げるのは全作品のなかでただ一個所だけであるが、それは『おそれとおののき』にある〈アグネーテと水の精〉伝説のキェルケゴールの解釈である。そこにアドルノが見出しているのは、水の精が自然に信頼を寄せるアグネーテに出会って、犠牲なしに宥和される可能性を得ているということである(62)。アドルノの立論の問題点は、キェルケゴールはその個所でこの伝説の三つの異なる解釈を提示しているという点、そしてアドルノは彼の読みではこれらをごた混ぜにして彼の結論に達しているという点である。さらに問題なのは、その上彼は問題の数行を、その著作との連関からは完全に切り離しているという点である。

そしてアドルノは、その一点、たった一つの閃光のなかに、自然が、犠牲や自然悪魔性に服していない衝動が見出されると結論する。そしてそこにアドルノは現実と結びついた希望をつなぎ留め、そしてその希望を自由のカテゴリーである〈美的なもの〉の構築の萌芽として用いるのである。それに基づいてキェルケゴールの作品をあらためて精査し、その結果アドルノはあちこちに、想像力、すなわち現実と根差しつつも同時にその現実を批判的にふみ越える想像力が、犠牲に服することなく支配している事例を見出すのである。

その衣鉢をつぐとしてアドルノがキェルケゴールの遺産から得たものは、少なくもありまた多くもある。少ないというのは、彼が廃墟に見出した希望は多いとは思えないし、またそれは問題をふくむ解釈に負うものであるし、またテキストの言語上の構成や形式上の構成を考えに入れてもいないからである。多いというのは、アドルノが追い求めたのは新しい唯物論的な美学にほかならないが、その美学は芸術家を創作者と解するロマン主義的―観念論的な理解を解釈し直し、芸術家のはたらきを外的規定からの脱出をはかる願望に結びつけるものだからである。アドルノは、キェルケゴールが宗教的にも芸術的にも、自らの意志とはまったく反したかたちで、最大の貢献をはたした古代的人物であったと結論するに至る。アドルノは、想像力に対するキェルケゴールの深い洞察は、まさにそれが現実に縛られない視点から現実の惨めさをあばく可能性をもつゆえに、〈現代性〉にとってきわめて重要な意義をもつものだとするのである。

のちにこの論考に附録として附せられた二つの附論も、アドルノのキェルケゴール受容の性格づけに組み入れて考えなければならない。最初の附論「キェルケゴールの愛の理論」は、『愛のわざ』とキェルケゴールのキリスト教の恩寵理解の分析を内容としている。キェルケゴールは自然の抑圧や衝動の抑圧に与しているとする視点は変わらないが、しかしここではアドルノは、そのことによっていかにキェルケゴールがブルジョア的な性格構造を射あてる可能性を獲得したかという点を強調する。アドルノはキェルケゴールが歴史の進歩を非人間化と解していたことを重視する。「そのことが彼の批判的なモティーフに真剣さと尊厳とを与えるのである」(63)。キェルケゴールは、初期の資本主義的社会における大衆運動によるゆがんだ個別者支配を暴き出した点で、ポーやボードレールやニーチェなどの初期モダニストたちに並ぶ者とされる(64)。たとえば自分の時代を引き合いに出しながらアドルノは、「一八四八年に行なわれた諸集会のなかに彼は、一〇〇年のちになってはじめてスポーツの殿堂をゆるがした拡声器の反響を予感していた」(65)と述べている。アドルノは本質的な留保をなくすことは決してないが、しかしここでは至るところで、キェルケゴールが少なからぬ文化批判的潜在力を有する著述家として描かれている。このテキストは三〇年代の末に書かれたものである。

この書物の第二の附論は六〇年代のはじめのもので、とりわけドイツにおけるキェルケゴール受容に対するアドルノの考察を内容としている。キェルケゴール自身は追従者を謝絶したのに、いまや彼は鸚鵡返しの模倣者の群れに曝されるようになり、通俗的に理解されたキリスト教と同様に、ブルジョア的な正常意識のなかに、たとえば〈単独者〉という概念など思い及びもしないままに呑み込まれてしまった。アドルノはこの点において完全にキェルケゴールに賛同し、そしてとりわけ、キェルケゴールの宗教的なカテゴリーを実存の思惟から切り離し、それを放棄してしまうヤスパースやハイデッガーに代表される新しいドイツの実存哲学を批判している(66)。そうすることで彼らは、キェルケゴールがすでに観念論の足下に爆弾をしかけたのだということに対する感覚はもたないまま〈人間学的存在論〉を再建してきたのである。

この附論では先の附論以上に、キェルケゴールのもつ資本主義的意識形態の批判者としての批判的潜在力が強調されている。ブランデスと同様にアドルノは、キェルケゴールが観念論と戦っただけでなく、ただひとりで社会組織のもっとも重要な制度である教会にも挑んだことを重視している。それによって彼は自ら自分の内面性を社会的な戦いへと変貌させたのであった。アドルノは「彼が路上に倒れた日から、彼よりつつましくあろうとしても、もはや精神的に何の役にも立たない。彼はパスカルの〈人はもう眠ってはならない On ne doit plus dormir〉を一段と強めたのである」(67)と註釈する。

ここでアドルノは、彼のアンチヒーローの〈無力の力〉に同一化するまでにいたり、その批判にもかかわらず、キェルケゴールに現実と理性との分裂という彼自身の指摘への幕開けを見出している。「キェルケゴール以降もはや世界との友好関係は存在しない。なぜならそれは、世界をそのあるがままに肯定することによって、世界のなかの悪しきものを永遠化し、世界が愛され得るものになることを妨げるからである」(68)。

アドルノのキェルケゴール理解は変化したが、キェルケゴールにユートピア的なもの、批判的なものを見出している点はそれらのテキストに共通である。その理解はこの非同時代性に関係している。彼が勝利を収めることができたのはまさにこの離隔からであった。彼はアドルノを介して唯物論的美学の発展にかかわる助産者になったばかりでなく、それを通じてフランクフルト学派の文化批判の基盤ともなった点でも勝利を収めた。六〇年代の反抗する学生たちはキェルケゴールをあまり読まなかったせよ、近代社会の諸制度や疎外との戦いにイデオロギー的な基盤として彼を用いたフランクフルト学派の人々の著作を通じて、キェルケゴールは影響を与えているのである。

急進的なキェルケゴール受容は、以上に明らかなように、キェルケゴールに調子を合わせるものでは決してなかった。だが批判的分析の必要性や個人の義務や権利に目覚めるのに、彼を役立ててきた。わけてもまず、実存にかかわる誠実さであり、抑圧的な慣習の擁護者を片づける必要である。

ブランデスは一九二七年に八十五歳で死去したが、同じ年に彼の最後の書物が刊行された。そのなかで彼は若き日の理想に忠実に、伝説としてのイエスに関する記事を批判的に分析した(69)。このキェルケゴール的な企ての最後の数行にもなお、その声や人格的真理の強調を聞きとることができる。「これを語っている者は義務や徳に導かれているが、その義務や徳はこんにちの時代の偽善者には存在しない。そしてこの偽善の駆逐に、すなわち真理に対する愛に彼らすべての幸福はかかっている」(70)。このようにしてキェルケゴールは、彼に対する二人のきわめて鋭利な批判者を通じて、〈現代性〉の一半をなすにいたったのである。

六　しめくくり

『想い出』（一九二八）のなかで、ハーラル・ヘフディングは彼の広汎に亘る哲学者としての仕事の関連性について説明している。二つの決定的な刺戟は、キェルケゴールの人格原理と、コントやスペンサーに由来する実証主義であった(71)。両者のあいだの矛盾対立がヘフディングの心理学、倫理学、宗教哲学の課題となったが、結論として「私自身はしだいに人格的な努力と学問的な思考とのあいだに両立しがたい矛盾は見出さなくなってきている」(72)。一八九〇年ごろのニーチェをめぐるブランデスとヘフディングとの葛藤のこうした調和的な結末は、ブランデスの原始キリスト教理解と同じように、「社会的個人的な宗教や宗教性はすべて、より詳しく分析すれば、価値の存続に対する信仰であることが明らかになる。そして実定的な諸宗教の時代は過ぎ去ってしまったにしても、そういう信仰は存続し得る」(73)ということを含意している。ヘフディングの人格哲学は教義を認めず、人格の不死性も認めず、かわりに現存在と人格のなかに積極的なものを求める。

晩年のヘフディングの業績のうちで特筆されねばならないのは、一九二三年パスカル生誕三〇〇年の機会に書かれたキェルケゴールとパスカルに関する論文である。そのなかで彼はこの二人の思想家同士の平行関係に光をあてるとともに、また〈現代への突破〉にしたがえば宗教など過去のものになったはずのはるかのちまで、なぜ教会は信者たちをずっと保持しつづけることができるのかも考察している。聖書批評家たちの末裔として、彼はその原因を心理的なものに見ている。すなわち、「私にとって最大の関心事は、そこにはつねに、根本気分や、人生とその大きな矛盾の経験が目覚め、表現されているような偉大な姿で生きたいという欲求、学問や芸術から得られるものでは充足しない欲求がはたらいているということである」(74)。それゆえ信者たちは教会の伝承のなかに〈人生の詩趣 Livspoesi〉を見出したり、教会の教義や礼拝にしっかりしたよりどころを見出すのである。ヘフディング自身はグルントヴィ派の国民教会からは離脱する結果になったが、しかし死ぬまで彼は、学問がその役目を果たし終えたあとになお残る非合理的な残留物を探求し続けたのであった。

科学論としてはヘフディングはこうした問題性、わけてもニルス・ボーアの原子物理学におけるような、観察と解釈との出会いにおいて現われてくる問題性に取り組んだ。ヘフディングの学生たちのなかには、三つのいわゆるコペンハーゲン学派、すなわち実験心理学のルービン学派、構造言語学のイェムスレウ学派、原子物理学のボーア学派の指導者となった人たちがいた。ヘフディングという哲学教授を介して、彼らはそれぞれにキェルケゴールの影響を受けているが、もっとも重要なのはおそらくボーアであろう。彼はたとえばH・C・エアステッズのような昔のデンマークの傑出した自然科学者と同様に、科学論に深く携わった(75)。古典的なニュートン物理学の射程を永久に相対化することになった量子力学の理解をめぐる、ボーアとアインシュタインとの論争はなお議論のあるところであるが、それを再現するのはここでは煩瑣にすぎよう。要はいずれが正しいかはずっと未決のままだということである。アインシュタインは、原子核の質量と運動とを、論理的に連関する同じ理論で記述することが可能であると主張した。彼は、「世界に関して永遠に理解不可能なことは世界の理解可能性である」と述べ、こうつけ加える、「神はサイコロ遊びはしない」。これに対してボーアは「神が何をなさるかなどと語ることをやめたまえ」と答え、こうつけ加える、「自然がいかにあるかを究明することが物理学の課題であると信じるのは間違いである。物理学は、自然についてわれわれが何を語れるのかにかかわるのである」(76)。ヘフディングの非独断的で人間主義的な倫理学は、アインシュタインやボーア自身の研究が発見に導いた原子エネルギーの平和利用のためのボーアのはたらきのなかに染み透っている。そして彼が合理的な認識に対してつける留保には、ヘフディングのみならず、その背後でキェルケゴールも染み透っている。ボーアの中心的な発見は、原子核の位置と速度とを同時に精確に規定することは不可能であるということにあった。結果として、それはある位置から他の位置へ不連続的に飛躍することができるのだと仮定せざるを得ない。こういう論理的に見れば不可能な運動という考えを、どこまで彼がキェルケゴールの〈飛躍〉の思想から借用したかはたしかでない。しかし彼が青年時代の哲学の教師のもとで、その思想の手ほどきを受けたことはたしかである。

原子物理学における認識論的発展は、うたがいもなく〈近代性〉の本質的な部分である。そしてそれは同時に、古典的な自然の見方、つまり自然の諸要素は原理的に論理的な法則にしたがって機能しており、その法則の存在は立証されるはずであり、またされ得るものだとする見方が瓦解してゆく一要素でもあった。大きな勝利を収めて自然科学を他のすべてに優る学問にまで高めた実証主義的な研究の雛型そのものが瓦解してしまった。こんにちではまじめな自然科学者たちが、ボーアを引き合いに出しながら、自然は法則よりもむしろ習慣にしたがっていると語っている。現代のフラクタル理論は、習慣は法則ではないから、一見規則通りに見えるものも突然予見不能なものになるという一例である(77)。

ポストモダンの哲学によれば、モダニズムの特徴は、それがいくども解釈モデルの瓦解や現実の断片化を指摘しながらも、なおその背後にある全体性を探し求めつづけ、失われた連関をなげき悲しみつづけることにあるとされる。ポストモダニストたち自身は、解釈の真空に立たされたニーチェのように、喪失をなげくかわりに重荷からの解放を喜ばなくてはならないと考える。「大きな物語は死んだ」とスローガンが唱えられるが、それで言われているのは、今世紀において人間科学のもっとも重要な解釈の道具となり、実証主義に代わる選択肢となってきたヘーゲル、マルクス、フロイト、構造主義、記号論のことである。今やすべての人は、モダニズムを博物館のものとした新しい時代にあって、喜びをもってはじめからはじめ直すべきである。意味は内部から瓦解し、〈内破〉した。

ポストモダン的なアプローチはそののち国際的な地平で流行となるが、それは人間理解に関しても、人間が環境世界を解釈する可能性に関しても、一連の広汎な帰結をはらんでいる。かくして宗教と結びつくかいなかにかかわりなく、人間の倫理を構築する努力を続けることはむずかしくなる。キリスト教の正統主義の瓦解のあとにキェルケゴールが辿った過程や、ヘフディングが自らの前提に立ちつつ続けていった過程などは、〈万人に対する万人の戦い〉(これは諸現象の外的な現われ以外のものは認めないという唯物論的な利己主義にほかならない)に対する隠しきれない賛意のために、放棄されざるをえなくなる。解釈についていえば、文学作品の〈読み〉も哲学的作品の〈読み〉も、われわれを取り巻く現実の理解も同じように、あらゆる〈読み〉が同じように有効だという結果に終わる。与えられた対象の理解よりもむしろ読者の方に光をあてようとし、そしてその読者は自らの望むものを、個々の作品のみならず過去の伝統の全体からも、切れ切れの引用として恣意的にひっぱり出すことが許される。

この結びの論評でポストモダンについて議論をすることはできない。ここにポストモダンを引き合いに出したのは、近代的なキェルケゴール受容について締めくくり的な註釈をするためである。その受容はブランデスの場合もアドルノの場合も、原理的な留保をつけながらも、ことばの背後に内的な全体性を探し求め、文化の廃墟のなかに見出されるとされる希望を探し求めるものであった。

ポストモダンをたんなる流行でなく、それ以上のものとして真剣に受け取るべきだとしても、それは彼らのキェルケゴールの分析のゆえではない。キェルケゴールそのものはポストモダンの哲学の関心を引いたわけではないが、〈誘惑〉という概念はマリオ・ペルニオラやジャン・ボードリヤールの著作では中心をなしている。

この概念はボードリヤールにおいてはきわめて広い意味範囲をもつ。すなわち、あざむくこと、勧誘すること、魅了すること、だますこと、あるいは疎遠になった関係に入り込むことなどを意味する。ポストモダニストは実存哲学をしりぞけるが、それでもこの誘惑の概念は、具体的な力関係に入り込むことなど、実存の考えに代わるものに近づく。かくしてボードリヤールにおいては誘惑が、われわれと世界との関係を整理する差異や対立という論理的カテゴリーにとって代わる。そして誘惑する者もされる者もともに、両者が組み込まれている過程のなかにある主体という等しい地位を与えられる。誘惑とは、誘惑する者が時間・空間を一つの擬似世界において規律し、その擬似世界がまわりのものを内破された〈現実〉としてあばき出すことを含意している、すなわち「誘惑はものごとを純然たる仮象へと変容させる運動にある」(78)。それによって誘惑する者もされる者も同じ運命を獲得する。

ボードリヤールは、キェルケゴールが用いる二元性のカテゴリー（神と人間、善と悪、真と偽）が論理的差異にとどまらず、誘惑の関係にも入り込んでくるという考えを支持しようとはしないのはどういうことかを略述している。こういうものを切り分けることに〈愚かしいエネルギー〉を使う代わりに彼は、真の革命はこういう二面的な体系の一つを内破することであると見なければならぬと主張する(79)。それによって世界は「没入されていないもの、魔法がとけたもの、非情緒化されたものとして捉えられ、意志と表象としての世界が終わる。しかしこの中性化は誘惑的ではない。それに対し誘惑は、関係項を相互にもつれ合わせること、そしてそれらを最大限のエネルギーと魅力において統合することであって、それらを最小の強度において融合させることではない」(80)。自分自身を、そのように享受はするが、定義上から外に立つという立場に据えることによって、ボードリヤールは自分を美的な人間の一人であるとする。その美的人間をキェルケゴールは弁証法的な過程へと連れこんだのであった。

これらの考察は『誘惑者の日記』の分析に結びつけられているが、その分析においてボードリヤールは、ポストモダン的読者として、構成や実存段階によってそのテキストが布置されている文脈を無視するという権利を行使する。ヨハンネスとコーデリアの関係はひっくり返され、自然本性から本来の誘惑者となるのは彼女だとされ、しかしその彼女の役割はテキストでドラマが始まる前に終わっているのだとされる。コーデリアは、殺害とも、あるいはヨハンネスが彼女の誘惑を盗みとり、それを彼女自身に向け返す点では完全犯罪とも解される行為において、自分自身の主権のために犠牲として献げられる主権者であると解される。このテキストの言説のこのような受け取り方には、たとえ『誘惑者の日記』を『あれか―これか』やほかの〈著作〉とは切り離して独立に解することを受け入れるにしても、なお異論の余地が多く残される。

ボードリヤールによるキェルケゴールのテキストの用い方は、細部においてきわめて問題をふくんだものであり、また前後からあまりにも切り離されすぎているので、それを解釈と解するよりもむしろ、彼はぞんざいな読者にすぎないのだとする方がふさわしい。彼の解釈はこの書物の読者に対する戦略としての誘惑の実例になっているのではないのか？　それが成功しているとすれば、それはテキストと解釈とのあいだの摩擦が解消してしまったせいである。だがその摩擦こそ、たんなる私的な読み方を越えるものであると主張する〈読み〉にとっては試金石となるべきものである。そういうことが起るのは、一つは〈読み〉をテキストとつき合わせながらその〈読み〉を制御する可能性を放擲してしまう場合であり、一つはその〈読み〉の前提となっているものをはっきり明示しない場合である。

そのようにテキストが局部的な断片に分解され、その断片が少しも真剣に受けとめられていないとき、また内容に即した構造的な全体把握が無視されるとき、またそれによってついにはこの物語の死ばかりか、そこにおいてそれが理解される〈大きな物語〉も死んだと宣告されるとき、そこで、まさにそこで、人はふたたび価値や倫理をめぐる問題をかかえることになる。

〈言葉〉そのものが問題化するばかりか、さまざまな言葉も恣意的なものに化してしまうなら、なぜ文化伝統などに取り組まなければならないのだろうか？　そういう仕方で得られたと思い込んでいる高揚感は、キェルケゴールがまさしく美的なものの分析において論じたように、束の間の喜びにすぎないのである。

【原註】

（1）二次文献については、Jens Himmelstrup, *Søren Kierkegaard. International bibliografi*, 1962; Aage Jørgensen, *Søren Kierkegaard-litteratur 1961-70*, 1971; *Søren Kierkegaard-litteratur 1971-80*, 1982（同著者による増補が *Dansk litteraturhistorisk bibliografi 1967-86*, 1989 の〈キェルケゴール〉の項にある）の文献目録参照。そのほかに Julia Watkin 刊行の "International Kierkegaard Newsletter"（ISSN 0108-3104）にも文献紹介がある。北欧における研究の概観としては、Aage Henriksen, *Methods and Results of Kierkegaard Studies in Scandinavia*, 1951; Aage Kabell, *Kierkegaardstudiet i Norden*, 1953

がある。

（2）Finn Hauberg Mortensen, Kierkegaard og Hegel – en kompositionsanalytik tilgang, in: *Scandinavian Literature in Transcultural Context*, Seattle, 1986 参照。

（3）ポスト共産主義社会におけるキェルケゴールに対する関心については、Finn Hauberg Mortensen, i: Politiken, 13. januar1991; F. J. Billeskov Jansen, i: Politiken, 29. december 1992 を参照。

（4）未刊論文であるが、筆者にこれについての論究がある。

（5）Pap.I C 66 参照。一八三五年三月二八日付のこの記述は、すでに表記の三人の人物への言及をふくんでいるが、しかし未だなおそれらを一つの視点から理解する着想はない。註11参照。

（6）とりわけ Pap.I A 65, s.38 参照。

（7）註11で指示する日誌記述参照。

（8）作者名はおそらく修道士ガブリエル・テリェスの偽名である。デンマークの伝統との関係については、Niels Barfoed, *Don Juan. En studie i dansk litteratur*, 1978 でくわしく扱われている。

（9）アハスウェルスは、キェルケゴールの時代では、とりわけB・S・インゲマン（一七八九―一八六二）、Fr・パルダン＝ミュラー（一八〇九―七六）、H・C・アンデルセン（一八〇五―七五）らの作品において主題となった。

（10）ファウストに関して知られている最古の著作は一五八七年のものであるが、彼についての民間本は一七〇〇年代初頭に由来する。

（11）『日誌』のなかの三人の人物に関する記述のうちでは、とくにPap.I A 150（一八三六年三月）、Pap.II A 29（一八三七年三月）Pap.III A 188（一八四一年）などが重視されよう。

（12）Pap.I A 104 参照。ゲーテは全生涯にわたってファウスト像ととりくんだ。一七九〇年には断章を公にし、作品としてのファウストは一八三一年に擱筆したが、その最終章は一八三二年に遺稿として刊行された。

（13）Pap.I C 59, Pap.I C 102 参照。

（14）註11で指示した個所、および Pap.I C 58, Pap.I A 225 も参照。
（15）Pap.I C 58 参照。
（16）SV I 331, 450 参照。『あれか―これか』におけるドン・ファンとファウストとの結びつきの解釈に関しては、SV I 83 参照。
（17）SV I 476.
（18）SV I 479 参照。
（19）註1の Aage Henriksen, Aage Kabell による概観参照。
（20）Hal Koch, Den danske kirkes historie, bd.1-8, 1950-66 参照。
（21）同上参照。
（22）G. Brandes, *Søren Kierkegaard. En Kritisk Fremstilling i Grundrids*, 1877. ここでは彼の全集第二巻（一八九九）に拠る復刻版（一九六七）を用いる。全集第二巻の版には「あとがき――『遺稿集』（一八四九）の機に――」（一八八〇）が附されている。初版の際にはブランデスは遺稿については散発的な情報しか得ていなかった。この事情は彼の解釈をいっそう注目に値するものにする。神学者たちに関しては、註1の Aage Henriksen, Aage Kabell の文献目録参照。
（23）G. Brandes, *Hovedstrømninger i det 19de Aarhundredes Litteratur*. 註30参照。ブランデスはさまざまな評論や論文で生と作品との関係を研究した。註27参照。
（24）註1の Aage Kabell 参照。
（25）同上参照。
（26）G・ブランデス書簡、一八八八年一一月一一日付。Nietzsche, *Briefwechsel*, 1984, Bd.3, S.202f.
（27）一八七〇年の学位論文の題目は『現代フランス美学――テーヌ論』である。フランスの歴史家文学史家イポリット・テーヌ（一八二八―九三）は実証主義から着想を得て、文学作品を作家の人種、環境、状況の所産として描いた。ブランデスにおいてこの決定論は、評論において作品の読みを通してその作家の心理的特徴を描こうとしたフランスの美学者シャルル・オーギュスタン・サント＝ブーヴ（一八〇四―六九）からの影響と混ざり合う。ブランデスが偉大な文化人に関心を寄せるようになるのは、一八八七年以降フリードリヒ・ニーチェ（一八四四―一九〇〇）の影響による。一八八九年の紹介的な『貴族的急進主義』で、彼はニーチェを〈現代への突破〉のさらなる進展を鼓舞する者に加えたのである。このために、〈突破〉の初期段階を刻印していたイギリス功利主義の考えに対する信頼を抱きつづけるハーラル・ヘフディング（一八四三―一九三七）とは対立することになった。そしてこの対立がキェルケゴールの急進的解釈の二つの流れを生み出すこととなったのである。『大フーモア――心理学的研究』（一九一六）でヘフディングは、自らの倫理学者としての業績を総括し、それをキェルケゴールの〈フーモア〉の概念によって基礎づけた。ヘフディングの哲学は国際的に読者を獲得するが、すでに若い時代から根本的にキェルケゴールの影響の刻印を帯びていた。ブランデスとともに彼は、国際的なキェルケゴール受容（そこには日本の受容もふくまれる）に対して大きな意義をもつものとなった。

（28）G. Brandes, *Søren Kierkegaard*, s. 9. 参照。

（29）『現代の哲学の二元論』（一八六六）。

（30）そのため一八七二年に第一巻が出た『十九世紀文芸主潮』は、〈現代への突破〉のエポックを画する表明となった。ブランデスによるヨーロッパ文学の包括的分析は、公刊に先立ってコペンハーゲン大学講義のかたちで公開された。初回講義は一八七一年一一月三日に行なわれたが、その前置きにすでに彼の学問の前提を見出すことができる。「私は自分が信じる原則、すなわち自由な研究の権利と、自由な思想の最終的な勝利に対する私の信念を称揚することが、私の義務でありまた栄誉であると思っている」（*Essays*, 1963, s.87）。あとの註71引用のしめくくりの言葉における、ブランデスのほとんど同じ趣旨の科白を参照。

（31）G. Brandes, *Søren Kierkegaard*, s.119.

（32）Ibid., s.81.

（33）Ibid., s.82.

（34）Ibid., s.198.

（35）Ibid., s.24.

（36）Ibid., s.55ff.

（37）Ibid., s.62.

（38）Ibid., s.197.

（39）Ibid., s.86.

（40）とりわけ象徴主義の文学参照。象徴主義は一八九〇年代になって北欧に入ってくるが、その象徴主義に、さまざまなタイプの宗教性や、またある作家たちの場合には神秘主義があらためて足がかりを見出した。

（41）註27参照。

（42）Sven Møller Kristensen, *Georg Brandes. Kritikeren, liberalisten, humanisten*, 1980、および *The activist Critic. A Symposium on the political ideas, literary methods and international reception of Georg Brandes. Orbis Litterarum*, 1980 参照。

（43）『キルケゴール——美的なものの構築』はまず一九二九—三〇年に執筆されて、一九三一年にフランクフルト大学教授資格論文として提出され、手直しの上一九三三年にドイツで刊行されたが、その年にヒットラーが政権を奪取した。一九三四年に亡命した著者は市民権を剥奪されたが、この論文は発禁とはならず、実存論的存在論に対するその批判は祖国の批判的知識人の心を捉えた。一九六六年に二編の附論を附してフランクフルトで出版された版への跋のなかでアドルノは、キェルケゴールへの批判は失わないが、しかし附論にふれて自らのキェルケゴール研究の歴史的な発展を指摘している。

（44）Th. W. Adorno, *Gesammelte Schriften*, 1998 (1973), Bd.1, S.325.

（45）Max Horkheimer, Th. W. Adorno, *Dialektik der Aufklärung: Philosophische Fragmente*, 1947. 参照。

（46）Th. W. Adorno, *Minima Moralia. Reflexionen aus dem beschädigten Leben*, 1951; *Gesammelte Schriften*, Bd.4, 1998. 三光長治訳『ミニマ・モラリア——傷ついた生活裡の省察』（一九七九）。〔原文はデンマーク訳により、その頁数が付されているが、ドイツ語全集の頁数をGSで示す。〕

（47）GS S.13. 邦訳一頁。

（48）GS S.55. 邦訳六〇頁。

（49）GS S.67. 邦訳七七頁。

（50）GS S.65. 邦訳七四頁。

（51）GS S.283. 邦訳三九一頁。

（52）GS S.283. 邦訳三九二頁。

（53）GS S.280f. 邦訳三八八頁以下。

（54）Th. W. Adorno, *Kierkegaard. Konstruktion des Ästhetischen*, 1966（1933）: *Gesammelte Schriften*, Bd.2, 1998, S.262. 山本泰生訳『キルケゴール――美的なものの構築』（一九九八）三六一頁。〔これも原文はデンマーク訳によっているが、ドイツ語全集の頁数で示す。〕

（55）GS S.97f. 162. 邦訳一三〇、二二三頁。

（56）GS S.106ff. 邦訳一四三頁以下。

（57）GS S.116. 邦訳一五七頁。

（58）GS S.131. 邦訳一七九頁。

（59）GS S.169. 邦訳二三二頁。

（60）GS S.160. 邦訳二一九頁。

（61）GS S.161. 邦訳二二一頁。

（62）GS S.171ff. 邦訳二三六頁以下。

（63）GS S.229. 邦訳三一五頁。

（64）GS S.229. 邦訳三一五頁。

（65）GS S.230 邦訳三一五頁。

（66）GS S.242ff. 邦訳三三二頁以下。

（67）GS S.258. 邦訳三五六頁。『パンセ』でパスカルは、人間が知性において自然に優ると同時に、その自然に引き渡されているさまを描いた。その葛藤の解決を彼は理性の上にではなく心情の上に築かれるキリスト教に見出した。このキリスト教に対する反哲学的な見解はキェルケゴールを先取りするものであり、キェルケゴールは遺稿日誌のなかでしばしば彼に言及している。

（68）GS S.258. 邦訳三五六頁。

（69）G. Brandes, *Urkristendom*, 1927. ブランデスは一九二五年には『イエス伝説』も公刊している。

（70）G. Brandes, *Urkristendom*, s.138.

（71）H. Høffding, *Erindringer*, 1928, s.303.

（72）Ibid., s.303.

（73）Ibid., s.305.

（74）Ibid., s.315.

（75）ボーアの考察の一端は *Atomfysik og menneskelig erkendelse*, 1957 に収められている。

（76）以上は T. Nørretranders, *Det udelelige. Niels Bohrs aktualitet i fysik, mystik og politik*, 1985 から重引である。

（77）フラクタル分析は複雑で予見不能な幾何学的構造に取り組むもので、今世紀の初めからわけてもオズグッドやフォン・コッホらによって研究されてきたが、最近では古典的自然科学のカテゴリーの問題化の一環として、とりわけホログラフィーなどに結びつけられる。一つの直線を測るという一見単純なことも、フラクタル構造が問題になるときわめて複雑なものとなる。フラクタル構造においては、たとえば一つの雪片のように、それぞれの線分がいくつかのパターンに分解され、そしてそのパターンがつねにより小さな次元において全体の図形やその部分を再生する。それによってその直線は、ごつごつした海岸線の場合のように、どう見ても無限に長くなる。

（78）J. Baudrillard, *De la séduction*, 1979, p.121. 宇波彰訳『誘惑の戦略』（一九八五）一五九頁。〔これもデンマーク訳によっているが、原典が手許にないのでデンマーク訳の頁数を踏襲して示す。〕

（79）Ibid., p.108. 邦訳一三九頁以下。

（80）Ibid., p.108f. 邦訳一四〇頁。

【付記】

原題は Kierkegaard og 'det Moderne' で、「キェルケゴールの現代性」とした方が適切かもしれないが「キェルケゴールと現代」と訳した。moderne という広い含意をもつことばにきちんと対応できる訳語を見出せず、文脈によりさまざまに訳した。文中で〈現代（性）〉とも〈近代（性）〉とも〈モダン〉ともいうのは同一の moderne にあてた訳語である。また dobbelthed は通例にしたがって〈二重性〉と訳したが、著者のいう doppelthed と日本語の〈二重性〉とはニュアンスを異にする。著者はこのことばで confrontative dualism を考え、二つのもののあいだの対立緊張の関係を表わすものとし、それを止揚統一の面に重心を置く dialektik に対置して、キェルケゴールにおいてこの両者が相互にはたらきあう関係にあると考えている。だから〈二元性〉〈両極性〉などという訳語も考えたが、〈二元性〉には dualisme ということばが使われているし（註29参照）、〈両極性〉では対立緊張は表わせても相互の関係が稀薄になるのでやむなく〈二重性〉を採った。なお原註は、著者と協議した上でほぼ三分の二につづめた。

夏の終わり近くに、海峡をへだててスウェーデンを望む北シェランの Hornbæk の海辺の家に著者を訪ね、長時間にわたりさまざまな質問に懇切にお答えいただいたことに深く感謝申し上げる。それによってさまざまな疑問をただし、また読み誤まりを訂正することもできたが、なお多くの誤まりがあるのではないかと危惧しつつ、著者の寛恕を願うものである。

セーレン・キェルケゴールの新版原典全集の刊行

ニールス・カペローン
橋本　淳訳

訳者序

〔デンマーク・コペンハーゲン大学キェルケゴール研究センターでは、目下、セーレン・キェルケゴールの著作活動を統合する**批評的新版原典全集**（Søren Kierkegaards Skrifer—SKS）の刊行を始めている。この新版原典全集には、既刊の著作全集及び日誌・遺稿集など、これまでに知られるキェルケゴール資料の全体が所収され、精細な本文批評・注解が加えられる。

一九九七年秋、関西学院大学の客員教授として来訪されたフィン・H・モーテンセン教授は、この新版原典全集刊行の責任編集者の一人で、刷り上がったばかりの最初の五巻を持参して来られた。キェルケゴール研究史上、世紀の偉業ともなる出版物を手に取った最初の日本人がわれわれであったと自負している。国家的な規模で展開されるこのプロジェクトについては、以前にモーテンセン教授の論稿を邦訳して紹介したことがある。(「神学研究」第四〇号、一九九三年)。

本論文の執筆者ニールス・カペローン(Niels Jørgen Cappelørn)博士は、キェルケゴール研究センターの所長をつとめ新版原典全集刊行の総責任者である。氏は、先にデンマーク聖書協会総主事として旧新約聖書のデンマーク語現代語訳を指導してこれを完成され(一九九三年)、その手腕が高く評価された。カペローン氏と訳者とは長年にわたって親交があり、訳者が最初にデンマークを訪れた折、氏は当時、キェルケゴール研究の碩学、故ツルストルプ教授の助手をされていて、訳者を親身になって世話して下さった。ふたりの再会をめぐっては、以前に記したことがある(「本のひろば」一九九六年一一月号、日本キリスト教文書センター発行)。カペローン博士は、本稿でもって、新版原典全集の刊行がどのような意義を持ち、又、如何な性格のものであるかを明快に紹介されている。それは同時に、キェルケゴール・テキストに関して全く無反省なまま、しばしばデンマーク語原典全集第三版(これに対する辛辣な評言は本稿六八ページ参照)に典拠してなされるキェルケゴール著作の日本語訳あるいはキェルケゴール研究に対する、厳しい叱責でもある。まして、専らドイツ語訳や英語訳等の重訳に依るキェルケゴール著作の日本語訳・研究等は、それ以上に問題となろう。このようにして、今では世界の趨勢から遅れをとった日本のキェルケゴール研究、そしてそれを許容している出版界に対して、本訳稿が警鐘となり「覚醒と建徳のために」(キェルケゴール)役立つことが出来れば、と願う。原文は、デンマーク文部省が発行する Kulturbrev 9(一九九六), s. 20-39 に所載されたものであるが、これは一九九五年にデンマークのソーストラップ城で開かれた大学研究者セミナーでの講演を筆録したものである。日本語訳に際し、カペローン氏から暖かな許諾を得ている。文中の〔 〕は訳者による。

なお、カペローン氏について付言すれば、同氏からの来信(二〇〇五年六月二三日付)で、新版原典全集(SKS)

刊行の労苦が述べられている、「…私たちは丁度、第二二巻を刊行する仕事をすませたばかりです。この巻には、キェルケゴールの日誌NB11-NB14が所収されます。これの注解書となる*SKS* K22も準備中です。この二つの巻を含んで、私たちは全部でほぼ三万五千項目の注記を書いたことになります。その中のほぼ一万五千項目は、私自身の手で書きました。」

このようにSKS刊行の大事業を主導されると同時に、カペローン氏はデンマーク・キェルケゴール研究センターが刊行する国際研究論集Kierkegaard Studies. Yearbook（一九九六年〜）の責任編集者であり、また*Kierkegaard Studies. Monograph*シリーズの刊行者でもある。これらの中で氏自身が研究論文を執筆される。そのほか、小生に送られてきた以下の論稿は氏の学問的手腕の高さを評価させる秀逸の業績である――Søren Kierkegaard til altergang om fredagen i Vor Frue Kirke (*Dansk Teologisk Tidsskrift 1/2000*)――独訳：*Die ursprüngliche Unterbrechung. Søren Kierkegaard beim Abendmal im Freitagsgottesdienst der Kopenhagener Fruankirche* (*Kierkegaard Studies. Yearbook 1996*)。ここでは可能なだけ蒐集された文献資料を仔細に吟味して精緻な考証が積み重ねられ、その精確な学的手法にただ感嘆するばかりである。キェルケゴールとコペンハーゲン聖母教会との関係についてわれわれが言及するとき、不可欠な第一級の文献である。」

はじめに

はじめに、キェルケゴールの手稿文書がどのように発見されたか、その後それがどのような運命を辿ることになったかを述べる。次いで、既存のキェルケゴールの著作全集・日誌遺稿集等の刊行物に言及し、最後に、目下キェルケゴール研究センターで遂行されている批評的新版原典全集の刊行について紹介をしたい。

レギーネ・オルセン

セーレン・キェルケゴールが一八五五年十一月十一日に逝去して数日後、義兄J・C・ルン（国立銀行財務部長）は、当時オルボー区監督職にあったキェルケゴールの長兄ペーター・キェルケゴールに手紙を送り、その中でルンは、キェルケゴールが居室に残した遺言状の内容について述べている。

遺言状によれば、キェルケゴールは自らの遺産相続人としてレギーネ・オルセン（シュレーゲル夫人）を指名していた。当時レギーネは、デンマーク領西インドのサン・クルワ島に、総督として赴任していた夫シュレーゲルと共に滞留していた。ここで彼女は、亡きキェルケゴールが残した遺産の全部を受け取るよう自分が指名されていたことを、送られてきた手紙で初めて知った。しかし彼女はこの申し出を、丁重に感謝をもって辞した。その代わりとして、彼女が以前にキェルケゴールに書き送った自分の手紙の全部、さらには、彼女にあてたキェルケゴールの手紙の全部を受け取りたいと願った。これに加え、婚約時代にキェルケゴールから贈られて彼女のものとなっていた品々を、もう一度手にしたいと所望した。

このあと彼女の許には、これらの手紙の凡てが送られてきた。そのとき、以下のものも一緒に包装されていた、すなわち、キェルケゴールが一八四一年にベルリンから親友のエミール・ベーセンにあてた手紙（そこではレギーネとの関係が告白されている）、および「**彼女に対する私の関係、少し詩的に**」と題された一八四九年の日誌ノートである。それゆえこの日誌ノートは、一旦はデンマーク本国から離れて、一八五六年にサン・クルワ島へ渡ったことになる。

さまよえる遺稿文書

キェルケゴールの甥ヘンリク・ルン（先のJ・C・ルンの息子）は、すでに一八五六年十一月には、遺稿文書全体にわたる目録作成にかかっていた。ルンは、ペーター・キェルケゴール監督にあてた手紙の中で、遺稿が最初に発見された通りの順序で目録作成に携わっている旨を伝え、自分がそれを為すのも、亡きキェルケゴールが自分を指名してこれに当たるべく生前から定めていたと、理解しているからだと述べる。

しかし、はっきりと言ってペーター・キェルケゴール監督は、ルンの行動に対して大いに不満であった。ペーターにすれば、ルンが自分勝手に着手した仕事を余計なことと思い、これ以上に進展しないよう願った。そこで彼はヘンリク・ルンに仕事を中断するよう求め、一八五六年の夏の間に遺稿文書全体を幾つかの箱に納め、指示通りに処置するよう要請した。このあとペーターは、デンマーク王立図書館に申し出て、これらの遺稿文書を受け継ぐ意向があるかどうかを打診した。しかし館長は、この申し出を断っている。館長の懸念は、遺稿文書を見たいとする希望者が次々と数多く現れるに違いなく、王立図書館としてはそれを望まなかったからである。

遺稿文書はどうなったか。困ったことに、ヘンリク・ルンは西インド（Sankt Jan）へ旅行に出てしまっていた。遺稿文書は、J・C・ルンの家に置かれたままである。恐らくルン家の廊下、引出し、書棚の中などに収納されていたのであろう。このままで保管を続けるにしては、余りにも大量であったことを思うべきである。そこで一八五八年ペーター・キェルケゴールは、オルボーの監督館に移管する決心をした。こうしてこれらの文書は、どのような経路を経たかは不明ながら、いずれにしても大ベルト海峡を渡ってオルボーの監督公邸へ届けられ、庭に面した大きな部屋でガラス戸つきの書棚に収められた。

遺稿文書の整理

遺稿文書は、監督公邸に置かれたままで何ひとつ手が着けられないでいた。もっともペーター・キェルケゴールは、亡弟が死後に刊行されるよう願った遺稿『私の著作活動の視点』を一八五九年に出版している。しかしそれ以外では、ペーターが一八六五年になって弁護士H・P・バーフォーを監督秘書に選任するまで何事も生じなかった。バーフォーを任用した理由は明白で、亡弟の遺稿文書全体の整理を託すためである。バーフォーは一人の弁護士でしかなく、従ってこの大量の遺稿文書を整理するために必要とされる言語学的な前提があったとは、とても思えない。こうして彼は、キェルケゴール没後一〇年となる一八六五年十一月十一日に、彼なりの熱意をこめた仕事を終え、尊敬するペーター・キェルケゴール監督に目録を手渡している。

それは、かなり良く出来た目録で、四七二番まで番号が付され、その内の三八二番までは、ヘンリク・ルンが手がけて未完に終わった目録と一致する。先のルンの目録では、遺稿文書が錯雑している場合、その状態のままで放置され手がつけられないでいた。今回もそのままで放置された。それでも事実として、キェルケゴールの日誌のうち一八三四年から一八四六年にわたる凡てに対する目録を得たことになる。それゆえバーフォーが途中で断念しないで、ここまで仕遂げた仕事は十分に好ましいことであった。この目録の中でバーフォーは、完全性を期する上で念のためにと付言して、キェルケゴール監督が遺稿のうち幾つかのメモの類いや手紙などを故意に隠していて、自分はそれらを吟味する機会を得なかったため、目録に所収できなかったと打ち明けている。つまりは、バーフォーの目録に記された以外に、ペーター・キェルケゴールが手許に囲っていた文書がなおも存在していたことになる。

一八六七年の秋、次第と年齢を重ね心身ともに憔悴してきた老監督は、亡弟の遺稿を放置したまま何も為さないできた自分を責め、苛責で悶えた。そこで彼は、遺稿文書から自分が完全に手を引いてこそふさわしいと決心し、凡てをバーフォーに託した。こうしてバーフォーの多年の夢が実現した。さらに彼は遺稿文書を整理するだけでなく、それと共に、孤高の天才思想家が記したこれらを世に出して刊行者となる許諾を、ますます願うようになった。

年代的な整理の誤謬

バーフォーは仕事を進め、そこで遺稿文書全体を包装し直した。このとき、キェルケゴールの遺稿文書に年代的な誤謬を犯す結果となった。というのもバーフォーは、自分の判断に基づいてこれらの文書を年代順に配置して、再包装していったからである。つまり彼は、遺稿文書が当初に発見された本来の状態を壊して、自分の判断による年代順に整理してしまったのである。彼はそれらを新しい包装でつつみ、ガラス戸付きの書棚へ納めていった。その上で、各包装物の中味について、それが全体の中の何れであるかを示す細かな指示を記した。しかしこれは、キェルケゴールが残した当初の状態のものではなく、バーフォーの手による二次的なものである。こうしてバーフォーは遺稿文書の出版準備にかかり、一八六九年に最初の第一巻〔*EP I-II*〕が現れ、続いて一八七二年に第二冊目のものが出た。この頃ペーター・キェルケゴールは憂愁に陥り、その精神的な疾患が高じて一八七五年には監督職を辞した。

ペーター・キェルケゴールは自分の凡ゆる罪をことごとく懺悔して、平穏な余生を得たいと願った。このため、世間の非難から身を守るためにも、遺稿文書から離れる必要があった。というのも、それら凡てをバーフォーに託したとは言え、なおも遺稿文書は監督公邸に保管されてペーターと共にあったからである。それゆえ彼は、辞職する機会にこれらの文書を他に移したいと願った。

そこでペーター・キェルケゴールは、一八七五年五月三一日、コペンハーゲン大学図書館にあてて手紙を書き、意向を打診した。この中で彼は、一八五六年四月に亡きキェルケゴールの蔵書が競売に付された折、自分の手許に留めた亡弟の幾冊かの蔵書の全部をも、あわせて寄託したいと申し添えている。同年の六月五日、大学図書館長P・G・トーセン教授から、「この上ない喜びと感謝をもって」受諾したいとする意向が伝えられた。こうして一八七五年秋には、キェルケゴールの遺稿文書が公式に引き取られたと言える。しかしそれは大学図書館であって、現今のように王立図書館ではなかった。

遺稿文書は、新たな包装でコペンハーゲンへと送られた。しかしこれらの包装は、バーフォーが年代順に仕分けしたものとも違っていて、再びここで原初の状態から離れたものとなっている。このようにして大学図書館へ移送されたときには、又しても新しい別の包装物に変わってしまった。図書館では、一八七八年に新しい目録を作成した。一方、バーフォーの刊行は続き、キェルケゴールの一八四七年の日誌記述を集めた刊行物〔*EP IV*〕が、一八七七年に出た。この時点でペーター・キェルケゴールはすでに監督職から離れていたが、なおバーフォーはオルボーの監督事務所に留まっている。けれどもこれ以上の刊行を継続するのが、困難となっていた。周知なように、バーフォーに対しては厳しい批判が浴びせられている。というのも、キェルケゴールと同時代の人物たち——J・L・ハイベヤー、F・Ch・シバーン、J・P・ミュンスター、H・L・マーテンセン、H・N・クラウセン、M・A・ゴルスミットなど当代のロマン主義思想家たちに対するキェルケゴールの発言内容が厳しく、たとえ当の者は故人であってもその子孫たちがいて、このためバーフォーは、公刊される日誌記述の中でこれらの人名を伏せ単にそれぞれのイニシャルを記すだけにとどめたからである。

ドイツ人後継者

バーフォーの判断では、キェルケゴールの遺稿文書を刊行する自らの後継者をデンマーク国内で得ることが困難と思われ、彼はチュービンゲンに赴き、ギムナジウム教師ゴットシェートに白羽の矢を立てた。チュービンゲンでは、以前からキェルケゴールに対する関心が高まっていて、多くの学生たちがキェルケゴールを原文で読むためにデンマーク語を学習していた。その中の一人が、ゴットシェートである。彼は母国を離れてオルボーに移住し、バーフォーの刊行事業を継ぎ、一八八一年に完了した。しかし遺稿文書はコペンハーゲン大学図書館に収蔵されていたため、出版するたびごとに再び小さな包装物となってオルボーへ送られ、そのあと再度、大学図書館に返送された。

第二次世界大戦中、遺稿文書は大学図書館から疎開され〔北シェランのエスロム修道院に隠匿〕、一九四五年にデンマークがナチス・ドイツの占領から解放されたのち、これらは王立図書館へ移された。そして今日のように、「キェルケゴール文書資料」（Kierkegaard Arkivet）と呼ばれて、王立図書館が誇る至宝の一つとなっている。

ヤンセンの肖像画

しかしこの折でもなお手渡されていない資料が存していた。それはレギーネの許にあった。彼女が西インドから帰国して数年後に夫が亡くなったあと、一八九八年十一月になって彼女は、それらを大学図書館に寄託した。これらの資料というのは、キェルケゴールがレギーネ夫妻にあてた手紙の凡て、親友ベーセンあての手紙、そして**「わたしと彼女との関係、少し詩的に」**と題されたノートである。これらの他に、彼女自身がキェルケゴールにあてて書いた手紙も残されていたと思われるが、それらはすでに処分されていて、今日ではもはや見ることが出来ない。

一九〇四年にレギーネに関係した書物『彼女に対する私の関係』が出版された。本書の序文の中で、レギーネと接見したときの様子が刊行者の手で伝えられていて、彼女はとても愛らしく素敵な婦人であったものの、高齢のため〔八二歳〕、その記憶力が十分でなかったと述べられている。

人々は偉大な哲学者キェルケゴールを身近で熟知する者として、ここで彼女を錯誤した。それは、キェルケゴールに対する大きな関心が高まった今世紀初頭の、一九〇四年であったことを銘記すべきである。セーレン・キェルケゴールの著作全集の刊行が始まっている時期でもある。このような関心からキェルケゴールの肖像を描きたいとするルブラウ・ヤンセンの感動的な物語も、今日に伝えられている。今その肖像画は、かつてキェルケゴールが若いときに講演したことがあるコペンハーゲン大学学生クラブの壁に掛かっている。

ルブラウ・ヤンセンは、最終的には二枚の肖像画を描き、一つが学生クラブに、他の一つがフレデリクスボアー城歴史博物館におさめられた。ヤンセンは週に一度は、当時フレデリクスベアーに住んでいたレギーネを家に訪ねた。彼女はその絵が故人に似ているかどうか、よく分かっていたにちがいない。だからいつも彼女は手を叩いて言った、「ヤンセンさん、あの方に何とよく似ておりますことでしょうか」、と。このヤンセンの絵は、その後の学生クラブと運命を共にした。今は、学生クラブは場所が移って、以前の建物は解体された。このとき絵画類のすべては、ヴァルビュー市の或る家の地下室で保管された。あるとき私は思いついて、ヤンセンの絵を自分の居間に掛けることが出来れば何とすばらしいかと、――そこでヴァルビュー市へ行ってみたところ、キェルケゴールの肖像画は水に浸っていた。その他の多くの絵画も同様であった。そこで私はヤンセンの絵を取り出して、それからの三年間、私の家の壁に掛けていた。その後、学生クラブから申し出があって返還した。

初期の目録

遺稿文書に対する初期の目録について、その性格及びそれに対する私の批評を述べたい。率直に言って、これら初期の目録のために、我々は遺稿文書に対する年代的な間違いを犯す結果となった。目録の一つは、先に言及したルンのもので〔Fortegnelse over Manuscripterne af S.Kierkegaard optaget efter hans Død af Henr. Lund. d. 17 Januar 1856〕、これは一八五六年一月十七日に中断してしまっている。この所で興味をひくのは、ルンの目録に付せられている補遺の部分である。それらはおそらく、この時に用いられなかった資料のもので、今日我々が目にする大学図書館作成の目録では、後ろに置かれてある。

ヘンリク・ルンが言う「遺稿文書の順序」では、目録の何番はどこにあったかなど、随分と詳しい説明が下されている。例えば、机の左側の引き出しの中であったとか、机の下には包装された別の番号のものがあったとか。それゆえ我々は、キェルケゴールがどのように遺稿文書全体を整理して包装して残していたかを、かなり正確に知ることが出来る。しかしこれらがばらされて、まったく攪乱されてしまったのである。というのはバーフォーが、これらを一つの絶対的な年代順に配置しようと意図したためである。

ルンの目録のほかにバーフォーによる目録〔Fortegnelse over de efter *Søren Aabye Kierkegaards* Død forefundne Papirer.-1865(24/2 - 3/11)optaget af H.P.Barfod. Aalborg〕があり、さらにはこれを補完した大学図書館の目録（P・A・ハイベヤーによる）が存在する。ここでも、目録の何番がどの包装物の中で見出されるか、概要が示されている。ルンやバーフォーの目録は、キェルケゴールの遺稿文書の各々が当初ではどのような状態で置かれ、どのように相互が関係するものであったかを理解する上で、重要となる。従ってこれらの目録類は、我々の新版全集の刊行にとって、正に黄金にも値する。

バーフォーの刊行物

先に私はバーフォーの刊行物を話題としたが、なお若干の指摘を加えたい。バーフォーにとっては本文批評に対する考えが少しも念頭になかったし、その必要性も覚えなかった。彼には一貫した願望があった。すなわち遺稿文書を刊行することによって、一つのキェルケゴール像を間接的に提示したいと願ったのである。以下で示される彼の原則を読めば、本文批評とは全く無関係にテキストが処理されている事情が容易に察知できる。

道しるべでもって距離が標示されるように、その人の生涯でもって潑刺として力強い精神が標示されるような、たくましい精神の騎士、イデーの騎士が、いずれの世代にも存在する。その者の語る言葉は人生の最も大きな流れの一つを表し、その者の働きは個人や家族の域をこえ出て遙かな広がりを見せ、その者たちの名は歴史の大きな転回点を示し、その人格がもつ深い内容は人類全体の精神意識を着色し形成し、彼らの叫ぶ声は様々な違いをこえて響きわたり、時代を高揚させ刺激させ、大きなそして厳粛で気高い運動を喚起させることとなる。このような精神の道標、それがセーレン・キェルケゴールである。

これこそが、バーフォーの刊行意図である。彼はキェルケゴールの生涯とその働きを理解する上で役立つと思われるテキストを、世に送り出そうとしている。その背後にあるのは、彼が刊行する本文テキストを通じて間接的に示されるキェルケゴール・イメージを、読者に印銘づけたいとする願望である。どれほどバーフォーは、自分の刊行事業を幸せに思っていたかは、すぐにも察せられる。あえて言えば、彼は事実としてキェルケゴールの伝記を喜んで描き上げようとしたのである。彼は、当然そうすべきであると判断したとき――為すべきではなかったが――キェルケゴールの手稿を訂正すらもした。すなわち、キェルケゴールが用いた凡ての略語を元へと戻し、句読点を変え、文章が美しくなるとバーフォーが思われるものへと変更した。その訂正を、手稿の中に直接に書き込んだ。あるいは又、彼は植字工に幾つもの指示を与え、ここの箇所は注とすべきであるとか、ここはこのような組版にするようにとか、この箇所はここへ挿入すべきであるなどと指示した。

又、必要とした時には、鋏で日誌ノートのページを裂き、それを張りあわせて植字工に分かりやすいようにと処置した。あるいはページの裏に何かの記述があるとき、そのままでは印刷できないと判断すると、面倒にもそれを書き写して、手稿の別な場所に収録しようとした。こうしたあと、オリジナルな手稿が直接に印刷所にまわされ、バーフォーの刊行物の基本を成した。しかし、この時のオリジナルな手稿の多くが戻らなかった。このため、一八三三年・三四年から一八四四年にわたる時期の手稿のうち大半が失われてしまった。率直に言えば、バーフォーの刊行物はごく初動的な出版物以上のものではありえない。

要するにH・P・バーフォーは、その刊行物をもって、偉大で孤高の独創的な思想家の思想に対する一つのイメージを、読者に与えたいと願ったのである。かくて彼のキェルケゴール・イメージを強化し支持できがたいものは、そこでは収録されなかったのである。

遺稿文書第二版〔*Papier*〕の刊行（一九〇九―四八年）

遺稿文書に関する新しい大部な出版が、一九〇九年から四八年にかけて実現された〔*Søren Kierkegaards Papier,* udg. af P.A. Heiberg, V.Kuhr og E. Torsting, bd. I-XI, Kbh.1909-48〕。これは、バーフォーに対して浴びせる非難そのものを意味した。とは言え、バーフォーが取った態度は、前世紀において他の者たちの場合でも同一であったと考えねばならない。十九世紀末では、手稿が最初に印刷物となるとき、そこでの手稿の権威とか価値に対する感覚が全くなかった。なぜ手稿が保存されねばならないのか、その理由を少しも弁えないまま印刷に付されていった。従って、当然そうでなければならないはずのものを、これら手稿に対する慎重な配慮を欠いたのである。

一九〇九年に始まり一九四八年に完結した新しい刊行物は、バーフォーの場合と同じ様に一つの絶対的な年代順に配列されている。ここでは、選び出されたものだけを集めて刊行するのでなく、キェルケゴールが書き残した全体を——けれども編集の手を入れて、印刷に付している。刊行者たちは序文の中で、一つのキェルケゴール・コレクションを提供すると述べる。だが、一切を包括したと言うのであれば、その発言は粗雑にすぎる。彼らの意図では、公的にもしくは私的に所有されて現存する凡ゆる遺稿文書、あるいは既に印刷物となっている全体を、ここで統合して刊行しようとした。従って彼らは、バーフォーの目録にあるものだけでなく、印刷所から戻らなかったもの——しかしながらこれらはバーフォーの刊行物の中で見出される——凡てを収録していく。

さらには、キェルケゴールやその両親・遠祖の者たちに関係する記録とか文書にしても、公的ないしは私的な所有となって現存する一切を、印刷に付そうとした。あるいは又、キェルケゴールが自分で書いたものだけでなく、第三者の文章であっても、つまり読書した書物からキェルケゴールが抜き書きしたものとか、アンダーラインを施した部分をも収録した。しかし、キェルケゴールの蔵書物であっても、アンダーラインがない場合は、この限りではない。

刊行者たちは、それらを年代順に配置しただけでなく、新しいシステムを導入し、A・B・Cに区分けした。つまりAには、日誌及びばらばらな記述をおさめ、Bには、刊行された著作に先立つ草稿類或いは印刷出版物にならなかった作品の下書きなどを含ませ、そしてCには、読書のメモ書きや書物からの抜粋などを収めた。刊行者たちは、Cをさらに三つの部分に区分けし、美的なもの・哲学的なもの・神学的なものに仕分けした。確かにこの区分は、キェルケゴールが時折、自分自身でも用いている。しかし刊行者たちは、それを体系化させて遺稿文書全体に当てがう。この結果、元来は遺稿文書に疎遠であるような体系化が出来てしまった。そうと言え彼らは、同時代では一般的に妥当とされた本文学の立場に立っていて、その仕事は、デンマークで現れた本文学の記念碑の一つと目されてよく、当然、多くの点で継承されてよいものである。

今日の我々がこの出版物〔遺稿集第二版〕に対して批判を向けるとき、その場合の視点が明確でなければならない。それは、刊行者たちの遂行した仕事が良くなかったからでなくて、そこでの原則が適切でなかったからである。彼らの原則は完璧な仕方で遂行されており、その点では良い仕事であったが、他の点で信頼を害ねるからである。彼らにしても、キェルケゴールの正書法に対しては慎重で、時々はその綴りの誤りを訂正するとか略語を元に戻すとかしているが、それほどしばしばではない。或いは又、キェルケゴールの句読点を変更することもあるが、ごく稀でしかない。全体としては略語をそのままで残して、随分な量になる本文批評を各巻末に付している。しかしそこにあるのは、長年にわたってこの刊行物と取り組んだ研究者でなければ凡そ活用できそうにもない、資料批判となっている。

問題は、手稿が当初はどのような状態であったかに対して、少しも特別な顧慮を示していない点である。それゆえ、キェルケゴールがノート記述の各ページでそれぞれの記述をどのように関係づけていたかに対して、まったく注目しなかった。この点が彼らの本文批評の中で全く顧慮されていない事情は、手稿の中の欄外記述を扱う彼らの作業を見れば、よく理解できる。キェルケゴールは、ノートの各ページを二つに折り目をつけ、まず右側に中心部分を記述し、次に折り目の左側に幾つもの記述を加えていく。これは、キェルケゴールだけの特別な事情でなく、前世紀の著作家たち一般に見られた傾向である。このように著作家たちは、自分自身で本文の処理機構を案出し、紙頁を真ん中で折り曲げて書き続け、他方の半分はいつも空白で残し、その所に訂正とか加筆が出来るよう配慮した。キェルケゴールはこれを、彼なりの仕方で見事に遂行しており、従って欄外記述というものは、いつのときも中心部分の全体的な記述の一部に他ならない。それゆえ遺稿集第二版の刊行本でも見られるように、欄外記述を本文の文脈から切り離して別のページへ移すとすれば、間違いであると私は思う。確かに、欄外にあったことが指摘されてはいるものの、それではテキスト本来の関係から切り離されて扱われたことになってしまうからである。

遺稿集第二版の背後にあるもの

もしキェルケゴールが当初に設定していたようなテキストの世界を再現しようとするのであれば、そのときの新しい刊行物はどのようでなければならないかが、問題となる。例えば、中心部分の記述に七つとか八つの欄外記述が絡み合わさる場合、これら欄外部分は様々な時期に書かれていることがあり、時として二年以上の隔たりをもつ場合もある。それゆえキェルケゴールが自分の記述へと戻るのは、編集するためではなくて、記述を書き加えるためであり、あるいは又、訂正を加えるためである。

この大部な遺稿集第二版の刊行理念は、日誌記述を休みなく書き続けたキリスト教的著作家の一つの像を提示することであり、その日誌はある種の教養小説として出来ている。これが、遺稿集第二版本で設定される中心的な視点である。ここで刊行者たちが作成した年表は、キェルケゴールの生涯における大きな内面的な出来事もしくはキリスト教的な出来事を挙げており、それらを通過していけば刊行者たちの中心的な視点が察せられる。つまり、そのようにして一つの教養小説を書き上げ、人物像を造形し、一種の教養的な自伝を作り上げていくように設定されている。つまりは、キェルケゴールの日誌の大部分が伝記的な記述であるよりは、むしろ詩的に出来ているという感覚が、刊行者たちに欠落していると私には思われる。日誌ノート「彼女に対する私の関係」にしても、キェルケゴールは「詩的に」と明記している。キェルケゴールはペンを取るとき、自らの文学活動の一部として、〈詩的に〉書き、仮にも彼が〈現実〉と向きあうときであっても、詩的な目線で処理していく。このため人は、伝記的なものと詩的なものとを、途方もなく混ぜ合わせてしまうことになる。

この大部な刊行物〔遺稿集第二版〕は既に売り尽くされており、その写真復刻版が一九六八年から七八年にかけて出版された。このときニールス・ツルストルプによって増補された二冊には、最初の刊行者たちが除外していた資料が収められた。それは、キェルケゴールの学生時代初期の講義ノートや読書した書物からの抜き書き等である。これによって復刻刊行者ツルストルプは、キェルケゴール自身の手で書かれていない第三者の資料を収録するという、本文学上の誤りを犯してしまった。キェルケゴールは幾冊かのノートを仲間の学生たちから借りたまま、それを返すのを忘れてしまっている。それゆえキェルケゴールとは無関係の講義筆録が、ここで見られることになる。ツルストルプは、彼が判断してふさわしいと思う一方の者から抜きとり、ふさわしいと思う他方の者から抜きとり、それらを接合する。これによって、一つの混合したテキストが出現することとなった。又、その種の講義要旨のようなものが、キェルケゴールの遺稿文書として適切かどうかも疑問である。なぜならこの当時、大学教授たちはしばしば自分たちの講義を、口うつしに口述筆記させていたからである。その事はマーテンセンの講義草稿とキェルケゴールのノート筆記とを照合させれば、首肯できる。このような場合はキェルケゴールと関係がなく、キェルケゴールの手で書かれたものを越え出ている。彼が出席した講義の要約を自身で書き残した場合にして初めて、彼が何に関心を寄せていたかを推量する上で注目に値する。けれども口述通りに筆録された場合であれば、事情は異なる。

最後に、ツルストルプが一九五三年―五四年に刊行した『キェルケゴールに関する手紙および関係文書』について。これは、秀れた内容の詳細な注を伴う刊行物である。しかし今日では、その増補が必要である。最大の理由の一つは、この刊行後に様々な手紙とかキェルケゴールの献辞記述などが発見されているからである。だから今われわれは、新しい刊行物の必要を痛感する。

『著作全集』〔SV〕の刊行物について

これまでは、専ら遺稿文書について述べてきたが、次にキェルケゴール著作全集の刊行物に言及したい。**最初の著作全集**〔SV1〕は、遺稿集第二版の刊行者であるA・B・ドラクマン、J・P・ハイベヤー、H・ランゲの編集によって、一九〇一年―〇六年に現れた。キェルケゴールの公刊著作が全体として刊行されたのは、これが最初である。ここには序文がないので、刊行者たちの編集方法は、直接にその刊行物を吟味する事で見きわめる他はない。彼らは古典的な本文学を当てたと思われる。彼らは古典的な本文学の枠の中で教育を受け、従って聖書の本文研究で用いられるような本文学については、未経験であったに違いない。編集者たちはオリジナルな手稿に拠るのでなく、二次的な資料に即している。つまり、これまでの各種の二次的な印刷テキストを傍らにおき、それからオリジナルと思われる本文テキストを作り出していく。言い換えれば、手稿として残された各種の異文に拠るのでなく、二次的な異文〔印刷テキスト〕に基づいてオリジナルな本文を作成しようとする。この点が批判される。すなわち刊行者たちは、キェルケゴール自身が刊行した最初の初版本を用いるだけでなく、その後の重版をも用いる。彼らは、初版本を傍らにおき、重版からもテキストを取り出した。つまり、キェルケゴールが意図していたに相違ないと彼ら自身で想定して、「二次的な手」を加えたことになる。彼らとしても、時にはオリジナルな手稿と照合させ、そこから表現や語句を取り出して刊行テキストとさせている。これによって、言うなれば一つの綜合的なテキストが出来てしまい、仮にこれをもって古典的なテキストとして適切であると言うのであれば、それ以上に言葉がない。けれども現代の本文学の原則からすると、汚染されたテキストを作ることは許されないのである。

この全集第一版を改版して同一人たちの手で、全集第二版〔SV2〕が一九二〇年―三六年に出版された。これは、第一版における本文学上の原則を幾分か変更した訂正版となっている。第二版全集は、以前のものよりも「一次的な手」の方向に向いていて、「二次的な手」から離れようとしている。すなわち刊行者たちは、オリジナルな手稿に基づいて初版本テキストを正していく傾向が顕著である。このため、時には彼らの判断でキェルケゴールの意向を勝手に憶測して、初版本テキストを改変もした。言ってみれば、一種の意図的な本文を構成してしまった。つまりはこうである、この学問的な刊行物は汚染されたテキストであり、現実には存在しないような本文を作成したことになる。けれどもこれは、当時の本文学の伝統にかなったものでもある、――例えばその伝統は、スウェーデンでのストリンドベリ全集の官製版の中で見事な開花を見せている。

この後、著作全集第三版〔SV3〕がペーター・P・ローデによって刊行されたが、それは長期の使用には耐えがたい劣悪な出版物であり、本来は刊行されてならないはずのものである。そこでは、許されがたい間違いが数多く見られる。第一に、目新しい本文批評が何も見られない（第二版全集ではそれなりの本文批評が貫徹されている）。そこに一貫したものが整っていればそれなりに望ましいが、そうでなければ、文章や語句を死滅させるだけである。たまたま私は、第三版をテキストとした論文を読むために、これに当たったことがある。テキストは、絶望の諸形態について述べられる『死に至る病』の一節である。

「この地上のものを取る（tage）ことはそれ自体が絶望することではない」〔デンマーク語原典全集第三版一〇八ページ〕

ここの文書は、次のようでなければならない。

「この地上のものを失う（tabe）ことはそれ自体が絶望することではない」〔デンマーク語原典全集第二版一八五ページ〕

つまりは、全く逆になってしまっている。この事は、もし無防備の者が第三版をテキストにすれば、キェルケゴールが意図する本来的な内容とは正反対の文章に身をおく危険に、一再ならず陥ることを意味している。明らかに学問的でない。それにもかかわらず、私をはじめ他の批判者たちが苦笑するように、これが出版元のギュレンダール社に収益をもたらすのを我慢しなければならなかった。とは言っても、第三版全集がかくも広汎に一般に用いられるというのは、迷惑な話であり、質の点で耐えがたい！〔このような第三版全集がわが国においても普及し、日本語訳の底本とされたり、思想分析に際して本文テキストとして用いられるなど、混迷を深めている。〕

キェルケゴール資料について

しばしばキェルケゴールは、前世紀のデンマークにおいて最大の著述家と言われてきたが、例えばグルントヴィやモルベックの著作活動に比べると、これは正しくない。けれども彼らの著述期間は多年にわたっているが、他方キェルケゴールの場合は、周知なようにごく短期間でしかない。キェルケゴールは一八三三年から、街頭で倒れる一八五五年一〇月二日まで、休みなく書き続けた。しばしば彼は日誌の中で書いている、著作することが自分にとって命である、と。次はその一つである。

「著述しているときだけ、自分が幸せと思う。そのとき私は、人生の嫌なこととか苦しみの凡てを忘れ去る。そのとき私は、わが思想の中にいて幸いである。もし幾日も著述しないでいると、すぐにも病気となり、打ちしおれ、内にこもり、頭が重く、うなだれる。」「著作することは、わが命である……。」

著作家としてのキェルケゴールの活動は、一八四三年から五一年に至る僅か九年間でしかない。その期間に彼は、ほぼ四〇冊の著作を書き上げたが、それは全体で一九三万六〇三一語に達する（これは我々のコンピューターの計算した数字である）。これらの公刊著作とともに、H・C・アンデルセンに関する評論『今なお生ける者の手稿から』

（一八三八年刊）、イロニーに関する学位論文（一八四一年）、さらには、一八四五年から五五年にかけて刊行された小冊子〔『瞬間』ほか〕がこれに加わる。この他にノートによる日誌記述、作品の下書き、メモ類、ばらばらな書きつけなど、ほぼ一〇万語に達する手稿が付け加わることとなる。

セーレン・キェルケゴール研究センター

いま我々は新版原典全集〔SKS〕の刊行を準備しており、著作から初めて、次に遺稿文書を手がける計画でいる〔二〇〇五年十二月の現在では、著作部分がSKS1から第一〇巻（『キリスト教講話』―SKS10）、日誌部分がSKS17から22まで。これら各巻に注解書が付いて刊行されている。〕

新版全集の刊行で第一の問題は、自明なように、本文テキストの決定である。どのテキストを選定するにしても、〈われわれ〉は編集者でしかない。編集者は、F・H・モーテンセン、ヨニー・コンラップ、ヨアキム・ガフ、A・マッキンノン（カナダ）、それに私〔カペローン〕である。マッキンノンはパイオニア的な仕事をしていて、すでにキェルケゴール全集に関するデータベースを仕上げている。

我々は長い熟考の末、キェルケゴールの最初の初版本テキストを基本にするという結論に達した。その理由は十分である。前述のように、キェルケゴールの著作は全集第二版本となって出版され、概して評価を得てきたが、問題は残る。また多くはないが若干の作品は、キェルケゴールの生存中に重版となって出ているものもある。しかしそうであって、一般にはキェルケゴールの最終意図が印刷されていると思われがちな重版を、なぜ選択しないのか。我々は拒否する。理由は次のように明白だからである、すなわちキェルケゴールは著作を刊行するとき、一冊の書物を用意するだけであって、仮にそれが重版となる場合にしても、この時の重版は最初に見られたのと同じ姿でなければならなかった。そのさい、彼が自分の従前の文章をあらためて手直しするような例は、全く見られないからである。例えばポントピダン〔作家〕の場合、次々と様々な改更を加えて新版を整えるが、キェルケゴールではそれが見られない。確かに校正ミスは自分で正すものの、文章を新しく書き換えるようなことは決して生じていない。他方、著書を出版するとき、彼自身で几帳面に校正しているのが、はっきりしている。彼は自分の著作の校正刷りを自身で読み、しばしばそれに手を入れ、一部を削除したり語句とか文章を補っている。けれども一度び校正が終わって印刷される段になると、それで書物は仕上がったのであり、著作活動の体系の中へと組みこまれていく。従って初版本テキストこそが、十分に本質的にも、以後にわたって影響を及ぼしていることとなり、だから我々は初版本テキストを基本テキストとする。

しかし問題が残る。初版本テキストとは、どのようなものか。前世紀の印刷技術は、今日の事情と全く異なる。当時は、一冊の書物がごく短期間で印刷された。又、しばしば印刷中に思わぬ事故が発生した。例えば、時折、植字工が紐で縛っていた組版が作業中に解けて、幾つかの活字が抜け落ちることもあった。植字工がそれに気付いて、別の間違った活字を押しこむ場合もあった。このため、初めとは違う別な組版が出現することもあり得た。

従って、妥当な理由が十分にあると判断されるとき、我々はテキストの校閲を行う。どのような場合に正しくし、どのような場合にそれが不可であるかを判定する細目を用意した。当然ながら、変更した箇所については説明が付されるーーしかし我々は、随分と控え目である。変更される箇所は、当然ながら我々編集者の責任であるが、ごく僅かである。我々は、汚染されたテキストを新たに作ることのないよう、最善を尽くしている。その一方で、もともとキェルケゴールが（あるいは植字工が）望んでいたと思われるテキストを作り出すことになる。そこには問題がたえずつきまとう。例えば、初版本テキストとキェルケゴールの用意した印刷原稿とが一致しないで、校正刷りも残っていない場合、植字工のミスであるのかどうか、その事をキェルケゴールは校正中にどこまで察知したかどうか、あるいは校正の段階で修正したかどうか、我々には測りがたい。

我々はあくまでもキェルケゴールの正書法に従い、たとい風変わりな成語や語形があっても、概して無視してキェルケゴールに従う。仮に私がユラン地方の出身者であっても使用しないような新語が、近頃では使われる。キェルケゴールはユランの出身であるため、その書物の中で種々とユラン的な用字が見られる。それゆえ我々が上の点で行き詰まると、ユラン方言辞典に当たった。その結果、同一の語が三回出てきたときには、キェルケゴールの綴りが不正確でさえなければ、その風変わりな用字を認めた。

キェルケゴールは、正字法について、無条件にモルベックに従うと日誌の中で記している。明らかにそれは、モルベックの辞書を指している。が、正字法に関して彼は特別に優秀であったのでは決してなく、また必ずしもモルベックの辞書に忠実であったとも言えない。

モルベックを訂正しようなどと思いもしない、というのは、この点での知見が私に欠けると思うからである。だからデンマークのどの著作家に比べても、私ほど臆病な者はいないと思う。

句読法に関しては、全く別である。ここでは私は、誰に対しても屈服しない。この点で、私に匹敵できるような著作家がデンマークにいると思えない。……私は作品の性格に応じて、句読法に差異をつける。学術的な作品の場合は、文学的な技法をこらした作品の場合と異なる句読法を当てる……。

以上を念頭に置けば、この場所で句読点がふさわしいと思われても、勝手に書き入れてはならない。キェルケゴールは意識して、句読点を当てがっているからである。しかしそれが常に成功しているかどうかは別問題で、それはあとで判断すべき事項である。

出版印刷の方法

次の問題は、テキストをどのように提供するかである。キェルケゴールは、一般に花文字と呼ばれるゴシック文字で印刷させている。また、ラテン語、表題・人名等の表記、あるいは強調したい単語とか語句などには、様々な活字体を当てがい読者に注意を促す。加えてギリシャ語やヘブライ語が入る。その他にも、隔字体、中細字体など様々な種類のもので溢れている。

これはキェルケゴールの場合だけが特殊であったのでなく、同時代の印刷技法の慣習であった。けれども彼の場合は、普通以上の関心を抱いていた。周知なように彼自身が印刷所へ行き、原稿を自分で手渡し、どのような活字で組むべきかを、直接、植字工に指示したと思われる。それゆえ彼は、自分の書物がどのような形で印刷されていくかについて随分と神経を使い、印刷に際して様々な指示を下した。それだけに我々は、この点に対する配慮を疎かにしてはならない。

さらには、キェルケゴールが自分の書物に設定した構造――彼の著述構成に対して十分と意を向けるべきである。その幾つかの場合は、複雑そのものである。複雑な構成を展開するために彼は、十九世紀で用いられた、考えられる限りの印刷技法を当てている。たとえば全集第三版で『死に至る病』を初版本と並べ、複雑そのものとなっている構成の実例を吟味すれば、この点で第三版はそこでの印刷技法に対してまったく無頓着なことに気づく。だから『死に至る病』の構成を破壊してしまっている。それは単に構成上の問題にとどまらず、そこでの思想の理解にとって――絶望が現存し人間意識の諸形態の中でどのように具体的な形姿をとっていくか、そうした思想解釈と関係することになるからである。

キェルケゴール資料の収録

次の問題は、新版全集にキェルケゴール資料の何を収録するかである。キェルケゴール自身が印刷出版した公刊著作は勿論、新聞・雑誌等に発表した凡ての論文が、当然、含まれてくる。その上に、彼が死後に出版されるよう明記して浄書された作品、『私の著作活動の視点』『自省のために』『瞬間』の最終号（第一〇号）等を所収することにも問題がない。問題は、未定稿として遺された原稿をどのように扱うかである。例えば、「ハイベヤー教授への手紙」のような場合である。彼は、これを書き上げたものの公刊しなかったし、すぐにも出版できるよう整えられてもいない。この他にも、幾つもの未定稿がある。著作を書き上げるとき、キェルケゴールには四つの段階が見られる。すなわち、当初のメモ書きの段階、念頭に浮かぶ想念の粗述段階、それの最終的な仕上げ、そして印刷原稿の段階である。これらの一連の成立過程が提示されねばならない。それを我々は、印刷物の形態ではなくて、データベースでもって刊行する。

次の問題は、どの順序で刊行物を整えるかである。当然、初版本にならうべきであると、つまり初版本に忠実に、同じ形態で同一順序で、と言われる。これは、一種の複製本の出版ということになる。しかしそれは不可能であり、読者に大きな寄与をもたらすとは思えない。その上、初版本での夫々の異なる形態を考えると、不揃いで不均等な刊行物になってしまう。又、論文とか新聞に発表された文章は、どのような体裁にするのか、難問に突き当たる。

作品を一冊ずつ小分けにして刊行するか、そうでなければ合冊本として出すかである。では、作品を出版された年代順に配置するのか、それとも原稿が仕上がった年代順に配置するのか。例えば『死に至る病』の場合、出版された年月日よりも半年前に印刷原稿が仕上がっており、それを出版する可否をめぐって繰り返し彼は懊悩していた。作品の成立した年代順を採用すれば、一冊の書物を分割しなければならない結果となる。なぜなら『死に至る病』の前半は、後半部分とは別の時期に仕上がっているためである。このような事は、『キリスト教講話』『さまざまな主題による宗教講話』の場合にも妥当し、その他の作品にしても同様となる。それは全く望ましい事柄でなく、それでは全体を掻き混ぜてしまうことになる。

出版年代の配置

我々は、キェルケゴールの著作活動を各層ごとに出版年代順にまとめることにした。例えば、一八三四・四四年の一連の宗教講話は一冊に収め、出版年順に配列する。しかしここでも問題が生じる、例えば『序文の試み』と『不安の概念』は同一日の刊行物であり、『反復』及び『畏れとおののき』も同一日の出版物である。これらはもともとキェルケゴールにとって、どのような順序であったかがきわめて重要である。ドイツの研究者E・ヒルシュによれば、『畏れとおののき』は『反復』よりも以前に書き上げられたと主張されるが、今日、紙質やインクの種類から判断すると、ヒルシュは間違っており、そうとは言えない。他でも考慮を要する様々な問題がある。キェルケゴールの作品では単純な区分けが困難で、だからと言って、文学的な作品とそうでない理論的な作品とを区分することも難しい。結局は別の基準をあてがう他はない、すなわち仮名による作品と、そうでない場合とに。

これらの本文テキスト全体に対して当然ながら注記が付される。それは釈義的な注釈でなく、資料に関する歴史的な注記という形をとる。我々は新版全集の刊行をもって、特定のキェルケゴール解釈を枠づけたいと願わない。それゆえ例えば、この作品が何を意図するものであるか或いは著作活動の中でどのように位置づけられるものであるか、そのような言及を含む序言は、一切、付さない。他方、手稿記述とか作品が成立する過程（生成史）に関して言及する。しかし解釈は一切しない。解釈するような遣り口は、学問的な刊行物の中では、元よりそぐわない。そのような事は、あとになって別個に生じるべき事柄である。

各巻ごとに、夫々の注解書が別巻〔SKS K〕となって配置される。キェルケゴール自身がページの下方でテキストに下した記入〔本文テキストの校正など〕は我々の注記の中に加える。注解は別巻とさせる。一つには、それら注解書を本文テキストと切り離したいためであり、一つにはその仕方がきわめて実用的と判断されるからである。つまり、座って読むとき、書物の後頁へとたえず戻って見返すのではなく、別な書物の中で見ることが出来るように、と。さらに第三の理由としては、注解は後日になって訂正が必要となれば、本文テキスト本をそのままにして、それから切り離して新しい版を独自に刊行も出来るからである。
一般に「日誌・遺稿文書」（Papirer）と呼ばれる手稿は、約七五冊に及ぶ綴じられたノートでの記述のほかに、日誌、メモ書き、手帳での記述、小冊子、ばらばらな紙での書き込みなど大部なコレクションから成っている。当初キェルケゴールは、綴じられたノート記述をAAからアルファベット順にKKへと、これらを名づけた。それらは一八三五年から始まり――おそらく一部は一八三三年にさか上るかもしれない――一八四六年九月にわたっている。一八四六年三月からは、NBノート記述、すなわちNB[1]からNB[36]と名づけられる日誌記述が続く。それらは全体で七六〇〇ページに達し、〔身辺の事情を綴る日誌というよりは〕本来は日誌（journaler）として性格づけられるものである。

手稿には、かなりの大きい差異が見られる。AAからKKまでのものは、構想メモ、ノート記述、作品の下書き、習作原稿、新聞記事に対する私見メモ、散歩の途次に彼の詩的な感覚でとらえた事物の粗述、等である。これらを通じて我々は、イデーがどのように蝟集しどのように成立していくか、その道程を覗くことが出来る。『完結的非学問的な後書』が刊行された一八四六年になって、つまりは著作活動の前半が終結した時点では、ノートによる記述が変化を見せ、本来的に日誌（journal）と呼ばれるようなものになっている。これらは自分自身をめぐる吟味であると共に、著作活動とか大衆社会とか、或いは一八四八年の社会変動、コルサー紙、レギーネやその父オルセン、又はミュンスター監督などと関係してキェルケゴール自身の意を綴る内容となっている。これらは「日誌」（journal）と呼ばれる性格の、キェルケゴールの第二の別個な執筆活動とも言える。いずれにせよこれら日誌記述は、慎重な配慮が必要とされる性格を十二分に具えている。Journalという呼称が適切かどうか、私には分からない。しかし「日記」と言えば、料理の話とか太陽が出ていたとか、馬車旅行をしたとか、自分はこのように考えたとか言う、日常身辺の内容が想像される。しかしキェルケゴールの場合には、このような一般的な記述がきわめて僅かである。例えば、彼がベルリンへ汽船で向かったとき、どのような素晴らしい船であったかなど少しも書かず、そこでの記述内容は、彼の心の中での動揺に関して述べられる。

こうした日誌記述のほかに、ばらばらな紙での記入がある。また手紙や関係文書類がある。さらには、読書した書物に施した書き込みもある。キェルケゴールが所有したギリシャ語新約聖書、彼の蔵書であってこれまで知られなかった『式文・祈祷書』などがある。これらに関しては、今まで公開されなかったし研究もされなかった。実際ギリシャ語新約聖書には、ヘブライ語・ギリシャ語・ラテン語・デンマーク語によるキェルケゴールの書き込みが一杯にある。

問題は今、どのようにしてオリジナルな手稿の全体を新版原典全集の中に印刷物として収録するかである。ここで明言しておくが、我々は絶対的な年代順という処理方法を破棄せねばならない。なぜなら、絶対的な年代順という処理に固執するならば、キェルケゴールが記すノート記述、メモ書き、下書きなどの全体を、ばらばらにしてしまうことになるからである。これに代わって我々は、ルンやバーフォーの目録に助けられながら、「年代的な誤謬」を犯さないよう注意しつつ、キェルケゴールのノート記述、メモ書き、下書きなどを、キェルケゴール自身が整えた全体的な枠組み、――当然、資料文書がそのように扱われるよう望んでいた当初の形態を再現しようとする。そして十分と満足できるような仕方で、これを遂行しようとする。このため、各ページにわたってきわめて細密な作業が施される。そのようにして手稿全体が整えられるならば、当然ながら、従前とは随分と違ったものが浮かび出ることになろう。

電子情報による刊行

すでに指摘したように、同時に、電子情報による刊行を企てる。それはウィンドウズ・システムを採用し、最初に全体のメニュー画面が提示され、次に英語かデンマーク語のテキストで作業するかどうかが問われる。このあとユーザーは新しいメニューに接する。例えば『非学問な後書』を見たいとすれば、そこでのメニュー画面に従って、『後書』が成立していくまでの前作業の全体的な流れを追うことが出来ることになる。そのような仕方で、さらに前へと進んだり或いは後ろに戻るなどの作業工程が可能なように、プログラムが組まれることになっている。

韓国におけるゼーレン・キェルケゴール

表　在明

一　日本の帝国主義による抑圧の時期

韓国人がキェルケゴールに関心を持ち彼の著作を読み始めたのはおよそ一九二〇年代の末から一九三〇年代の初め頃と推測される。彼らは日本に留学したか、または一九二六年に設立された京城帝国大学の哲学科で修学した人たちであると思われる。ドイツで起った二〇世紀初頭の所謂キェルケゴール・ルネサンスの波が日本にも押し寄せ、ゴットシェトとシュレンプによるドイツ語訳本が小数の人たちに読み始められたのは一九一〇年代のことであった。しかし当時のキェルケゴールに対する日本の読者たちの理解はまだ初歩的なもので、個人的な関心の対象にとどまり、無教会主義者たちを始め極く小数のキリスト者と哲学者によって、そしてノルウェイの劇作家イブセンとの関聯から読まれただけであった。けれどもそういう中で一九一五年に和辻哲郎の紀念碑的な研究書が現われたのは画期的なことであった(1)。

その間、第一次世界大戦が行なわれ、大戦後ヨーロッパで澎湃として起った危機意識と共に登場したハイデッガーとヤスパース等による実存哲学、K・バルト、E・ブルンナーの危機神学または弁証法神学、ニイチエ、マルクス、そしてこれより少し先んじてR・M・リルケ、F・カフカ等の文学が紹介され始め、彼らとの関聯からキェルケゴールに対する関心が高潮した。

その頃、韓国でも日本の直接・間接の影響の下に西洋の学問と哲学に対する関心がひろがり始め、多くの青年学徒が海外に留学するようになった。海外留学ではドイツ、フランス等ヨーロッパや米国を訪ねた者は極く少数で、大多数が日本に向かった。したがって一九三〇年代の日本留学生中で神学、文学、哲学を専攻した幾人と京城帝大で西洋哲学を専攻した幾人かが、韓国で初めてキェルケゴールを読んだ人たちだと思われる。何故なら日本では一九三〇年に『あれか／これか』の抜粋訳が出刊されたのに次いで、一九三五年には『キェルケゴール選集』全三巻とヘフディングの研究書『哲学者としてのキェルケゴール』が翻訳され一種の旋風を起していたし、京城帝大の哲学科では独逸観念論と共にハイデッガー等の実存哲学が講義されていたからである。城大の図書館にキェルケゴールやヘフディングの独逸語訳が収められていたのは勿論のことであった(2)。

日本を除いた外国に留学した者でキェルケゴールに接した記録や報告が無いのはヨーロッパ、特にドイツ留学生の場合、主に彼らの出身背景や問題意識が異なっていたことにその理由があると思われるが、米国留学生の場合は米国学界自体のキェルケゴール受容がようやく一九三五年以後に本格化したことと無関ではないと思う(3)。

ところで、周知のように、この時期は軍国日本がその独裁体制をより強化し、満州と中国本土を侵略するため、その前哨基地である韓半島を極端に強圧し始めた時期であった。日帝は「国体明徴」、「内鮮一体」を口実に韓民族の完全な奴隷化に手を出し、朝鮮語の使用と普及、研究活動等を規制するばかりでなく、一九三八年には学校における朝鮮語教科目を廃止して日本語を常用するようにした。一九三五年からは韓国教会に神社参拝を強要し、一九四〇年二月には韓国人の姓名を日本式に改める「創氏改名」を強制するに至った。このような歴史的時代的状況のなかで哲学するとは何であり、文学をするとは何であったのか？　また、信仰を持つとは何を意味したのであろうか？　一九一九年の三・一運動が失敗した時、この国の知識人たちは大きく闘争論と準備論の二つの立場に分かれた。前者は丹斉申采浩（一八八〇―一九三六）の「朝鮮革命宣言」（一九二四）に見られるような日帝に対する闘争論で一貫したものであり、後者は島山安昌浩（一八七八―一九三八）に代表される実力養成論である。この二つの関係はちょうどコインの裏表と同じものであるが、文学者の間では抵抗路線の方が際立った。詩人たちは失なわれた祖国を偲び、民族の未来を待望する歌をうたった。

朴鍾鴻（哲学）

一九二〇年代末に京城帝大の門を叩き、一九三〇年代の韓国哲学界で活躍した学者の一人である朴鍾鴻（一九〇三―一九七六）は、自身の〈哲学すること〉の出発点をこのように述べている。

「われわれの哲学する動機はおとなしい驚異ではなく、余りにも口惜しい現実の苦悩から始まるのではないか。そこでの問題は実践によって解決を要求するものである。」（『哲学』創刊号、一九三三）こうして彼において真に哲学することは「この時代の、この社会の、この国の現実、即ち、日帝の植民地に転落した祖国の現実、主権を奪われたこの民族の余りにも口惜しい現実」を直視し、矛盾に満ちたこの現実を批判し克服すること、即ち、日帝より自主独立を戦い取る道を提示することであった(4)。

朴鍾鴻が大学で哲学を専攻したのもこの「口惜しい現実」を克服するための確かな認識を得るためであった。学部で彼はハイデッガーの実存哲学に没頭した。当時ハイデッガーの哲学は、ショペンハウエルやニイチェ、そしてマルクスらの思想と共に、ドイツ観念論に不満を抱いていた哲学徒に新鮮な魅力を持つものであった。しかし恐らく彼がハイデッガーに求めたのは、近代主観主義の崩壊によるヨーロッパ文明の危機状況を突破して、新しい時代を開いて行く主体的実存であったのではないかと思われる。ハイデッガーに対する彼の期待はしかしそんなに満足すべきものではなかったようだ。彼は一九三三年、卒論「ハイデッガーに於けるSorgeについて」を提出して学部を終え大学院に進学したが、ここで彼はハイデッガー批判を試みている(5)。その際、彼はキェルケゴールを引き合いに出しているが、これが恐らく韓国人によって行われたキェルケゴールに対する最初の文献上の言及であると思われる。彼はこの論文で、ハイデッガーが現存在の存在論的構造全体を把握する際、「形式的に実存論的な全体性」(die formal existenzziale Ganzheit)という語を使っているのに注目し、ハイデッガーに於けるSorgeは形式的全体に、または公式につけられた存在論的な名前に外ならないと批判する(6)。朴鍾鴻にとって、具体的な現存在の存在を構成している諸契機は、Sorgeの形式的構造において見られるような、そうたやすく総合し得るものではないからだ。

ここで朴鍾鴻は、キェルケゴールを援用してハイデッガーを皮肉っている。彼には、キェルケゴールがヘーゲリアンの弁証法に於ける余りに安易な総合に飽き足らずに述べた次の言葉は、ハイデッガーのSorgeの概念内至それによって建てられた立派な体系にも、厳密な意味に於いては異なるかも知れないが、一般的に妥当するのではないかとさえ思われると言う。「もしも私が実存die Existenzを取り去れば『あれか／これか』(aut/aut)は存しない。」(S.K. GW. VII S.10)「ヘーゲリアンは懺悔席においていとも荘重に、『私は、私が一人の人間であるか、どうかは存じません。しかしながら私は体系を理解しました』ということが出来る」(S.K. GW. VII S.10)。そして朴鍾鴻は、むしろキェルケゴールと共に「私は、私が一人の人間であることを知っています。そして私は、私が体系を理解しなかったことも知っています。」と言えたらどんなに好ましいことであろうと歎息した(7)。

朴鍾鴻がキェルケゴールを読むようになった由は明らかでないが、ここでわれわれが知りえるのは彼がハイデッガー研究と共にキェルケゴールを読んでいたということと、ハイデッガーが意図的に離れて行ったキェルケゴールの実存的（existenziell）な内面性に着目しているということである。朴鍾鴻は、ハイデッガーが実存問題に実存論的（existenzial）に接近した結果、世界・内・存在たる現存在とこの存在者を全体において越え出る存在の超越を単なる意識内的な生起、即ち、観念的なものにしてしまったと見た。その結果、朴鍾鴻がハイデッガーの現存在に見たのは、厳然たる対立と矛盾の苦しい葛藤に於いて、克服されつつある、しかも克服し尽されない身体としての、そして更にまたそれを通じて外界に向って道具を作る具体的な人間がないということであった。というのは、人間は個人としてよりも先ず具体的な社会的存在として存在しており、外界を征服することによってこれを超越するということは、このような社会的存在者そのものがどうしても越えられない社会、または内部世界的で出会う有用存在内至現前存在に対立し、これを克服しつつ進むことを意味するからである。このように考えてみる時、ハイデッガーには、強い対立とそれの克服によって展開されていく具体的な歴史がないと言えるのである(8)。

ところで、このような朴鍾鴻のハイデッガーに対する批判はそのままキェルケゴールにも当てはまる。朴鍾鴻にとって現実存在における実践はキェルケゴールに見られるような、深淵の前で怯えている孤独な倫理的主観の実践よりり、もっと社会的なものであるからだ。「余りにも口惜しい現実」の苦悩から出発し、窮迫な限界状況を突破すべき具体的な実践は、単なる理性による観想的思惟でないばかりでなく、単なる感性的実践でもない。それはロゴス的であるよりパトス的であり、感性的・社会的な実践として能動的な側面を持つものである(9)。ここでわれわれは、内面的・情意的な主体性にとどまったかに見えるキェルケゴールと彼の系統に属する実存哲学を批判しつつ、この両者の弁証法的統一の論理を追究する以後の朴鍾鴻哲学の一貫した展開を見ることになる（朴鍾鴻と共に京城帝大哲学科で学んだ申南澈も「現代哲学の Existenz への転向とそれから生ずる当面の課題」を論じながらハイデッガーに及ぼしたキェルケゴールの影響について簡略に述べている)(10)。

朴竜喆（文学）

一九二〇年代から一九三〇年代の初めにかけて日本に留学し、キェルケゴールに接した者に詩人朴竜喆（一九〇四―一九三八）がいる。一九三〇年代の初めから始まった日帝のファシズム的独裁体制の強化は、この国のあらゆる文化運動から――それが文学運動であれ、言論活動であれ、労働運動であれ、教育運動であれ、あるいは修養運動であれ――政治性と思想性を去勢した。この時起ったのが、民族の伝統と習俗、情緒、思想、魂が宿っている言語を守り洗錬させ広げる「ハングル運動」であった。この国のすべての文化活動は、そのものとしては表現することを許されない民族感情をハングル運動への加担か支持によって発散させた感があるが、これと脈を同じくして登場して来たのが純粋文学を標榜した「詩文学」派同人たちの文学運動であった。詩文学派の詩人たちは、彼ら以前の韓国の詩壇を牛耳ったKAPF（Korea Artista Proletaria Federation）のイデオロギー偏向主義や、これに対抗して民族の旗幟を掲げ朝鮮精神を唱えながら時調の復興を試みた国民文学派と違って、ひたすら純粋抒情を追究し、作品の表現媒体である言語に格別な関心を注いだ。

こうして、我国の新詩史上初の専門誌『詩文学』が発刊されたが（一九三〇年三月）、その産婆役を務めたのが朴竜喆であった。彼は一九三〇年代の初めから海外文学の翻訳、紹介で意欲的に活動し、海外詩と文学を理論的に消化しようとする試図にも相当な熱意を示した。そのような彼の関心圏の内にキェルケゴールがあったが、彼はキェルケゴールから特に詩の精神的な面を学んだように見える。朴竜喆は一九三四年一月に彼の主導によって創刊された純文学誌『文学』に「Verschiedene」と題する一文を掲載したが、彼はそこに『あれか／これか』から詩と詩人に関係すると思われる句節のいくらかを訳している(11)。

詩人とはなにか？　その胸の中に深刻な苦悩をひめながら、その歎息啼泣を美しい音楽のように響かせる脣を持った不幸な人間である。昔、希臘の暴君ファラリスが真鍮の釜の中に入れて焼き殺した不幸な人たちと同じなのだ。彼ら不幸な人たちの悲鳴があの暴君の耳には美妙な音楽に聞こえたといわれるのだが、彼らと同じ運命の下に詩人も置かれているのだ。

如何なる種類の美しさもその発達の極点に至れば敏感な人の胸に涙を紡ぐ。憂愁はすべての人間の情調の中で最も正直なものである。霊魂が、例えば、その流謫の柳の木蔭に休らいながら、遥かな故郷を憶う憧憬の歎息を吐く時、その魂の歌の主調が憂愁にならなければどうしよう！

朴竜喆がキェルケゴールを知るようになった時期と契機は明らかでない。ただ、逸速く東京に留学し、青山学院卒業後東京外国語専門学校に進んだ朴竜喆には、当時の日本の知的雰囲気からして容易にキェルケゴールの作品や解説書に接し、同調するようになったのではないかと推測できるだけだ。

最早、朴竜喆には民族とか社会に対する政治的思想的関心の表出がない。彼は植民地の暗鬱な現実を生きている一人の詩人として、悲哀や孤独、懐疑、憂愁のような人間一般の暗い内面を表出する。これは彼の代表的な詩といえる「離れ行く船」、「夜間列車に君を送り」、「冷たい額」、「故郷」等にありありと表われている。

このような朴竜喆にとって、キェルケゴールの美的実存が醸しだす雰囲気、即ち、享受をモットーにして快楽を追求するけれども、快楽を追求すればするほどより重い憂愁と倦怠に捕われ、懐疑と絶望の深淵に陥ちる人生の苦い逆説は魅力的だったと思われる。また、この頃にはこの国でもそろそろキェルケゴールを読む人の数が増え、内と外の分裂で苦しんだ彼の詩的実存はその優美で絢爛たる文章と共に多くの人を引きつける魅力と慰めになったと思われる。

尹東柱（文学）

一九三〇年代の末頃、朴竜喆らが活発な詩作と文壇活動をひろげていた時、尹東柱（一九一七―一九四五）は、これという作品活動の実績がない無名の詩人志望生であった。その彼が解放後一九四八年一月に発刊された遺稿詩集『空と風と星と詩』（正音社）と共に、日帝末期の韓国現代文学史内至詩史に際立つ位置を占めるようになる。そして日帝下の暗黒期に活躍した詩人、植民地体制下で抵抗する作品を残した抵抗詩人として記憶され、数多の人から愛されるようになる。

周知のように、日帝の植民地体制の下で主権を失ない生活の基を奪われた我が民族は、満州に、大陸に流離する民となり、いくらかは主権回復の隊列に参加して捕えられ、投獄のあげくそのまま囚われの身で命を失ったのであるが、尹東柱の誕生と死がまさにそのようなものであった。尹東柱は一九一七年、豆万江の向こう北間島の明東村で生まれ、一九四五年二月、日本の福岡刑務所で獄死した。しかし彼は決して外面的な行動人としての独立闘士ではなかった。むしろ彼は天賦的に人情に富み多感な性格を持った「静かで内面的な人」(12)であった。散歩を好み、友人とのつき合いを楽しんだ一方、深い思索に沈潜しがちだった彼が、抵抗詩人たる由はなんであろうか?

それは時代の暗闇が内面的な彼の自意識を重く抑えつけて内面化の孤独と沈潜を深くしながら、この圧迫から脱出しようとする衝動が彼をして時代との悲劇的な対決に手向かわせたといえる。尹東柱は非常に純粋で清らかな人であった。われわれは彼の純粋で清い一念を彼の良心と見做してもよいが、それは絶え間ない自己凝視によって体得された実存的な自覚であり、生の可能性を自身の生の中で具体化しようとする自己完成に対する実存的な関心ともいえる(13)。自分の生に対するこのような彼の峻厳な態度を、われわれは『空と風と星と詩』につけた「序詩」においてたやすく確認することができる。

死ぬ日まで空を仰ぎ
一点の恥辱なきことを。
葉あいにそよぐ風にも
わたしは心痛んだ。
星をうたう心で
生きとし生けるものをいとおしまねば
そしてわたしに与えられた道を
歩みゆかねば

今宵も星が風に吹き晒らされる。

（一九四一年一一月二〇日）

何とキェルケゴールの「神の前にひとり立つ単独者」を彷彿させる境地であろう！　尹東柱は延禧専門学校を卒業する頃、キェルケゴールに心酔し、弟を始め多くの人にキェルケゴールの話をしてやったという。彼の弟によると、彼の蔵書にはアンドレ・ジイド、ドストエフスキー、ヴァレリー、キェルケゴールのような作家たちの著作が含まれていたという(14)。彼が読んだキェルケゴールの著作が何であったか正確には知られていない。ただ、その頃出版されていた日本語の訳本には『あれか／これか』の抜粋本『憂愁の哲理』（宮原晃一郎訳、春秋文庫、一九三三／思想選書、一九四一）、『誘惑者の日記』（神保光太郎訳、改造文庫、一九三八）、『哲学的断片後書』（鬼頭英一訳、三笠書房、一九三八）、『死に至る病』（斉藤信治訳、岩波文庫、一九三九）、『不安の概念』（伊藤郷一訳、改造文庫、一九四〇）、『基督教における訓練』（桑田秀延訳、長崎書店、一九四〇）、そして『使徒と天才との相違について』（橋本鑑訳、長崎書店、一九四一）等があったから、その中の幾冊かを読んだだろうと推測できるに過ぎない。またわれわれは、彼がキェルケゴールの思想のどの点に魅了されて心酔したかを具体的に言及することも困難を覚える。ただわれわれは、当時の彼の生と作品を通じて彼とキェルケゴールとの関聯を類推して見ることができるのである。

一九四〇年代の初め、彼は日本に留学する計画を持っていたが、何一つ確実なものがない漠然とした状態であった。時代の状況は極限に向かって走り、戦争の危険が迫まっていたし、多数の青年が徴集されていた。既に一九三九年には検閲の強化ではすまずに『東亜日報』と『朝鮮日報』の二大民間紙が廃刊され、一九四〇年には創氏改名と日本語常用を強制された。最小限の民族的アイデンティティを守ることさえ生命の威脅となりかねない急迫な状況が展開して行った。このような状況の中で彼は、暗澹たる現実と自分が追求する理想との葛藤を戦いながら、ひたすら自我の内面的発展、即ち倫理的完成を希求した。そして、彼はこの点で彼に先だち真の自己を実現すべく孤独で険難な単独者の途を歩いて行ったキェルケゴールを見たと思われる。恐らく尹東柱は、キェルケゴールの作品において、憂愁に抑えられて絶望の深淵に陥ち、自己苛責で苦しむ悲惨なキェルケゴールの姿に自身を重ねたことであろう。

周知のように、キェルケゴールにおいて真の自己になるということは単独者になることであり、彼はこの単独者になる道を美的実存から倫理的実存へ、そして更に倫理的実存から宗教的実存へと越えて行く動的な運動として把握した。キェルケゴールにおけるこのような実存の運動を各々の人間が自己の倫理的実在、即ち、内的可能性の全人的発展を実現する過程と見る時、尹東柱を動かしたのは美的な発展を通じて自己の内的、倫理的完成を期する衝動であったといえる。父親の強い反対に逆らって文学の道を歩き始めた尹東柱の透徹な自己凝視は、デカルト的な自己省察とは異なる動的な自我の自己実現をめざしたものであった。こうして彼の美的関心は内面化をもたらし、倫理的な関心は彼をして自己の前途を遮る時代の暗闇との対決に向かわせたと思われる。

ところがわれわれは、彼の熾烈な自己凝視、または省察の後に「恥じらい」、または「罪意識」が後次いでいるのを見る。彼は、空を仰ぎ一点恥じらいなく生きることを誓った自分の断乎たる意志が植民地的な現実の頑強さに衝突して挫折し、内と外とに分裂した自己に苦しみ、理想に及び得ない現実の自己に罪を覚え恥じ入るのである。一九四二年、日本に留学した尹東柱は異国日本の六畳部屋に寝転んで窓の外の夜雨の音を聞きながら「たやすく書ける詩」を書いた。そこには、被支配国民の一人として覚える疎外感と、支配国に対する抵抗感が、そして悲しい天命であるのみの詩人たることを反芻する彼の悲壮な自己省察が濃く滲み出ている。「汗と愛のにおいがふくよかに漂よう」学費封套を受けて大学の講義を聴きに行く自分の行為の滑稽さを思い、ひとり沈潜する自身の姿を見て、詩を書く以外には自己を表明することが出来ない自身が如何にも恥ずかしかったのである。

この尹東柱の「恥じらい」や「罪の意識」には、苦痛の中にいる同胞への共感と同情があると思われる(15)。彼が本を読み詩を書きながら大学に通うのは、個人的に見れば成功だといえるにもかかわらず、他方では羞恥心を伴なうことであった。彼が自分自身をまともに見た時、植民地体制下における「わたし」はまさに虐待され抑圧されて生きている彼の周囲のすべての人たちであり、彼らは彼自身の世俗的成功と対照的に余りにも悲惨な環境で暮らしているためであった。だから尹東柱はひどい矛盾を覚え恥じらいを持つのである。彼がこのような恥らいまたは罪の意識を止揚し克服する道は民族的抵抗であった。しかし、日帝末期の暗黒のような状況において民族的抵抗を図ることはそれがいかなる形態のものであれ、大きい犠牲を覚悟せずにはいられないことであった。まさに日帝の弾圧政策が極限を走り民族の運命が最後の瞬間を迎えるかの時、彼は死を意識して十字架の前で自分の行くべき道を尋ねている。

しかしわれわれは、尹東柱の十字架が必ずしも直接的な政治的行動を意味するものと考える必要はない。なぜならば、彼の生を一貫して導いて来た一念は彼の鋭敏な感性と純粋な良心に従う美的・倫理的自己の完成にあったからである。急迫する外部世界の事情の下で内面的な世界を持ちこたえることが困難だと思ったのだろうか、尹東柱は、詩作に積極的な行動への意志を表わした。彼がこの苦痛に満ちた状況を越える何かの行動を覚悟したのは確実であった。しかし、時代の過酷さはそれを許さなかった。時代は彼をして悲壮な受難者と成らしめ、彼があれほど希求した自己の内的・倫理的完成をば彼の詩作と共に未完の完成と成らしめたのであった。

金在俊（神学）、全景淵（神学）

尹東柱と同じ時期に、東京に留学していた金亨錫（一九二〇—）と安秉煜（一九二〇—）、そして彼らより数年年下である安炳茂（一九二二—一九九六）と平壌の林春甲（一九二六—）が尹東柱と殆ど同じ精神的な状況の中でキェルケゴールに出会い、自己に目覚めるようになる。しかし彼らの思想的成熟と活動は終戦後の解放された祖国を待たねばならなかった。ところが彼らに先んじて日本の神学校で学んだ金在俊（一九〇一—一八七）、全景淵（一九一六—）、金喆孫（一九一七—二〇〇三）、文東煥（一九二一—）、文益煥（一九一八—九三）の兄弟らが既にバルトやブルンナー、ゴーガルテン等に代表される現代神学との関聯でキェルケゴールを読んでいた[16]。そしてソウルでは詩と文学評論を志向する趙演鉉（一九二〇—八一）らの文学徒たちがキェルケゴールと合わせて日本語訳でレーヴィットの『キェルケゴールとニイチェ』などを読んでいた[17]。

神学修学中の金在俊とキェルケゴールとの関聯に対しては何も知られていない。しかし彼が韓国におけるいわゆる新神学の先駆者であることを考えると、彼は第一次世界大戦後バルトの『ロマ書』第二版（一九二二）に対する関心と共に当然、キェルケゴールも読んだとことと思われる。金在俊は一九二八年、青山学院神学部を卒業した後、更に米国に留学して帰国、国内の神学校で教えた。彼は、当時保守的なカルヴァン主義正統神学に囚われていた韓国教会にとって驚天動地とも言うべき聖書の高等批評とバルト神学を紹介し始めたのであるが、その授業中に時おりキェルケゴールに言及したと伝えられている。

尹東柱で見たように一九四三年から一九四五年の終戦に至る歳月はあらゆる面で試錬と苦難の連続であった。特に青年学徒は留学生、国内在学生を問わず遥かな理想の追求より目前に迫った学徒兵志願の問題に悩まされ、人生の岐路に立たされていた。咸興で高校を卒業し三年余の社会生活をした後、一九四〇年東京に留学し、日本神学（現東京神学大学）で学んでいた全景淵にとって、キェルケゴールはドストエフスキーと共に言葉では表しようのない大きな精神的糧と神学修学の肥沃な土壌になった(18)。日毎に烈しくなる東京大空襲の最中、灯火管制された薄闇い明りの下で彼は『死に至る病』、『恐れと慄き』、『不安の概念』、『哲学的断片後書』、そして『使徒と天才との相違について』、『キリスト教講話』、またドストエフスキーの『死の家の記録』を片っ端しから読破した。彼はいわゆるキェルケゴールの専門家にはならなかった。しかし、キェルケゴールに鞭打たれてバルトと取り組み、やがて韓国を代表するバルティアンに成る。彼は今もなおキェルケゴールの『使徒と天才との相違について』と『キリスト教講話』を手元に置いて読んでいるという。彼の高校の後輩である金喆孫が彼を追って日本神学校に来た。しかし彼は一年後、学徒兵に召集されて裏日本のある部隊に配属されたが病を得、暫く療養した後除隊し故郷に帰った。彼は戦後ソウル大学に設けられた宗教学科で学業を続ける。

金亨錫（哲学）、安秉煜（哲学）

尹東柱の中学同窓であった金亨錫は上智大学で、安秉煜は早稲田大学で哲学を専攻しながらキェルケゴールに接した。大学での講義は依然として一九世紀のドイツ哲学が主流を占めていたが、ハイデッガーを含んだ実存主義への関心も強く、マルクス主義や社会主義も注目を浴びていた。金亨錫が見るにはキェルケゴールに対する研究は人間の個人的存在と内面世界に対する関心、ニイチェやハイデッガーを理解するための補助的な意味で遂行されていた。彼は予科時代にショペンハウエル、ニイチェ、キェルケゴール、ドストエフスキーなどを耽読したが、学部に進んでからはプラトンから現代に至るまでの大哲学者の主要著作を務めて精読し始めた。けれども彼の関心はいつもキェルケゴールを軸にして回転していた[19]。クリスチャンの家庭に生まれ育った金亨錫は、キリスト教の信仰とキリスト教的生を哲学的思惟を通じて結ぶ作業の必要性を痛感していた。このような認識が彼をしてキェルケゴールの思想に心酔させたのである。勿論、キェルケゴールのキリスト教理解と聖書解釈は制度化された既成教会と二重の関係をなしており、避け難い両面性を示していた。しかしまさにこの点に彼が信仰的理想と現実の教会との間で体験する葛藤や悩みを理解するに当って類比的な意味があった。けれども時局の推移は人から時間と自由を奪い、読書や学問的な思索などは社会全体の雰囲気が許さなかった。一九四五年、金亨錫は故郷で解放を迎えた。

一方、早稲田に学んだ安秉煜は早くから民族に目覚め、島山安昌浩、春園李光洙に深く私淑していた。彼は大学で、冷たい認識主観ではない行動の主体を問う実存哲学の主体性に引かれ、キェルケゴールに囚われた。ギレライエでのキェルケゴールの問いはそのまま哲学徒安秉煜の問題でもあった。「私は何か?」「私はいかに生くべきか?」「私がそれによって生きまた死ぬことができる真理は何か?」「この戦争で死ぬのは意味があることなのか?」一方、安秉煜は旺盛な知識欲の持主でもあった。彼はキェルケゴールに熱を出す傍らニイチェ、ガンヂー、トルストイ、ドストエフスキー、ジョン・デュイらの著作を貪ぼり読んだ。一九四三年、大学を卒業した彼は帰郷し戦争が終わった。

安炳茂（大学予科生）、林春甲（文学青年）

二歳の時、母親に背負われて故郷を離れ韓国人の避難地であった間島に行った安炳茂は、正規の学校教育を受ける機会に恵まれなかった。当てもなく日本に渡り、名もない学校で三年課程の大学入学資格を得た彼はその期間に失機を回復する一方、読書に没頭した。彼はキェルケゴールとドストエフスキーに引かれた。バルトにも触れたが彼を揺り動かすことは出来なかった。今まで生きてきながら彼は人間の外的な条件、例えば、外貌、学歴、専攻、職業、家門、故郷、民族等が人間の自意識と人格形成に及ぼす影響と、このようなものによって人を評価する他人の視線、そして更にその他人の視線を通して自身を意識しそれに縛られてしまう悲惨な自己喪失を体験した。この「他人の視線」から彼を解放してくれたのがキェルケゴールであった。安炳茂は神の前に独り立つ単独者、特にコルサール事件を通して彼が絶叫した「衆は虚偽」であるという命題に力づけられた。そして世に対する否定という点でキェルケゴールに深く没入し、強い影響を受けた(20)。一九四一年、太平洋戦争が勃起した時、予科課程を終えた彼は学徒兵を避けて帰国し、蘇満国境に位置したある韓国人開拓団の教師として一年間身を隠した後、再び懐かしい母がある間島に帰って解放を迎えた。

平壌で成長した林春甲がキェルケゴールに出会ったのは彼の歳二〇そこそこの日帝末期であった。彼は徴集が予想されていた文学青年で、新潮社の世界文学全集の殆んどを読破し、文学から哲学に、また西域史に関心が移り出した時点であった。書店で『死に至る病』を見つけた瞬間の胸のときめきを彼は今も忘れることができないという。それはまるで初恋の女に出会った時の衝撃と同じだった。『死に至る病』は彼の生涯における生の転換点になった。その時の彼は戦場に引っ張られて行けば否でもおうでも死と対決しなければならない状況にあったし、篤実なキリスト教家庭で育ったが、宗教、特にキリスト教に対して漠然とした懐疑を覚えていた時であった。『死に至る病』を手にして目次に目を通した彼はこの本が自分の人生に一筋の光を投げてくれるかも知れないという思いで胸がわくわくした。しかし彼の期待は無惨にも崩れた。何が何やら全然理解できなかったのである。文学青年林春甲とキェルケゴールの初対面はこうして終わり、暫らくして戦争も終わった。

二　解放から韓国戦争を経て九〇年代まで

二―一　四五年の解放から五〇年の韓国戦争まで

一九四五年八月一五日、「まるで盗人のように解放は来た」（咸錫憲）。日帝下の苦悩と悲しみは歓喜に変わり、韓国人たちは突然与えられた自由に熱狂した。しかし、国は南北に分断され、イデオロギーの対立は日毎に激しさを加えた。解放は自由をもたらしたが、戦後の無秩序と建国に絡む政治的な混乱の中で、知識人たちは長い間（一九四三年以来一切の洋書購入が断たれていたのに加えて）、世界情勢や文化の動向に接することが容易でなかった。それでも戦勝国米国の思想である実用主義が急速に普及され始め、瀕死直前にまで追われたキリスト教会が息を吹き返した。そしてヨーロッパの新思潮としてサルトルとカミュらの実存主義文学が紹介され、知識人たちの関心を誘発した。一九四七年、旧京城帝大は京城大学に、更に国立ソウル大学に改編され新しく出発した。

金喆孫（神学）――最初の韓国語研究論文

この新しく生まれたソウル大学で、日本から帰国した金喆孫（宗教学）と安炳茂（社会学）が勉強を続けた。そして一九四八年、金喆孫は「ゼーレン・キェルケゴールのキリスト教理解」を書いて卒業するのであるが、恐らくこれがキェルケゴールについて韓国語で書かれた最初の論文である。彼は以後メソジスト神学校を卒業、スイスのバーゼルに留学し、カルヴァンとジョン・ウェズリーを研究した。しかしキェルケゴールへの初めの愛を胸に抱き続けた彼は、勉強を終えて帰国する折、コペンハーゲンにキェルケゴールの墓参りをしている。彼は機会ある毎にキェルケゴールを語り、思想誌や日刊紙に彼に関する文を寄稿してその思想を知らせることに力を尽くした。安炳茂は社会学を専攻した。それは彼が、今の教会では駄目だという考えと新しい共同体を作ろうとする意欲を持っていたからであった。彼は新約聖書のキリスト教的共同体の形成を心に抱いて一九五〇年、大学を出た。林春甲は一九四六年、予科を修了して哲学科に進学したが、その間にも彼の『死に至る病』との「血闘」は続けられていた。

一九四八年、文学界では総合誌『新天地』（第三巻第九号）が「実存主義特輯号」を出してサルトル、カミュ、マルロー等を紹介したが、キェルケゴールに関する言及はなかった。大学では一九四九年、朴鍾鴻教授がヤスパースの『理性と実存』を中心にした〈現代哲学〉の講義の中で、そして高亨坤教授がハイデッガーの『存在と時間』をテキストにした実存哲学の講義の中で、実存思想の先駆としてのキェルケゴールを紹介した。

金在俊（神学）

一九四九年、金在俊はソウル市民会館で開かれた第一回長老教青年全国大会で行った講演「大戦前後の神学思潮の変遷」の中で、新正統神学運動の主導的役割をした人としてバルトやブルンナーと共にキェルケゴールを紹介した(21)。恐らくこれが韓国教会においてキェルケゴールが公開的に言及された最初のことであろう。金在俊はおよそ次のように述べている。「デンマークの神学者キェルケゴールは美学、倫理学、哲学、神学等各方面において近代最大の思想家であり、K・バルトの先輩であった。彼はヘーゲルの理性主義に反抗して宗教面における理性の破産を宣言した。神と人間、永遠と時間、超自然と自然等は自由主義者やトーマス主義者の如く一元的連続性において見てはならない、『絶対的な質的差異』であると主張した。キリスト者になるということは或る神学体系を信じたり、倫理的な教えを守ることを意味しない。キリストと『同時』を為し人格的な交わりに入ることを通じてのみ可能であると主張した学者である。」

しかし、それまで韓国思想界にはキェルケゴールは勿論、本格的な実存主義内至実存哲学に対するまともな論議や研究はなかったと言えるし、一九五〇年六月に勃発した韓国戦争は韓国人と韓国社会から一挙に凡てを奪い、無に返した。

二―二　戦中・戦後時代から五〇年代末まで

実存主義文学と高錫珪

韓半島の南端にある臨時首都釜山を覆ったのは不安、焦燥、恐怖、孤独のようなものが妙に入り交じっている絶望的な雰囲気であった。今や韓国人にとって実存主義はヨーロッパから渡ってきた恰好よい理論ではなく、日常の生自体であった。死が目前にある前線で「末の末」または「絶望の深淵」を既に見てしまった若者たちが九徳山の麓に難民収容所のように建てられた大学村の講義室と付近の茶室に集っては、サルトルとカミュを論じ、キェルケゴールとヤスパースとハイデッガーを読み、リルケとエリオットとボードレルの詩を吟じ、彼の詩論を語った。大学の講壇でもサルトルの文学作品と共に『存在と無』が講読され、「実存」、「実存主義」といえばすぐサルトルのそれを指す言葉になった。キェルケゴールも多く読まれたが、それはサルトルやハイデッガーを論ずるための導入であり、真摯に読んだのはただ少数のキリスト者だけであった。そういう中でキェルケゴールに傾倒した高錫珪（一九三二―一九五八）がいた(22)。

彼は咸興で生まれ、中学生の幼ない身で単身南下して釜山に定着していたが、戦争が起こるや志願入隊して戦場に出た。負傷を受けて除隊し、釜山大学で国文学を専攻した彼は、詩を書きながら評論家として活躍した。彼は有限なる実存の状況自体が逆説的であるというキェルケゴールの立場をそのまま受容した。ただ彼は、キェルケゴールがこの逆説的な状況を思惟と信仰を通じて乗り越えようとしたことを、詩作と文学批評を通じて解決しようとしたのであった。高錫珪にとって、ひとりの作家の実存と文学的な逆説は同一なものであり、ひとりの作家に対する評価は彼の実存の問題と文学作品上の逆説がどのくらい対応しているかにかかっていた。高錫珪はキェルケゴールの無限の否定性としてのイロニーの概念や、精神としての人間は自己が自己に関係する関係であると言ったことを重視して実存の自己実現の運動としての生の段階説を受容し、自身の文学批評の出発点とした(23)。「余白の存在性」、「不安と実存主義」、「尹東柱の精神的素描」、「詩人の逆説」のような卓越した評論を書き、二七歳という惜しい歳に夭折した彼は、実存主義文学批評家として戦後時代の文学史に際立つた足跡を残した。

一九五三年の政府の還都と共に社会は安定を取り戻した。大学も避難地から続々戻り、学界も活気を帯びてきた。哲学教授たちの学術団体である韓国哲学会が発足し、総合誌『思想界』も創刊されて知識人と学生たちの熱い期待と愛を受ける知性の広場となった。マルクス主義の書籍と日本の書籍を除外した外書輸入の道も開かれ、ヨーロッパの最新思想と学問を直接に接することができるようになった知識人、教授、学生らは戦後の貧しさといろいろな困難にもかかわらず新しい知識を求めて夜を明かした。しかしその真底には、これから自分は何をどうすればよいのか、どう生きるべきかという真摯な問いが潜んでいた。避難地で熱病のように流行った実存主義が依然としてその勢いを保っている中に、新しく輸入された英米のプラグマティズム、功利主義、論理実証主義、科学哲学、美学等の哲学書籍を始め、各種の学芸書は学界と社会各分野の発展を促した。この時点から各種の媒体を通じて本格的な学術論文が発表され始めるのであるが、キェルケゴールに対する紹介と研究論文もぼつぼつ現れ始めた(24)。

初期のキェルケゴール研究論文

一九五三年、趙要翰が「ゼーレン・キェルケールの実存概念」を書いてソウル大学の哲学科を卒業し、翌年には李教詳が「キェルケゴール研究―美的生活の歓喜と信仰生活の浄福」を書いて同大学哲学科を卒業した。この卒論は同大学の学報に掲載されたが、学内は勿論思想界一般の注目を受けた。その後一九五七年から一九五九年にかけて林春甲の「キェルケゴールの罪の概念」、一九五八年には表在明の「キェルケゴールの逆説の概念」、一九五九年には姜学哲の「ケアケゴアのパトス論」が卒論として同大学の哲学科に提出された。

紹介文献翻訳書

一九五四年頃からキェルケゴールに対する紹介とか啓蒙が本格化されるのであるが、この時先述した『思想界』と一九五七年に韓国基督教書会によって創刊された月刊誌『基督教思想』が大きな役割を果した。一九五四年九月号に掲載された李教詳の評論「現代哲学と文学の一断面―背徳と信仰」を皮切りに『思想界』は以後、多数のキェルケール関聯論文を掲載した。一九五六年、H・R・マキントシュの『現代神学の諸型』(金在俊)、一九五八年、H・ジョンスンの『キェルケゴールの実存哲学』(林春甲)、一九五九年、ワルター・ラウリーの『キェルケゴールの生涯と思想』(林春甲)、一九六一年、K・レーヴィット『知識・信仰・懐疑』(林春甲)が翻訳されることによって、一般読者のための最小限度の入門書が備えられた。

孤独な実存――朴鍾鴻のキェルケゴール理解

この辺で話はもう一度朴鍾鴻に戻ることになる。六・二五(韓国戦争)の惨酷な戦禍を経た朴鍾鴻は、一九五四年、彼のその時までの哲学思想を総決算した『哲学概説』を出刊した。ここでも彼はヤスパースの「中途半端な哲学は現実を離れるが、完全な哲学は現実に導びく」ということばを引用して、哲学を現実把握と規定した(25)。現実自体の自覚過程が即ち哲学であるというのだ。ここで現実把握としての哲学は、国土の分断とそれによる戦争で塗炭を嘗めた民族と国家を建て直おすのに役立つ「建設と創造の理論」として展開されることになる。

朴鍾鴻は、人間の心理的類型を内向型（Introversionstypus）と外向型（Extraversionstypus）の二つに類別したK・ユングの理論からヒントを得て、哲学思想を内向的な現実把握と外向的な現実把握の二つに分類した(26)。内向型は生命力（Libido）が自己の内面に向かい自己の中で絶対的な価値を求めようとする傾向が習慣化したもので、外界を自己とは無関な疎遠なもの、極端的には自己に敵意を持っているもののように感ずる。これに反して、外向型は生命力が外部に向かい外界の価値を無条件に認め、客観的対象に関わらない思想は単なる空想と見做す。朴鍾鴻は内向的な現実把握の例として、古代ギリシヤ末期における倫理期の哲学思想、近代初期のドイツ神秘主義、現代ではドイツの実存哲学を挙げ、外向的な現実把握の例としては、ギリシヤ盛期におけるソピストたちの思想、近代初期においてはルネサンス期の思想、現代ではプラグマテイズムと弁証法的唯物論を挙げ、内向的な現実把握は国家が衰退し社会が不安な時に現われ、外向的な現実把握は国家が隆盛し社会が平和な時に現われると論じた。

朴鍾鴻は内向的な現実把握の現代的類型としての実存思想を有神論的実存思想と無神論的実存思想に分類したが、前者に属する思想家にキェルケゴール、ヤスパース、G・マルセルを挙げ、キェルケゴールをば「孤独な実存」として論じた(27)。ここで彼は、キェルケゴールの「主体性＝真理」思想から始めて神の前にひとり立ち、没落か救いかの決断を迫られる実存の絶望的な状況を描いた後、この実存が懺悔によって直接的な自己を拋棄し、永遠な自己、本来的な自己を選択することを通じて、即ち神＝人の逆説を受け入れることを通じて絶望から脱出し、質的に新しい飛躍を成して救いに到るという「質的弁証法」を論じた。そしてこのようなキェルケゴールの神の前に立つ実存が神を媒介として、他のすべての個体の歴史に関係し、それを通じて自己の中で新しく人類の歴史を開始すると述べながら、このような点は内向的な孤独な実存思想が如何に外向的な聯関において活かされることができるかに対し何かの示唆を与えるものがあると見做した。

この聯関を究めようとする朴鍾鴻のたゆまぬ努力をわれわれは一九七七年に刊行された彼の遺稿『弁証法的論理』において窺うことができる。この著作の末尾を成している「第六章　現代哲学と弁証法〈実存弁証法〉——キェルケゴール——質的弁証法」がそれである(28)。しかしこれは残念ながら、晩年の彼の多忙と持病による他界で完全な形態に纏められず、簡単なメモの形で残されたものであり、しかもハイデッガーを通じてのキェルケゴール理解にとどまった感がある。そこには、弁証法における矛盾的対立を実存の内面生活においてしっかりと把握し、質的弁証法という新しい道を開き、それが後に実存弁証法、更に弁証法神学に展開する端初を与えたという言及だけで、具体的な論議の展開がない。そのうえ、この実存弁証法が孤立した例外者たる実存に見る内向的な特色を持つものであり、誠実な心と精神の覚醒を促す論理ではあるが、具体的な行為の論理、建設の論理には至っていないと見做しているのは、一九三〇年代以来の彼のキェルケゴール理解と評価の延長線上にあるといえるものである。結局、朴鍾鴻はキェルケゴールの日記や後期の著作に見える彼の政治・社会に対する深い関心と、キリスト教的な隣人愛の実践による新しい共同体形成に対する熱望を見ることができなかった。われわれはここに、キェルケゴールを実存哲学の先駆と見做すのが一般的であった当時のわが哲学界内至は思想界のキェルケゴール理解と研究の限界があると思う。

金亨錫——『死に至る病』の最初の韓国語訳出刊

一九五六年、延世大学の教授になっていた金亨錫が『死に至る病』の訳書を出版した。これは韓国語による最初の原典翻訳であり、翌年に出版された安秉煜の研究書『キェルケゴール思想』と共に韓国におけるキェルケゴール研究史上真に意義深い出来事であった。日本から帰国した金亨錫は高校教師を勤めるかたわらキェルケゴールに対する読書と研究に取り組んでいたが、五〇年代に延世大学哲学科の教授になったあと、キェルケゴールに対する理解を深めることができた。キェルケゴールに対する彼の関心はバルトにおいて見られるように実存主義的神学を志向することではなく、実存主義的人間学を追究することにあった。そしてキェルケゴールの思想を受動的に受容する次元に止まらず、同時代の韓国人の自己省察に肯定的で生産的な影響を与えることを望んだ。当時韓国の哲学界ではハイデッガーに対する研究には比較的に高い関心が寄せられていた。しかし他方、実存主義に対する皮相的な観念も相当広まっていた。それに実存主義哲学は人口に膾炙していたが、いざキェルケゴールに対しては誰もまだ国民一般に本格的な紹介をしていなかった(29)。キリスト者であり哲学の道を歩もうとする彼は、キェルケゴールの思想を研究し、心ある韓国の大衆、特に多くの韓国キリスト者をキェルケゴールの思想に導くことを自身の課題、使命とした。その頃、金亨錫はソウル市内にある新門内教会で日曜毎に聖書研究会を主導していたが、彼は聖書以外にもパスカルの思想を語ったり、キェルケゴールの『死に至る病』を講解して聴衆の熱い関心を集め、真摯な雰囲気を盛り上げた。戦争の傷痕がまだ鮮明な当時、いかに多くの青年学生が彼の講義に慰められ、力づけられて新しい生に向かったことであろう。彼は続けてキェルケゴール研究と著作と講演に携わり、実存主義とキェルケゴールを中心とした「時間の実践的構造」、「絶望の弁証法」、「現代哲学の発生と主体性の問題」、「時間の終末論的構造」などの論文と、『現代人の哲学』、『現代人のための世界観』等多くの著書を執筆するほか、講演等を通じてこの国の哲学思想とキェルケゴール研究の先導者となった(30)。

安秉煜——最初研究書著述

一方、崇実大学の教授となった安秉煜は一九五五年、『思想界』に「実存主義系譜——有神論的実存主義者キェルケゴール」を寄稿するなど活発な文筆活動をなしていたが、一九五七年韓国語で書いた最初のキェルケゴール研究書

『キェルケゴール思想』を出版した。この本は空前の成功を収め、まさに洛陽の紙価を高からしめると同時に著者安秉煜を一躍思想界の名士にした。この本を読んで人生に目覚め、自己自身の人生を生き、又哲学に入門した若者がいかに多かっただろう。以後、安秉煜は数多の著作、講演、講義などを通じて、誰よりも誠実に人生を生き、真摯に自己省察と自己探究をなした主体的思想家としてのキェルケゴールを大衆に知らせることに力を尽くした。

二―三　五〇年代末から八〇年代まで

二―三―一　林春甲―もう一つの『死に至る病』翻訳書

一九五七年五月にもう一つの『死に至る病』が林春甲によって韓国語に翻訳され世に出た。前年に出版された金亨錫のものはシュレンプによる独逸語訳本を底本にしたものであったが、林春甲は第二次大戦後新しく翻訳されたE・ヒルシュの訳本とワルター・ラウリーの英訳本の二つを底本としたものであった。林春甲は『死に至る病』との初めての出会い以後、およそ一四年ぶりにこの本をハングルで訳し出すことができたのであるが、脱稿はしたものの受け取ってくれる出版社がなかった。仕方なく彼は自費で出版したのであるが、全く予想外のことが起った。自由党政権末期の暗鬱な社会的情勢が人心を不安にさせ絶望に落としたせいか、増刷に増刷を重ねた。林春甲はここに計り知れない神の摂理のようなものを悟った。そして力の及ぶ限りキェルケゴールの全著作を翻訳しようと決心した。彼はこの時から一九八二年に至るまでの二五年間に『あれか／これか』を始め『瞬間』に至るまでのキェルケゴールの主要著作一四巻を、時には自費で、時には出版社を通して出版した。キェルケゴール翻訳家の林春甲が韓国のキェルケゴール読者と研究者に及ばした功績はいくら感謝しても足りないほど大きい。彼の訳書を対する時、翻訳の間違いや歳月と共に変わり行く言葉使いの相異から來る違和感を越えて、キェルケゴールに向う彼の熱い情熱と愛を感じとることができる。

生涯を捧げてキェルケゴールの著作を翻訳してきた林春甲は、自身がなした仕事に対してこのように述懐する。「わたしは彼の思想を体系的にまとめて一冊の本を書こうと考えたことがありません。ただ世紀末的な雰囲気が世を引きさらった時代に世人の脚光を受け、一時思想史の中心を占めていた実存思想の核心を主導したひとりの思想家の著作を韓国語でわが民族に贈りかっただけなのです。そして原典ではないがせめて翻訳に頼ってでも、彼の原作を読むことなく、解説書や彼の影響をうけた学者たちの断片的な言及だけを鸚鵡返しする人たちに一種の警鐘を鳴らすことにもなるかと思ったからです。わたしは後輩たちに一つの願いがあります。それは二一世紀を迎える現今、人を眩惑させる技術革命の讃歌に対して、神の前に獨り立ち人間回復のために倒れる瞬間まで孤軍奮闘した二〇世紀最後の預言者キェルケゴールに倣い、戦ってくださいということです。」惜しいことに出版社の編集社員の過ちで『哲学的断片後書』と『人生行路の諸段階』が原稿状態で紛失してしまった。

この年、五六年にドイツ・のハイデルベルク大学で「中国古代の思想界における自然の意味——精神と自然の一体」で学位を得た曺街京が歸国した。彼は「ハイデッガーと形而上学」という講義で実存思想の先驅としてキェルケゴールに言及したが、後期ハイデッガーの存在の哲学を解説しながら中国古代の自然思想との調和による実存哲学の克服を論じ、新鮮な衝撃を与えた。

二—三—二　六〇年代から七〇年代末

ところで、一九六〇年韓国は五・一六軍事革命を契機に急激な産業化に突入して、いわゆる「漢江の奇蹟」を作りながら急速な高度経済成長を遂げた。国民の人権と市民的自由を留保しての事ではあったが、人は目先の経済成長に眩惑され、もうすぐ先進国の隊列に組することができるかのような期待で胸を脹らませた。「よく生きて見よう！」という掛け声と共に推進された〈新しい村造り運動〉と第一次経済開発の成功に自信を得た政府と企業人はますます忙しく動きまわり、暫くの間に韓国は社会全体が経済を優先視する物神崇拝に取りつかれた。教会とてもこの激流から脱することはできなかった。特に都市教会は産業化に従って増加一方の都市人口を吸収しながら巨大化し、信徒たちの世俗的成功がそのまま神の祝福であるかのように教える世俗的幸福の宗教と化した。まもなく農漁村の小さい教会もこれに倣った。

その間、韓国はヴェートナム戦争に参加し、中東建設の好調に乗じて経済成長の土台を固め、飛翔するアジアの四竜の一つとなった。一九六〇年代から七〇年代にかけて外的な成長の後を追うように精神的・文化的欲求を充たそうとする動きが強くなった。従って多くの教養書、専門学術書等が出版された。思想全集、文学全集、教養全集などがブームを起こしたが、これらの類には必ずといってよいくらいキェルケゴールの著作が含まれていた。

後続研究者

この時期に現われたのが辺鮮煥（一九二七―一九九五）(31)、表在明（一九三二―）、姜学哲（一九三四―）、黄弼昊（一九二七―）、洪淳明、蔡奎哲たちである。しかし彼らがキェルケゴールを知ったのはこの時よりずっと前の一九五〇年代であり、彼らは北韓から南下したり、六・二五戦争に参加した体験の持ち主たちであった。彼らはみなキリスト者として自己のアイデンティティと信仰を確立する為にキェルケゴールに学んだのであるが、ますます物質的、外面的な生に沈倫し行く同時代人に呼び掛け、内面性、即ち、精神としての真の自己回復を促がすためでもあった。姜学哲と表在明は実存的人間学を追究した。洪淳明と蔡奎哲はキェルケゴールの一点の曇りもない心の清さに引かれた。洪淳明は韓国における無教会主義キリスト者の指導者の一人であるが、日本と違い一九六〇年代に至って初めてキェルケゴールを接したというのが意外である。

デンマーク語原典全集——蔡奎哲、表在明

蔡奎哲は一九六〇年代の末にデンマークに留学し、セディングまでキェルケゴールのゆかりの地を訪ねた。彼はP・ローゼによる原典全集第三版を購入して原語でキェルケゴールを読んだ最初の韓国人になった。一九七八年表在明がコペンハーゲン大学のキェルケゴール研究所に留学し、原典全集第二版を初めて国内にもたらした。彼は以後、政治・社会に対するキェルケゴールの関心を追跡し、社会哲学的な観点から彼に接近する可能性を開いた。この時期に現在わが国においてハングルで読むことができるキェルケゴールの著作と入門書の殆んどが林春甲、姜学哲、表在明等によって翻訳された。いまや彼の名は「主体性＝真理思想」及び生の三段階説とともに、高校の倫理教科書（国定）に、そして殆んど全ての大学に於ける哲学概論の教材に紹介されるようになった。勿論、多くの教会の講壇でもしばしば言及された。

民衆事件と安炳茂——民衆神学

ところで、七〇年代の目覚ましい経済成長の明るい日向の反対側には、それだけ暗い陰がさし、そこには多くの人が衰残の身を横たえていた。特に都市で生産業に従事している勤労者たちの現場は見るに耐えぬ凄惨を極めたものであった。七〇年一〇月「民衆事件」が起った。青年ミシン工、全泰壹が焼身自殺したのだ。彼の後を次いで多くの学生と労動者たちが自身を棄てた。彼らの死は自殺ではなくまさに被殺であるというべきものであった。そしてまた朴

鍾哲が死に、李漢烈が死んだ。「歴史のイエス」を求めてハイデルベルクの神学部で一〇年間を過ごした後、「何も持ち帰ったものがない」といった安炳茂は連続的に爆発する彼らの死に即して、そして彼らの葬儀式と民主化闘争に同参する波打つ民衆の中に、イエスの十字架の事件と復活の事件を見た。彼の生涯の問題に答えが与えられたのであった。彼自身、軍事政権によって投獄され苦難を受けながら受難の民衆に出会った。彼は初めて西欧的な神学のわくを脱し、改めて主体的に聖書を読んだ。そしてその時まで会えなかったイエスに出会った。

ここで安炳茂は若い時、キェルケゴール（及び社会学の大衆論）から影響を受けた大衆に対する考え、即ち「非真理としての大衆」と「苦難を受ける集団としての民衆」を区別した。そして民衆の苦難を一個人の苦難と見ないで集団的な苦難と見た。ある一人が苦難を受ける場合にもそれは集団が受けなければならない苦難を彼が身代りになって受けるものと見た。彼は軍事独裁の下にある人は皆民衆であると考え、彼らが受ける苦痛に胸を痛めた。そして、それがまさに民族の「한」（ハン：恨）、民衆の「한」ではないかと考え、その答えを新約聖書のマルコによる福音書に発見した[32]。それは衆を指す二つのことば、「オクロス（ochlos）」と「ラオス（laos）」であるが、ラオスは今日「国民」と通ずることばで、ある集団の圏内で保護を受ける権利を持つ民衆を指す言葉であるのに反して、オクロスは圏外にあって権利を享有することができない者たちであった。マルコは、イエスに従い、イエスに希望を掛けた人たちをオクロスと呼んだのである。彼らはイエスのみわざの参与者であったし、従う者（Nachfolge）であった。そしてイエスに倣う（imitatio Christi）者でありながら彼を証す者（martyr）であった。今や、安炳茂にとって、キェルケゴールの単独者は苦難を受ける民衆であり、ひとりで神の前に立つことは苦難を受ける民衆の事件の真只中に現存するキリストに出会うことであった[33]。それゆえ、この地上の教会は民衆が主体になる生活共同体に改革されなければならないのであり、神の宣教（missio Dei）が生起する神の民の平等共同体にならなければならないのであった[34]。彼の絶叫は徐々に徐南同、金容福、徐洸善等と共になす、いわゆる民衆神学として展開され、一九七〇年代の韓国に

おける人権闘争と民主化運動に大きな貢献を果した。そして味を失った既成教会に覚醒剤となった。

二―三―三　八〇年代から九〇年代を越え、二〇〇〇年代まで

大衆社会の出現とキェルケゴール学者

七〇年代から八〇年代の半ばに入るにつれ、民主化闘争はますます熾烈になって行き、青年学生たちが主軸をなす統一運動も熱を加えて行った。経済の規模は年毎に大きくなり、韓国社会も後期産業社会の様相を呈するに到った。いまや人は生存ではない生の質を論じ、レジャーを楽しんだ。これには自動車の大衆化が一役買った。人は儲けて、使って、楽しみ、苦しい深刻なことを忌避した。これにはカラーテレビが一役買った。人はもう深刻な本を読まなかった。学生たちはキェルケゴールの名前をキケロとよく混同した。民主化と統一を熱望するいわゆる運動圏に属する学生たちも、古典的なマルクシズムとか哲学の古典とかを手にしなくなった。彼らが読むのは民主化と統一を促進するのに役立つプロパガンダや戦略と戦術に関する指針書、行動綱領であり「北の主体思想」であった。

韓国キェルケゴール協会誕生

このような時代の精神的状況を憂える小さき群が一九七七年五月ソウルで、キェルケゴールに学び、彼の思想を世に伝えようと韓国キェルケゴール協会（Korea Kierkegaard Society）を組織した（初代会長　安秉煜、副会長　林春甲、顧問　金亨錫）。以後、協会は月一回の定期集会を催す一方、ソウルを始め全国の各地を訪ね公開講演会を開いたり、夏休みや冬休み利用して二泊三日のゼミナーを持つ等、意欲的な活動を展開した。当時の民主化運動の熱気も加勢し、聴衆も熱い反応を示した。しかし、八〇年代の後半に入り韓国の社会・文化的状況は急変し、後期産業社

会特有の徴候である内面性の徹底的な空洞化が進んで行った。それにつれ、一般の市民・学生相手の講演会を主にした協会の啓蒙活動も力を失ない休眠状態に陥ちた。ところが、まさにこの時期に、海外に留学していた人たちが学業を終えて帰国し始めた。そして「キェルケゴール専門家」がこの国の学界に登場した。

韓国キェルケゴール学会

われわれが知りうる限りでは、一九八〇年にウィン大学で『単独者と普遍者』を提出して哲学博士の学位をえたマドレーヌ・キムがキェルケゴールで学位をとった最初の韓国人である。第二号は一九八三年『キェルケゴールの苦痛観』を書いてドゥルー大学で哲学博士の学位を取った史美子であり、第三号は一九八四年『ケルケゴールの教育論研究』をもって高麗大学で教育学博士の学位を取った金夏子で、第四号は一九八五年『ゼーレン・キェルケゴールとマルティン・ハイデッガー哲学に於ける罪責と良心の教育に対する関係』を提出してコロンビア大学で哲学博士の学位を取った全在京、第五号は一九八六年『キェルケゴアの単独者概念』を提出して高麗大学で哲学博士の学位をとった表在明である。その後を高光泌（ドゥルー大学、一九九〇）、李承九（セイント・アンドリュゥ大学、一九九〇）、林圭廷（高麗大学、一九九一）、金竜一（チュービンゲン大学、一九九一）、林炳德（ソウル大、一九九二）、宋恩在（高麗大学、一九九七）、李竜錫（啓明大、一九九九）、李珉昊（パリ大学、二〇〇一）、崔乗日（高麗大学、二〇〇三）らが追った。これはこの時点に至り、たとえ世人の関心はキェルケゴールを離れたが、時代と人間実存の運命に深い関心を持った単独者たちのキェルケゴールとの対決内至対話が実を結んだものと思われる。これらの専門家を中心に一九九二年五月、従来の協会を解体し純粋な学術的研究グループ「韓国キェルケゴール学会」（Korea Kierkegaard Academy）が新しく創立された。（初代会長　表在明、二〇〇五年現在　第七代会長　黄弼昊、総務幹事　李珉昊）その間、学会は毎月一回の研究発表会を続ける一方、日本キェルケゴール研究センター（代表　橋本淳）と共同で二回、韓・日国際キェルケゴール・カンファランス（第一回：二〇〇一年一一月二七―二八日、於日本関西学院大学、第二回：二〇〇三年一一月一四―五日、於韓国高麗大学）を開催、二冊の研究誌『改めて読むキェルケゴール』（二〇〇三）、『キェルケゴールに学ぶ』（二〇〇五）を発刊した。

二一世紀を迎えた今日の人間は、キェルケゴールの時代とは比べることもできないほど物化され非精神化されている。特に尖端科学・技術の発達、その中でも生命科学・技術、情報科学・技術の発達は人をしていかなる時代よりも有限の無限性に執着させ、仮想ヴァーチャル空間に閉じこめることによってこれを極大化、・徹底化しつつある。今こそ、「いま・ここ」のわれわれの問題をもって真摯にキェルケゴールを読み、学ばなければならない時であると思うのである。

【註】

（1）*Furcht und Zittern/Wiederholung*, 1909; *Der Augenblick*, 1909; *Philosophische Brocken/ Abschliessende wissenschaftliche Nachschrift*, 1910; *Entweder/Oder* I 1911, II 1913; *Krankheit zum Tode*, 1911; *Ein bung im Christentum*, 1912; *Der Begriff der Angst*, 1912; *Stadien auf dem Lebenswege*, 1914.
和辻哲郎『ゼエレン・キェルケゴオル』二―六頁、築摩書房、一九一五。改訂版一九四三。

（2）憂愁の哲理、影画、人格完成の美的――倫理的均衡に対して、宮原晃一郎訳、『世界大思想全集』第三六巻、春秋社、一九三〇。『キェルケゴール選集』三木清監修、改造社、全三巻、一九三五（第一巻　不安の概念、現代批判、死に至る病　第

二巻　キリスト教に於ける訓練、恐れと慄き、誘惑者の日記　第三巻　イロニーの概念、反復、瞬間）。H・ヘフディング、哲学者としてのキェルケゴール、鳥井博郎訳、第一書房、一九三五。
例えば、京城帝大の予科を経て同大学哲学科を卒業、延禧専門の教授になった高亨坤（一九〇六―二〇〇四）がキェルケゴールの著作と共にこの本を読んでいる。高亨坤、『天と地と人間』、三五―六頁、朝陽文化社、一九七五、参照。

（3）*Philosophical Fragments or A Fragment of Philosophy*, tr. by D.F. Swenson, Princeton Univ. Press, 1936. *Purify Your Hearts! A Discourse for a special Occasion*, tr. by A.S. Aldworth & W.S. Ferrie, London, 1937. *The Journals of S. Kierkegaard, A Selection*, ed. & tr. by A. Dru, Oxford Univ. Press, 1938. *Fear and Trembling*, tr. by R. Payne, Oxford Univ. Press, 1939, tr. by W. Lowrie, Princeton Univ. Press, 1941. *The Point of View, etc.* tr. by W. Lowrie, Oxford Univ. Press, 1939. *Christian Discourses and The Lilies of the Field and the Birds of the Air*, a.o., tr. by W. Lowrie, Oxford Univ. Press, 1939. *For Self-examination*, tr. by E.&H. Hong, Minneapolis, 1940; tr. by W. Lopwrie, Oxford Univ. Press, 1941. *Stages of Life's Way*, tr. by W. Lowrie, Princeton & London, 1940. *Concluding Unscientific Postscript*, tr. by D.F. Swenson, completed by W. Lowrie, Princeton Univ. Press, 1944. *W. Lowrie, Kierkegaard*, Vol. 1-2, Oxford Univ. Press, 1938. D.F. Swenson, *Something about Kierkegaard*, ed. by L.M. Swenson, Minneapolis, 1941.

（4）『朴鍾鴻全集』第1巻三三〇頁、民音社、一九八二。

（5）同書、一六一―二〇五、一六四頁（註2）、三、一九五頁（註6）、一九九頁。

（6）同書、一九二頁。

（7）同書、一九五頁。Hirsch 訳　ドイツ語全集、*GW.* 16 II 1-12 参照。

（8）同書、二〇三頁。

（9）同書、三四三頁。

（10）『哲学』第二号、七八頁、哲学研究会、一九三四。

（11）『朴竜喆全集』第二巻一八六―一八八頁、東光堂書店、一九三九。『文学』創刊号、二四頁。第二号二三頁、詩文学社、一九三四。
(12) 文益煥、東柱兄の追憶、尹東柱詩集『空と風と星と詩』、二五二頁。正音社、一九四八。
(13) 金禹昌、手を挙げて標す空も無い処で—尹東柱論、李建清編著『尹東柱』、一八四—七頁参照、文学世界社、一九九二。
(14) 尹一柱、先伯の生涯、尹東柱詩集『空と風と星と詩』、二七四頁、正音社、一九四八。
(15) 金容稷、悲劇的状況と詩の道——尹東柱論、李建清編著『尹東柱』、頁一六五—六八、文学世界社、一九九二参照。
(16) 文益煥、東柱兄の追憶、尹東柱詩集『空と風と星と詩』、二五六頁、正音社、一九四八。
(17) カール・レヴィット『キェルケゴールとニーチェ』、中川秀恭訳、弘文堂書房、一九四三。この本を洒蒼生　李秉哲が趙演鉉に敬愛する趙演鉉兄　錦案という獻辭と共に寄贈している。
(18) 全景淵、『信仰の遺産』中、「私の神学修業」、三七二頁、三七四頁、三九八頁参照。韓国神学大学出版部、一九九六。
(19) 金亨錫外、『人間と世界に対する哲学的理解』中、「六〇年を顧り見て」四二八頁、三中堂、一九八一。
(20) 『イェス・民衆・民族』——安炳茂博士古稀紀念論文集、八三九—八四〇頁参照。韓国神学研究所、一九九二。『安炳茂全集』第二巻、二七頁：第六巻、二二八—二二九頁、ハンキルサ、一九九三。
(21) 『金在俊全集』第一巻、三七七—三七九頁、韓国神学大学出版部、一九九二。
(22) 『高錫珪全集』第六巻、一三〇—一三二頁。本を読む人、一九九三。
(23) 同書、第一巻、二三二、二二二頁。
(24) ソウル帰還以後、一九五〇年代の後半期に文学界では金東里—金宇鐘、趙演鉉—李禦寧、趙演鉉—鄭明煥の間に、所謂「実存主義論争」が起ったがサルトルとハイデガーを中心に展開され、キェルケゴールは論外であった。金容稷、『韓国近代文学思想研究』二、一八二—二〇八頁、アセア文化社、一九九四参照。
(25) 朴鍾鴻、『哲学概説』二四頁、白暎社、一九五四。『朴鍾鴻全集』第二巻、一五五頁、民音社、一九九八。
(26) 『哲学概説』、七〇頁以下、『朴鍾鴻全集』第二巻、一八八頁以下参照。
(27) 『哲学概説』、一五六—一六二頁、『朴鍾鴻全集』第二巻、二六四—二六九頁。

(28) 朴鍾鴻『弁証法的論理』、二四九―二五六頁『朴鍾鴻全集』第三巻、五五七―五六二頁。
(29) 金亨錫、前掲書、四三二頁。
(30) 金亨錫、同書、四三四頁。
(31) 辺鮮煥は一九五〇年代からキェルケゴールに深く没頭し、一九六七年、米国ドゥルー大学神学部で *The Possibilities of Theological Correlation of Søren Kierkegaard and Karl Barth based on Der Römerbrief 2. Auflage*" を書いて修士の学位を取っている。ここでは論者の準備不足により彼に対する言及を差し控え次回を期したい。
(32)『安炳茂全集』第二巻一七五―一七七頁、二五四―二五五頁以下、第六巻一九九、二〇六―二一二頁参照。
(33) 同書、第二巻三一頁、第六巻九四―九六頁、一七一―一七四頁、第三巻一六九―一七六頁参照。
(34) 同書、第一巻二〇九―二一一頁。

Kierkegaard in Korea

PYO JAE-MYEONG

Summary

The history of Kierkegaard reception in Korea could be divided into 4 periods.

1. During the Japanese Colonial Period : from the end of 1920s or the early 1930s to 1945.

(1) In the field of philosophy and theology : Korean intellectuals read Kierkegaard in connection with M. Heidegger's existential philosophy or K. Barth's dialectical theology.

(2) In the field of literature : the main concern was poetic existence and the consummation of aesthetic and ethical self under the colonial circumstances.

(3) Students:existential decision! Especially facing the problem of student soldier.

2. From the Independence of 1945 to the Korean War and to 1960s.

With the independence various trends of foreign thoughts landed on Korean Peninsula. Among them was existentialism connected with J.P. Sartre. During and after the Korean War, Korean intellectuals interested in Kierkegaard in connection with German Existenz Philosophie like as of Heidegger and of Jaspers. In this period appeared 2 Korean translations of <Sickness unto Death> and the first monograph on Kierkegaard by Korean scholar. Hereafter succeeded many dissertations and articles.

3. From 1960s to 1980s.

In the 1960s, Korea had entered the industrial age and established economic progress very fast. In this period most writings of Kierkegaard were translated into Korean except <Postscript> and <Journals & Papers>. Entering 1970s Korean society came to have characteristics of a late industrial society. In May, 1977, the time when the thorough sterility of inwardness was going on, "Korea Kierkegaard Society" was established to learn his thoughts and to awaken the people to their authentic self. But in the 80s, when the social, cultural conditions changed rapidly, the activities of the society began to be daunted.

4. From 90s to 2004.

Nevertheless, around this time, people who studied in foreign countries began to return to Korea. In May, 1992, "Korea Kierkegaard Society" was born again by the name of "Korea Kierkegaard Academy". Academy holds academic meetings 8 times a year and issues an academic journal annually. In the meantime, Academy held twice 'The International Kierkegaard Conference' with "Søren Kierkegaard Research Centre in Japan"(2000, 2003).

Key word : Park Jong-hong, Yun Dong-ju, Rim Chun-gap, Ahn Byeong-mu, Korea Kierkegaard Academy

キルケゴール『現代の批判』とわれわれの「現代」

河上正秀

はじめに

キルケゴールの著作『現代の批判』(一八四六年)における「現代」が一九世紀四〇年代の歴史的状況を意味したとすれば、もはや遠い過去でしかないその「現代」が、他ならぬわれわれの二一世紀の「現代」に反射するところがあるのだろうか。今や没後一五〇年にも及んでいるキルケゴールの思想について、かりにそうした問いかけが可能であるとすれば、『現代の批判』はわれわれに対してどのような現代的意義を投じるのだろうか。

その問いの手がかりを求める意味で、われわれの時代の精神的状況との比較を考えるためのひとつの歴史的な言説がある。没後一五〇年として、ちょうどそれの半期の節目に当たる二〇世紀初頭に、実存思想に多少でも通じた世代ならば周知であろうK・ヤスパース著『現代の精神的状況』（一九三一年）の歴史的一文である。

「最初にして包括的な、真摯さという点では先行するどんなものとも異なったかたちで、自らの時代の批判を世にもたらしたのは、キルケゴールであった。彼の批判は、初めて聞くと、われわれの時代の批判のようにも聞こえ、まるで昨日書かれたかのようである。彼は人間を無の前に立てる。」(1)

一九世紀四〇年代における時代「批判」が「昨日書かれたかのような」と見なされた時代「批判」の内実とは果たしていかなるものであったのか。二〇世紀一〇―二〇年代においてK・ヤスパースが報知したキルケゴールとの歴史的共感の内実は確かなものであったし、そこに切り開かれていたキルケゴールの歴史的意義もまた確かなものであったであろう。しかしそれだからといってそこでの内実がわれわれの「現代」への「批判」に適応しているかどうかはむろん別の問題である。ヤスパースからさらにキルケゴール没後の半期を隔てる現代のわれわれにとっても、それと同等の重みで「昨日書かれたかのような」印象をもてるのかどうか。実際のところ、そうした問いが可能でないとするなら、彼の思想がわれわれに投げかける歴史的意義もまたないということになろう。モダニズムがそれとして歴史を維持し続けるかぎり、『現代の批判』のもつ固有の問題の所在と歴史的意義はわれわれにとっても存在するのではなかろうか。広義のキルケゴール受容史に属する読解の精神史ともいうべき視点をめぐって提言をしてみたいと思う。

一

『現代の批判』という書は、些かやっかいな書であるといえる。その名称がもともとキルケゴール自身の与えた著作の名称ではないだけに、翻訳史が生んだ皮肉な歴史をもつ。実際の彼の手になった著作名は『文学評論――二つの時代、「日常物語」の著者の小説』（以下『文学評論』）であり、この著作の一部ドイツ語訳（第三章「現代」以下の箇所）が独立したかたちで二〇世紀初頭（テオドール・ヘッカー訳、第一版一九一四年、第二版一九二二年）に世に出されたことが、この書の思想史上の一つの運命を導き出したように思われる(2)。単行書として世に出されたそれなりの精神史的背景があったのであり、この独訳版『現代の批判』がその後の受容史に圧倒的にもたらした影響の深さも並々ならぬものがある。しかし他方では、この翻訳がもたらしたある種の受容上の制約もある。もっといえば、この単行の翻訳書のもつ歴史的功罪が回顧されてよいと思われる。

ヘッカー版は、原著『文学評論』の第三章「二つの時代に関する観察の収穫」のテキストのうち、この第三章導入の部分およそ原文一頁分（五六―五七）(3)と「革命時代」（五七―六二）の部分が省略され、もっぱら「現代」（六三―一〇二）以降の部分によって構成されたものである。そのことによって、「現代」に関する論述内容、および時代批判の内容が第三章原文から突出し、まさに「現代の批判」というタイトルに相応しいものとなったし、また事実そのように見なされてきた。つまりそのことによって「現代」という時代への批判内容がもっぱら特化され、それだけにまた読者にとってかなり自由な読み込みも可能となったように見える。

ところで『文学評論』第三章に即しても、「二つの時代」の対立構図は明確である。「二つの時代」ということでは、かつての「革命の時代」がフランス革命に基づく一定の歴史形態を意味し、そこでの「感激」と「情熱」などの用語をもってその時代の特徴があげられているのに対して、一八四〇年代の「現代」が「情熱」なき「無感動」の時代、「分別」と「反省」の時代であるとする把握自体は、キルケゴールがその小説から学んだ確かな対照であった。そのように「二つの時代」の対照図式が鮮明になるにしたがって、「現代」の時代への批判の度が強化されるという図式もまたおそらくその小説に由来するものである。キルケゴールにとってこの『二つの時代』（T・ギュレンブール著、一八四五年）との出会いのきっかけが、すでにして「二つの時代」の社会的・文化的相違に差し向けられていたであろうからである。

ところがヘッカー版『現代の批判』においては、「革命の時代」の部分が省略され、読者にその内実が明示されないために、あくまでも「現代」の部分に描写された範囲を通してのみこの現代という時代の否定面も強調される憾みが残ってしまったと言ってよい。たしかに『現代の批判』としては当独版は、それ自体で一見自己完結した作品だと見なされる傾向を有しているのである。「革命時代」の部分が欠落させられたことで、「現代」の部分で触れられたかぎりでの「革命時代」の特徴を挙示し、それをもって「現代」を批判するという構図が紛れもなくより分明に見えるからである。もっといえば、「現代」の「無感動」や「分別」を、「革命時代」のもつ「情熱」や「決断」の過去への憧憬的な想いとの対比において批判する、ないしは「現代」の時代から「革命時代」を惜しむ、あるいはすでに過ぎ去った時代へのある種の憧憬を通して「現代」への批判を捉えるといった公式化が生じがちになる。結論的には、「現代」という「無感動」の時代のうちへ「情熱」「決断」に満たされた過去への思いを取り戻すといったことに集約された歴史に対する反動的な実存の構図こそが、二〇世紀初頭のドイツ的精神状況を中心とした実存的ないしは実存論的状況に見合ったそれであったように思われる。

二

実存的ないしは実存論的状況ということについて詳論するつもりはないが、ここで問題を短絡的にすまさないためにも多少説明を要するであろう。キルケゴールの思想が受容されてきた歴史的系譜からいえば、少なくとも『現代の批判』における批判的主題を含む彼の思想全体が過去において最も注目の度合いを高めた時期がその状況に見合っている。実存思想の形成期（二〇世紀一〇〜二〇年代）がまさにそうであった。すでにそうした時代の精神から要請されて初めてヘッカー版も成立をみたこと、またそれゆえにこそ当単行書が広く流布され、多くの知識人たちに読み慕われたことは疑う余地はないのである。その際、一九世紀後半以降の近代国家の成立と大衆主義、教養主義の台頭が結びついた時代と第一次世界大戦を介したドイツにおける絶望的な時代との歴史の大きな落差をそこに重ねておくことが肝要である。大衆主義や教養主義への反省とそれらに対する否定の方向が、近景としてニーチェ思想を経験しながら、他方では隣国の異言語圏に属するキルケゴールを受容していく経緯を生むことにもなる。最初はヤスパースが、続いてハイデガーがその思想を我有化する。また狭義ではヤスパースによって実存哲学と呼称され、広義でハイデガーの実存論の呼称で受け入れられたキルケゴール思想の内実が確実なものになる。

そこでのキルケゴール的実存のパラダイムと言ってよいもの、それは、ヤスパースの実存の「限界状況」概念によって決定的に触発され、ハイデガーによって典型化された実存の「非本来性」と「本来性」の二元的方法論上の問題である。特にこの方法論確立期にハイデガーを襲ったであろう『現代の批判』の位相である。主著『存在と時間』には、該当テキストによっていちいち断られないまでも、ほとんど『現代の批判』に基づいて展開されたこの種の方法論上の指摘がかなりなされていることをわれわれは知っている。何よりも現存在の日常性の様態である「非本来性」の典型例を挙げれば、キルケゴールの挙げた「公衆」がハイデガーの「ダス・マン」（SZ,168ff.）[4]に、同じく「饒舌」が「空話」（SZ,222ff.）に、さらには「水平化」が「頽落」（SZ,233ff.）に等々、明らかに概念の転用がなされたのである。

「公衆」「饒舌」「水平化」等というキルケゴールの時代診断によって弁証法的に否定の概念（「外延性」）として規定されたものが、そこでは「非本来性」としての実存論的な存在論の概念に変容されていく。近年、この点については研究者によってカテゴリー・ミステークが指摘されることも多いが、とりあえずそのことはハイデガーのキルケゴール思想の受容の面目躍如といった面である。また逆に「本来性」の次元では、例えば現存在の「ダス・マン」「頽落」が本来的「実存」へ、「空話」が本来的「沈黙」へと向けられていったことも事実であり、またそうした非本来的形態から本来的形態への実存的志向を通して二項的方法論がキルケゴールを通して形成されたことも確かである。ハイデガーのこの方法論そのものは彼独自の「方法意識」に基づいてはいた(5)。しかしここでも、実質的にキルケゴールの実存的人間の倫理観からハイデガー固有の実存論的存在論にしたがった脱倫理的中立の立場への転用というカテゴリー・ミステークが生じるのである。それは、たとえばヤスパースの受容がそうであったような心理的・実存的カテゴリーにおいてではなく、存在論的二項図式のカテゴリーにおいてである。

いずれにしても、二〇世紀初頭の実存概念の歴史的周辺に生じた以上のような二項的図式は、その後のキルケゴール思想の伝播に大きな型を与えたといえる。とりわけハイデガーの本来性をめぐって指摘された、いわゆる「先駆的決意性」に発する存在論的決断主義は彼独自の展開を示したのであり、だからこそキルケゴール的な意味を逸脱していったのである。たしかに単行書としての『現代の批判』はその時代の要望に応えるような書物であったし、また逆にその時代の人々に対してそうした解釈を要求したといえるかもしれない。もっといえば、時代と書のあいだでの相即する応答関係がほとんど無意識のうちに成立していったことが、以後のこの書に対する公式的構えとなったとさえいえる。そうした歴史の概観に基づいても新たにわれわれが問うべきは、キルケゴール自身のテキストそのものであるように見える。すなわちキルケゴールの二〇世紀初頭のドイツ的受容の隆盛期における思想上のミステークを通して、新たに彼のテキストを解釈しなおす必要がある。

たしかにこの書における「革命時代」と「現代」との対照のうちには「本来性」と「非本来性」の二項的対照図式が横たわっているかに見え、革命時代の「情熱」を「現代」において恢復することが、言いかえるなら、端的にアパシーの現代においてパトスを取り戻すことがこの書の主眼であるとする解釈が主軸になって読解作業が行われてきたともいえる。またこの解釈傾向がほとんど一貫して実存思想の主旋律そのものとなると同時に、パトス恢復の歴史的、神話的手法ともなる。しかし「革命時代」という過去の歴史への回顧を是認するこうした解釈はすでにキルケゴール自身の手によって端的に否認されている。周知のようにキルケゴールはロマン主義の精神から出発した思想家であることは確かであるが、ロマン主義的神話化の手法をすでに越えた思想家であったし、過去のパトスの時代の産物を再び恢復可能であるとするような、また「反動的直接性」(60) を主張するような過去の歴史の賛美者ではなかったのである。

実際、『文学評論』を作成する彼の動機からいえば、単なるその相違を挙げることでつきるものでは決してなかった。むしろ彼自身を取り巻く状況（特に『コルサール紙』問題、および著作活動の一定のけじめなど）からすれば、『二つの時代』という小説が与えた動機以上のもの、すなわち一八四〇年代における「現代」という時代についての彼固有の把握がもっと切実で重大なものだったということである。

すでに見たように、キルケゴール思想の受容史には、近代的主体主義を否定することによる真の実存的主体性の恢復という方向がある。繰り返していえば、その方向は「情熱」や「決断」を強調する実存的決断主義ないしは例外者的主意主義に基づく個人の内的な超越のそれである。しかし他方では、主体性の否定の超越を単に実存論的にではなく、社会構造との関係の迂路を経緯させる、ないしは実存を社会的還元に晒す方向がある。後者は、本来的な実存的主体の立場からの単なる社会批判ではなく、いちど主体を社会構造的カテゴリーへと開放し、そのことを通じて改めて主体を単独者概念との弁証法的緊張関係において解釈しようとする方向である。

キルケゴールは、二つの時代を比較する際に、「革命時代」の箇所の冒頭で、「革命時代」の「正当性」を「倫理的・宗教的に」のみ評価するつもりはないこと、それがもたらした「諸帰結」を単に一般化して叙述するにすぎないと明言しているのである (57) ⑹。何よりも当面する「現代」を描出することにすべての主眼をおいた上で、それを対照

著者の叙述は、書のもつドラスティックな内容にもかかわらず、それに反してきわめて平静、沈着であることを読み手に感知させるのである。

本文では両時代の弁証法的「諸様相」がほとんど対照的に掲げられている。「革命時代」に関しては、それは「形式」、「イデー」、「直接性」、「発現」、「矛盾の原理」等として掲げられている。しかしそれら諸様相が単に肯定的な意味ではなく、否定的な意味でも叙述されていることを見逃してはならない。さらにこの諸様相とほぼ対応するかたちで、「現代」の諸様相が「無形性」、「饒舌」、「浅薄さ」、「浮気」、「屁理屈」、「無名性」等の順で指摘されている。このような両時代の諸相の対立によって即時的に想像しがちな二項的図式が妥当しないことはすでに述べたとおりである。「現代」のもつこれら諸様相は、それ自体で「対立」「分離」の弁証法的「止揚」、すなわち「内包性において喪失したものを外延性において獲得すること」(88)の帰結であり、歴史的な形成体そのものなのである。たしかにそれら歴史的形成体はそれぞれ「現代」の「暗い面」であり、そのかぎりである種の疎外態である。しかしそれは歴史的、弁証法的な意味においてであって、非本来性の存在論的本質においてではないのである。

重ねていえば、喪失（ないしは止揚）された「内包性」は、獲得された「外延性」の廃棄ないしは否定によって直接的に我有化される構図として解されるのではなく、むしろ「外延性」の諸様相それ自体が「現代」の深刻な弁証法的諸契機なのである。それゆえ外延性の諸様相に見合った内包性の各契機が安易に実存の名で恢復されるということが問題になってはいないのである。

三

その意味でキルケゴールが強調するのは、個別的な諸帰結の現実性とそれを生み出す現代の一般的可能性とが織りなす検証と推論の弁証法的関係である（71）。可能性から現実性へ、また逆に現実性から可能性へというある種の演繹と帰納の統合の手法を用いて、時代の社会現象を把握しようとする。そこから抽出された一般的可能性としての「弁証法的カテゴリー」の最有力のものが「水平化」であった。とりわけこの「水平化」が近代社会の産み落とした一つの重要なカテゴリーであることにきわめてキルケゴールはこだわったのである(7)。

「水平化」の現象は、近代市民社会における個の確立の形成史の方向とほとんど踵を接して生起する事柄である。たしかに近代において個体の確立は必然である。しかし個体の確立をそれとして維持するには、つねにそれに見合った「内包性」が求められる。それは、たとえばその個人の掛け替えのない「性格（カラクテース）」（固有の彫り込まれたものの謂）（72）のうちに顕在化する。近代的にはそれが個の「内面性」を形成すると同時に、社会的には各人間相互の「異質的なもの」（ibid.）を意味することにもなる。しかも各人が差異や異質を維持するがゆえに、相互関係の一定の緊張がそこでは前提である。近代に伴う個人間の「平等」という思想の要素がこの相互関係に相伴していることも明らかである。真の「平等」は積極的な相互関係の統一のもとに成立するものだからである。しかしこのような個の確立の原理が、「現代」における「反省」、「分別」の原理によって換骨奪胎されることになる。

「内面性」や「異質性」は相互の緊張のあかしであるとともに、関係の生きた様相でもある。しかしそれらの契機が関係の中から消えていくとき、相互の関係も終息する。相互に「反省」、「分別」が作動し始めるとき、そこに一定の緊張は存在するとしても、その緊張は単に相互に傍観者的にたたずむ関係の維持としての喪失感と一体の緊張でしかない。そこでは近代的「平等」観は、員数あわせの「数学的平等」（78）ともいうべき消極的な相互の統一に堕す可能性をつねに孕む。そこに現代の「反省」が生み出す弁証法の欺瞞がある。言い換えれば、そのような個人間の消極的関係は近代的個人の裏面でもあり、まさに「水平化」の根拠である。というのも、相互関係においてもたらされるまさに「消極的原理」としての「嫉妬」(75)という作用が、「水平化」の現象をますます促進するからである。ニーチェと並んでキルケゴールもまた、「嫉妬」を近代的個人主義の裏面として洞察する。「嫉妬」は自我からも他我からも相補的に働くという意味で、「内面性」や「異質性」を有するはずの諸個人相互を潜伏的に腐食し、同質的に水平化する有力な「反省のイデー」(ibid.)なのである。また「水平化」の源泉としての「公衆」という術語が、個人のあり方を否定し、個人を支配する「抽象物」、「蜃気楼」(83)として論述されることになるのもそのためである。

敢えてここで確認しておきたいのは、近代的個人概念の表裏に現出する弁証法的カテゴリーについてのキルケゴールの把握の仕方である。要約すれば、個人に関する肯定的カテゴリーとしての「性格」、「内面性」、「異質性」といった領域には、他方で否定的なイデーとしての「嫉妬」に起因し、「水平化」へと至る「反省」の否定的カテゴリーがつねに不可分離に働くということが、そこでは強調されている。すなわち近代の個人の概念にそうした両面性が必然的に付着していることを洞察するからこそ、それらを構成する一連の術語が「弁証法的諸カテゴリー」とされているのである。そのことは、近代的人間観がこれら両概念の二項的な対立の図式には収まりきらないということである。もっといえば、従来からよく指摘されるように、キルケゴールについて人間論的な疎外論として受容するケースが圧倒的に多かった事態に対しても敢えて反論を呈することができる。たしかにキルケゴールは、「宗教的内面性」をもってすれば、「嫉妬」やそこから派生する「水平化」の疎外から抜け出すことができるといった表現をしている。しかし単にそのような実存的解消が可能であるかのような表現をする反面で、社会的な共同体幻想といったものに確かな目をもった人であった。なるほど彼の実存的単独者の思想からは、「水平化」のもたらす抽象性に抗しようとすれば、当然具体性としての実存に批判的主体をおかざるをえず、そこを拠点として現代批判も成立することになっている。

しかし否定的なものを前にして安直な主観的解決を看取したのではない。というのも、そのような厳然とした事態を凝視することそのこと自体が彼にとっての「現代」の位置でもあったし、そのような事態の解決が容易ではないことも彼の知悉していたことであり、それが彼にとってのコルサール紙問題でもあったからである。

また「水平化」、「公衆」といった概念とともに、敢えて彼が「弁証法的な関係」といってはばからない単独性、個体性からの離脱態が抽象的ないしは共同幻想的に進行することも合わせて了解されていたといえる。モダニズムは一方で主体主義をこの上なく要請しつつ、他方で主体主義を放棄させてきた歴史でもある。それら主体の肯定・否定からなる二重の行処をそれ自体において凝視することを徹底化した思想家であり、それ自体の深刻さを実存において表明した思想家として把握されねばならない。そのことは、単に実存的決断が歴史的な個別的決断に、あるいはまた民族的・共同体的ないしは階級的決断につながるとは考えられてはいない。そこにこそ彼にとっての「宗教的内面性」ないしは「単独者」という実存の拠点があったと言うべきであろう。「体系」の内部ならぬその外部におかれた「単独者」のカテゴリー、仮名と実名とからなる「二重化」という著作活動に拠点においた超歴史的な「単独者」のカテゴリーからは、なるほど「現代」が「解体の時代」(8)という刻印によって捉えられたとしても、それは単に時代のニヒリズムの決断的了解ではない。むしろどこまでも時代の「解体」現象そのものの探求への目を喪失することは決してないのである。

むすびにかえて

「決断的な宗教的カテゴリーを現代から求めることは不可能だ。というのも、現代は宗教的なものに関与するにはあまりにも抽象的規定しかもたないからだ。究極的な宗教的決断は単独者自身の問題であり、それはすべての集団性と騒音とがやむ場所である。」(9)

没後一五〇年を迎える「現代」のわれわれにとってキルケゴールはどのように遇されるべきであろうか。彼の言説にしたがって現代という時代を外延性としての「無形性」によって規定するならば、われわれの現代はイデオロギーの形すらもが解体した時代である。世界の物象化とは、すべてが物の象になると同時に、逆説的にはあらゆる物の形象が崩壊することでもある。その意味では、もはや内包性と外延性との対立的関係すら消滅しそうな時代でもある。たしかにそれが「現代」の総体であるとしても、だからといってわれわれはニヒリズムをストイックに生きるべきだとはいえず、むしろそうした「無形性」「無名性」との批判的対峙のうちで苦闘しつづけなければならない。おそらくそこにこそ彼の「単独者」の思想が現代のわれわれにも語りかける新たな固有の意味があるといえる。

とりわけキルケゴールが批判の矛先を向けた「水平化」の象徴は当時「新聞」というメディアであったことがよく知られている。しかし今や情報メディアのもたらす近代的主体概念の否定的状況も極限的形態を呈しているが、そうした状況下で単独者を生きることの困難は誰もが経験するところである。しかしその困難さの中で彼の『文学評論』を通して「現代」を改めてキルケゴールの主張に即して読み解くということ、それが近代の果てを生きるわれわれの課題であり、それがまた「昨日書かれたかのような」印象とのわれわれの出会いとなるように思われる。日本においても戦前から親しまれてきた『現代の批判』の翻訳の歴史を振り返りながら、ひとしおそうした新たな読解の必要を痛感する。

【註】

（1）K. Jaspers, Die geistige Situation der Zeit, Walter de Gruyter & Co. Berlin , 1971, S.12.

（2）当然ながら、ヘッカー自身の独版「あとがき」も、一九世紀までのドイツ思想史の伝統的な枠づけを出るものではない。Søren Kierkegaard, Kritik der Gegenwart, übersetzt und mit einem Nachwort（S.70-98）von Theodor Häcker, zweite Aufl. Brenner-Verlag, 1922.

（3）S.Kierkegaard, *SV3* 14. 以下、本文引用頁は当該全集に依る。

（4）Martin Heidegger, Sein und Zeit, Gesamtausgabe Bd.2. 以下 SZ

（5）拙著『ドイツにおけるキルケゴール思想の受容』（創文社、一九九九年）第二部「初期実存哲学のキルケゴール思想の受容」参照。特に「方法意識」に関する詳説は第三章及び第四章参照。

（6）同様の主張はそれ以外の箇所でもなされている。S.71,100.

（7）S.Kierkegaard, *Pap.* Ⅶ 1B121-126,135.

（8）S.Kierkegaard, *SV3* 18.163.

（9）S.Kierkegaard, *Pap.* Ⅶ 1 B93.

S.Kierkegaard's *The Present Age* vs. the present age of our own

SHOSHU KAWAKAMI

Summary

This paper deals with the understanding of historical significance about S. Kierkegaard's *The Present Age* : the book that Th.Häcker translated into German. Historically this abridged translation had a great impact on the reception of Kierkegaard's thought in Germany in the early 20th century. Especially it deeply influenced M. Heidegger's existential methodology in *Being and Time*. However we will once more read the differences between the historical significance of *The present Age* and Kierkegaard's own intention in the original text. And at the same time we will undestand the really comparative relation of his present age and the present age of our own.

Key word : the present age, S. Kierkegaard, M. Heidegger

キェルケゴールにおける教会批判の射程

舟木　譲

一

キリスト教を知らぬ者は宗教に関して何ら知るところはないが、
キリスト教を知る者は、全ての宗教について知っているのである。

この言葉は、二〇世紀初頭に行われたベルリン大学総長就任記念講演（一九〇一年）において、A.v.Harnack によって語られた有名な一節である。現代では、極めて独善的に響くこの言葉の背後には、ヨーロッパにおいて、二〇世紀までに培われてきたキリスト教界の自己理解が象徴的に顕れていると言えよう。ここからは、真の宗教すなわちキリスト教であり、キリスト教にあらざるものは真の宗教ではないという極論が何の懐疑も抱かれずに正論として認知されてきたヨーロッパ社会の特殊性が垣間見られる。キェルケゴールがその生を受け活動した一九世紀デンマークにおいてもその状況は充当し、またデンマークにおいては、ルーテル主義のキリスト教が国教会のキリスト教という事情も重なり、教会に対して公然と批判の矛先が向けられるようなことは、当時極めて希有なものであったことは、想像に難くない。キェルケゴールは、そうした状況下にもかかわらず、デンマークのキリスト教界の状況に対して、「キリスト教界にキリスト教を再導入する」（Pap.Ⅳ A 390）こと、そして「キリスト教を描きあげること」（Pap. X 2 A 61）を自らの使命と最期まで信じ、その信念に忠実に活動し、最終的には「殉教者」（Pap.X 1 A 280、Pap.X 2 A 18 等々）としての覚悟のもとにデンマーク国教会への攻撃へと導かれていったことは、周知の事実である。しかしながら、キェルケゴールの日常生活の優雅さ(1)も起因し、その教会攻撃の本質が正しく理解されてきたとは言い難く、また、その攻撃は、周囲の人々からすると常軌を逸したと思われるほどの峻厳さを持って行われたため――それまでのキェルケゴール自身の社会に対する表面上の「保守性」も相まって――、教会を攻撃するという行為自体をキェルケゴール自らが本来意図した行為としてではなく、彼が晩年に何らかの精神的疾患を患いその結果引き起こされた一種の異常行動として処理しようとする向きもあった。

また、キェルケゴール自身、それまでの自らの保守性に関して、以下のように述べていることとも重なり、教会攻撃に対する解釈並びに評価に対してさらなる混乱が現在でも生じていると言えよう(2)。

確かに私が、〈例外者〉でないことは、全くの自明のことである。

今まで、私は、既存の体制と向き合ったということは、全くなく、根本では常に保守的であった。（Pap.X 1 A

この言葉からは、キェルケゴール自ら、社会に対して超然とした態度を取ることに徹底できず、当時の社会が陥っている危機的な状況を「水平線上の不吉な白い点」(3)として認識しつつも、当時の体制に対して、いかなる行動をも公然とはとっていなかったことが明白となる。

こうした事情から、キェルケゴールが真に批判の矛先を向け、闘おうとした対象は、今日でもなお、鮮明とは言い難い。また、キェルケゴールを解釈する時代状況によってキェルケゴールの活動そのものが曲解されたり、不当に低く評価されてきた感も否めない。さらに、哲学史上においても実存哲学の父としての取り扱い、ならびにドイツ弁証法神学へのその後の影響等から遡ってキェルケゴールを解釈することにより、本来キェルケゴール自身が批判と闘争の矛先を向けたはずの具体的で現実の事柄が、観念的で不鮮明なものへと変質しているともいえよう(4)。先の拙論(5)において、今日的問題である、女性と男性に関する社会的問題に対するキェルケゴールの先験的な思想を考察したが、その際にも明らかになった事として、次の事を視座に据えた上で、キェルケゴールの行動を再解釈する必要が認められるのである。

すなわち、キェルケゴールは、時代や社会と適当な距離をおいて、超然とした立場で自らの思想を構築していったのではなく、むしろ、自らを一旦「例外者」(Pap.X 2 A 180、2 A 45、2 B 64 参照)と自己認識する事で、逆説的に「例外者」でなければ、覗き込むことの不可能なこの世の深淵を直視し、その深淵を世の人々に認識させるべく自らを犠牲としたと言いうるのである。そして、その実存的帰結として彼自身の生涯を神——キリスト教の神——に献げたと言えよう。その決意と自己理解をキェルケゴール自身が、次のように語っている。

私は、最も深遠なる意味において、不幸な個性を有した人間である。極めて幼いときより、狂気の淵へと追いやられる苦しみの数々や、その深い根源を私の心と体との間にある不均衡に原因があると思われる苦しみへと、固くつなぎとめられていた、（中略）その時から私はへりくだって、しかしながら最大限の力を尽くして、イデーに仕えるようにと、自らの人生を献げてきたのである。（Pap.VIII 1 A 126）(6)

このような悲壮な決意のもとでなされたキェルケゴールの著作活動は、極めて実存的で、彼の実存の内面的情熱に突き動かされたものとして進められる。それ故、そこから紬だされる思想ならびにキェルケゴールの行った社会批判の矛先に対して、彼自身の実存の内面性を考慮しつつ、本稿では特に彼の日誌記述を中心に考察を加え、論究していくものとする。

二

キェルケゴールが自らを「保守的」と呼び、また、その生活ゆえに周囲からもそう見なされていたであろうことは、先述した通りである。そして、それは、キェルケゴール自身が自らを取り巻く彼自身の実存が生きる場である、社会ならびに政治に無関心であった如くに見なされていたこととも同義と言えよう。しかし、次のような記述からは、キェルケゴール自身が有していた、社会体制への観点が、そうした無関心とは極めて異なることが看取される。

今やまさに、最も大いなる不安は、ヨーロッパ全土が完全に破産してしまう方向へと進みつつあるように思われることであり、また、人々がそれよりはるかに大きな危機である――それは、理性的かつ霊的な感覚ではもはや回避不能と思われるような破産的状況である――ものを忘れていることである。（後略）（Pap.I A 328）

キェルケゴール二三才の時のこの日誌には、デンマークのみならず、ヨーロッパ全土が、今まで累々と築き上げてきたものを失い尽くしてしまう「破産状態」にあることに対する深い憂慮が書き連ねられている。この時のキェルケゴールの憂慮は、その後、『今なお生ける者の手稿から』すなわち、彼の処女作という形を取って、世に現れることとなる。その中では、ヨーロッパを覆いつつある、ニヒリズムとそれに起因するあらゆる価値の水平化――自らのいのちを整えていくべき絶対的なるものの喪失――に対して、論評が加えられている。キェルケゴールは、自らが「やがて歴史の中に必ず起こるであろう変化に」(7)正しく関係していることを確信し、ここからその著作活動を開始したと言いうる。そして、当時の時代をそのような危機に陥れた元凶を真の信仰を喪失し、真の神を見失ったキリスト教界と認識し、やがてその温床となっている国教会を明確な批判の矛先に据えることとなっていくのである。更にまたその批判の射程は、デンマークの国教会のみならず、プロテスタント教会の形成へ大きな影響を与えたM・ルター本人へとやがては拡大していくこととなった。

その点に関しては、後述するものとするが、キェルケゴールの活動をより正確に理解するに際して、彼自身の自己理解、ならびに使命感に言及する必要が認められるであろう。以下においてその一助になると思われる、日誌記述をあげ、検討を加えていくものとする。

最初に、キェルケゴール自身の自己理解に言及する。キェルケゴールは、その膨大な日誌記述の中で精緻な自己観察、自己省察を続けて行くが、中でもとりわけ特徴的で彼の活動を大きく方向付けたと思われる自己理解は、以下の記述であろう。

〔前略〕すなわち父との関係、父の有する憂愁、心の奥深くに存する永遠の夜、私の罪、私の情欲と放埒(8)――それは神の目から見ればそれほど恥じ入るべきものとは見えないかもしれないが――〔後略〕（Pap.IV A107）

これは、レギーネ・オルセンとの婚約破棄事件を回想し、その理由について記述をした一部であるが、キェルケゴールは自らの精神史の中に刻まれた家庭環境と自らの歩んできた道で犯してきた過ちに極めて誠実に対していることが看取される。そして、更に自らを次のように理解していくこととなる。

私自身に関して考えるとき、いつも心の最奥に存する思いを語るとするならば、それは、私が一人の懺悔者だということである。〔中略〕しかし、私には、特別な賜物が与えられていたのである。それと共に、これは弁証法的でもあり、他のものに劣るところがあればあるだけこの賜物はより高いものとなるのである。（Pap.X1A267）

ここで言及される「懺悔者」という概念がキェルケゴールの人生を導く鍵となろう(9)。彼は、しばしば、自らを「神の前で深くへりくだって、他の誰よりも卑しい者と見て」（Pap.X 1A280）「一人の懺悔者」という自己理解を告白する。しかし、それが同時に「純粋に理念的な意味において、他の人々より大きなスケールで真理に仕えることを可能とする機会を神より与えられた」（ibid.）として自らの使命を真理への「殉教者として歩みだしていく」（ibid.、Pap.X 2A18 等々）ことと理解するのである。

そして、そのような理解に立脚した上での彼の活動は、畢竟、自らならびに真理に対して誠実にして峻厳なものとならざるを得ない。そこには、彼が自らの内面性に徹底して沈潜しその実存から自らを如何にして取り出していくかが問題となる。そこから紡ぎ出される実存をかけた著作活動とそれに対する、社会の厳しい反応から、「真実なキリスト教は、牧師のたわ言から理解されるような類のものとは違うものである」(Pap.X1 A 280) との結論にキェルケゴールは達していくこととなる。しかし、そうした苦難に満ちた歩みをキェルケゴール自身、徒労と理解していたのではなく、常に時代に正しく関係し、自らの存在意義はやがて「歴史の中で明白となる」(Pap. X2 A4) ことを彼が同時に意識していたことも看過してはならない。

また、一方、キェルケゴールは自らを「例外者」とみなしてはいたが、「特別な階級のキリスト者」(Pap.X2A61) あるいは「キリスト教的に完全なる者」(Pap. X2 A61) として他者を見下し、超然とした態度で社会に対峙したのではないという事実にも、留意せねばならない(10)。むしろ、キェルケゴールは自らを、極めて一般的な人間でありながら、その自分に特別な賜物と生い立ちが与えられたため、「例外者」としての道を歩まねばならなかったと認識し、そのことに彼自身しばしば言及しているのである。

そして、自らに付与された特別な生い立ちと賜物によって、その手に余るものとなった人生を「宗教的に理解する」ことで初めて受け止めることが可能となったと彼自身が述べている。それ故に、この世に現実に存在している「宗教」のあり方に対して真摯になることがそのまま彼の実存をこの世において意味あるものとすることへと繋がり、彼がその実存の内面的情熱をそこに傾注する結果となったと言えよう。

以上のような事情から、キェルケゴールの活動からは、当時の宗教――デンマーク国教会のキリスト教――のあり方に対して、極めて辛辣な批判が当然の帰結として出てくることとなる。例えば、キェルケゴールのキリスト教理解を象徴的に指し示す言葉として、キリスト教ならびに新約聖書は最後まで「苦しみである」(Pap.X4A600) という表現が顕れてくる。そして、この「苦しみ」こそが、この世との「異質性」を示すものであり、その存在によって「永遠なるもの」の意識が存在し、逆に「永遠なるもの」の意識が存在するところには、「苦しみ」もまた存在するとキェルケゴールは主張する(11)。それ故、「この世と一体となって生きている者」が「永遠なるもの」の意識を持っていると誤解しているような、当時のキリスト教界の状況とその状況下で運営され日曜日ごとに語られる教会での説教を「たわ言」として激しい批判を加えていくのである。

さらにまた、キリスト教とは「諸々の命題の総和ではなく、人格的に仕える」(Pap.X5A146) ものであるとの理解から、自らのキリスト教理解が「正しいか、否か疑問を有してみる」という実存の内面性における不断の反省のなかで、人はキリスト教を生きるべきであり、そこには絶えず、真理に沿って生きているか否かの逡巡の中で激しい葛藤を伴うものだと断じていく。

こうした厳しいキリスト教理解と当時のデンマーク国教会の現状の間には、キェルケゴールにとって、容認しがたい乖離が存在していたと言いうる。国家という大きな制度の中で、自らの信仰に対する主体的決断と責任が問われることなく、牧師が心地良い慰安を日曜日毎に語りかける。或いは、水平化され、一般化された教義、教説ならびに正義を語ることで正統とされる礼拝。そこには、自らの全人格をかけて「単独者」として神の前に立つ実存の内面性から取り出されてくるような本来的な信仰の峻厳さは微塵も見られず、また、「永遠なるもの」との緊張関係の中では必ず存在する個別の実存状況に応じて現出してくるはずの、「苦しみ」もまた一般化されている。その現状に対して、キェルケゴールは徹底した戦いと、本来の宗教性を回復すべきであるとの警告を発し続けたと言えよう。その回復なくしては、全ての価値が水平化・一般化された中で主体性と実存を賭けた責任を放棄して良しとする、無個性な「大衆」がはびこる世となることをいち早く予言していたのである。

三

ここまでキェルケゴールの自己理解とキリスト教理解、ならびにそこからの帰結として出てきた、デンマーク国教会のキリスト教に対する批判について概観してきた。その後、キェルケゴールの批判の矛先は、さらに深く、プロテスタント教会そのものの内包している問題性へと向けられることとなる。それは、特に下記の記述に端的に顕れている。

それ故、キリスト教的なるものから躓きの可能性をぬぐい去ったり、あるいは、罪の赦しというものに戦く良心の葛藤――しかしながら、ルターの卓越した理解によるならば、ここにキリスト教の全教説がかかっている――を除くならば、教会は可及的速やかに店じまいするか、あるいは、終わりのない、娯楽施設にした方が良いのである。（SV2IX, 229）

本稿二において言及したように、キェルケゴールにとっての自己とは、まさにほころびそのものである。ほころびた自己を徹底して認識すること、換言すれば、神の前に立ち得ない自己の実存を認識する徹底した自己否定とそれにもかかわらず、質的に異なるはずの「永遠なるもの＝神」の前に立たざるを得ない「苦しみ」からしか、真の信仰、真の実存を取り戻す道はないという理解のもとにキェルケゴールは立脚している。そして、キリスト教は、まさにそうした実存の内面性を主体的内面的情熱によって掘り起こし、自己認識を要求する宗教としてキェルケゴールによって理解され、そして、彼はそのようなキリスト教を生きようとしたのであった。そして、徹底した自己省察と人間観察によって、救いへの可能性が皆無であることを知った後に始めて、人間は本来の実存を取り戻すための出発点に佇むのだ、という結論へと彼自身導かれることとなる。その結果、「信じるということは、他のいかなる自己化や、内面性とは異質なものとして、特殊的に規定される」（SV2VII, 602）との考えから、当時の教会が流布させている、心地よい「牧師が日曜に話すような、全ての重荷から優しく救われるといった、いつくしみ深いキリスト教の教え」（SV2XII, 111 以下）への徹底した否を彼は突きつけていくこととなるのである。それ故、キェルケゴールの批判は、当時のデンマーク国教会の陥っている状況に徹底した戦いを挑むと同時に、既存の体制——目に見える社会機構——に対する批判、すなわち社会批判にまでおよび、さらにはそこにとどまらず、人間実存そのものに対する問いを根底に持ったものになっていったと言えよう。

G・マランツクの言葉を借りるならば、それは、以下のように言いうる。即ちキェルケゴールの体制批判は、単純に現状の社会体制に変革を迫り同じ地平での方向転換を目指すものではなく、一人一人が先ず、「単独者」となることを要求するものである。それは、通常の社会変革が、地上に存在する民族や党派、階級を再構築ないしは、「平等化」することに目的を置くのに対して、「単独者」は、外的な力や変化に影響されず、地上に存在する様々な機構、組織等々の外的権威を超えた力に服従することを学ぶからである(12)。

それゆえ、ルター的な全人救済的な教説は、ルター本人の実存的かつ内的葛藤の帰結とはいえ、キリスト教本来の要求を格下げしたとの判断を最終的にキェルケゴールから下されることとなり、プロテスタント教会そのものが内包している「非キリスト教的なるもの」が明らかにされることとなる(13)。キェルケゴールは「ルターが関係を入れ替えて、パウロによってキリストを批判し」（SV2 XIV, 366）大変な混乱を招いたと後年の著作において叙述することとなるが、ここにも、プロテスタントのキリスト教が内包している問題性(14)をキェルケゴールがいち早く理解していたことが看取される。

すなわち、キェルケゴールにとってキリスト教を本来的に伝える事は、既存の教会が行っている方法では、不可能であり、一人一人が「人格的な」関わりを持って、キリスト教を生きることをおいて他に方法はないことが主張されるのである。これは、本来のキリスト教的真理の伝達が、教会において語られ、水平化され、さらに一般化された言語では、不可能であることをも同時に意味している(15)。

キェルケゴールにおいて、本来の自己を取り戻した者のみが達しうる実存段階でありまた真の宗教性を意味する宗教性Bの段階に人が移行するには、徹底した自己省察と「永遠なるもの」との葛藤が不可欠であるとされるが、そこでは、神の前に立ち得ぬ自分を見出し、自己否定の「苦しみ」に呻吟する自己と、自己の内面性を理解するにも不完全な自己を発見し、永遠なる逡巡と「葛藤」が存在することとなる(16)。それ故、徹底した自己否定を含まぬキリスト教信仰は、本来のキリスト教の要求を一般化し、心地良い話しを垂れ流す「娯楽施設」（SV2 IX, 229参照）へと教会を変質させていく。そして本来は「最後まで苦しみ」であるはずのキリスト教信仰をだれ一人として生きていない現実に、キェルケゴールは「単独者」として「殉教」していったと言い得るのである。

結び

以上、キェルケゴールの活動と当時のデンマーク国教会、そこでのキリスト教理解に対する批判の内容を検討してきた。『死に至る病』において明らかにされている、最終的に「飛躍」をもってしか本来の宗教性（宗教性B）に人間は到達しえないという結論は、一種の神秘主義思想を想起させるものがある。しかし、そこには、全ての価値を相対化、水平化して良しとする当時のキリスト教界をも含む社会情勢が在ったことは、ここまで論述してきた通りである。そこには、本来自己を措定した絶対者あるいは超越者を前提として語られるはずのキリスト教が、人々の共通の体験や心情に訴えて、単に慰安を与える道具と化し、神すらもそのようにして理解し得るかのような逆転した在り方に陥っている事に対しての痛烈なアンチ・テーゼが込められていると言えよう(17)。

しかし、これはまた、今日において、皮相な社会正義と平等の名のもとに人間本来の主体性と自己責任を曖昧にし、「単独者」として本来の自己を生きる道を放棄している全ての者に対する警告としても受け止められよう。キェルケゴールが予感した時代―解体の時代―が現実のものとなって久しい今、キェルケゴールの次の言葉は、預言者的な力を持って我々に迫ってくる。

宗教的なるもののみが、永遠というものの援助によって、人間の平等を完成できる。神的で、本質的で、彼岸的で、真である、唯一可能な人間の平等を（SV2 VIII, 590）

「宗教的なるもの」という表現は極めてドグマ的なものを想起させるが、キェルケゴールが理解する真の「宗教的なるもの」は、「宗教性B」へと「飛躍」を遂げた者のみが生きうる世界である。「宗教性A」から「宗教性B」への「飛躍」、その神秘性は、言うなれば「言《ロゴス》」によっては全てが水平化してしまう世界が在ることを示していると言えよう。「言《ロゴス》」の限界性については、キェルケゴールの初期の論文『イロニーの概念について』におけるソクラテスへの言及に多くの手がかりがあると思われる(18)が、本稿ではこれ以上に言及しない。ただし、「無知の知」を唱え、当時のソフィスト達の無批判的なロゴス信望への批判的行動を行ったソクラテスは、キェルケゴールの行動とも重なるところが充分にあり得る。

「言《ロゴス》」によっては、伝えきれないものが存在することを認識する。それは、人間を越えた絶対者を信じること、即ち、宗教性へと繋がるものである。しかしながら、その宗教性を、「言《ロゴス》」によって一般化したときに、それは一般化ならびに水平化された、通俗で低次な「現実」をなぞることに堕してしまう。そのことをキェルケゴールは徹底して否定し、その結果、教会攻撃、ひいては、すべてを水平化し、神を人間の側まで引きずり下ろして満足している「宗教」への批判へとつながっていったと言えよう。

全てが相対化され、絶対的なものが見失われている今日、相対的な存在としての人間を再認識する意味でも、キェルケゴールがキリスト教界、さらには「宗教」そのものへと向けた批判は、大きな意義を有していると考えられる。また、ここまでで明らかになったようにキェルケゴールのキリスト教批判の根底には、ルターに対する親近と否定、あるいは、パウロの神学そのものへの懐疑等々が存するものと思われる、それらとの関係の中で、キェルケゴールのキリスト教理解と教会批判ならびに教会攻撃をさらに深く論究していく必要が認められるが、そのことに関しては、今後の論究に委ねるものとする。

感謝の言葉

橋本淳先生（文学博士・関西学院大学名誉教授）には、一九八四年の関西学院大学神学部入学時より今日に至るまで公私にわたり様々な導きとご指導を頂き、そのご厚情に心よりの感謝を献げたいと思います。特に私自身の拙い研究に対しても、精緻で厳しい中にも、常に暖かく配慮に満ちたご指導を続けていて下さることに対して感謝の念に耐えません。これからも日本のキェルケゴール研究の先達としてますますのご活躍を祈ってやみません。

【註】

（1）キェルケゴールが、父親からの遺産を受け継ぎ、定職に就くことなくその著作活動を行ったことは、キェルケゴールの思想に対する先入観と偏見を招く一因と言えよう。但し、キェルケゴールはその生活に無反省であったのではなく、充分なる認識を有した上で、自らの目的遂行のためにやむを得無きこととして行っていたことは、日誌の次の記述からも明らかである。「私が浪費を行ったこと――神は、そのことをご存じである、私はそのことを素直に認め、わが負い目として告白をする。〔中略〕私の浪費は、私の創作活動と本質的に関係するのである。」（Pap.X 3 A 177）。

（2）キェルケゴールの教会攻撃に関して、主として左記の参考文献を参照した。
Malantshuk, Gregor og Søe, N.H. : *Søren Kierkegaards Kamp mod Kirken*, København, 1956.

（3）「水平線上に白い点がある。恐ろしい嵐になるはずである。しかしながら、誰一人としてそれを見ない。あるいは、見たとしてもその意味を考えることはない。否、いるのだ〔後略〕」（Pap. VI3 B 109）この日誌記述に代表されるように、キェルケゴール自身がいかに敏感に、また、いかに深刻に当時の時代を認識していたかは、疑う余地はない。

（4）二〇世紀後半になって、「新しいキェルケゴール（a new Kierkegaard）」が再発見されつつあるとの見解も無いことはないが、それは、一九七〇年代のベトナム戦争に代表される陰の時代に「再発見」されたように解された「新しいニーチェ（new Nietzsche）」同様、正鵠を射たものとは言い難いといえよう。この点に関しては、左記を参照。
kierkegaard: A Critical Reader: edited by Jonathan Rée & Jane Chamberlain; oxford , 1998.

（5）「S・キェルケゴールの堕罪理解（1）――キェルケゴールの女性理解からのアプローチ」（『エクス 言語文化論集』創刊号、関西学院大学経済学部、二〇〇〇年）。

（6）この日誌記述は、一八四六年すなわち、「コルサー紙」によるキェルケゴール攻撃の始まった年に記されたものである。日付は無いものの、同攻撃が一八四六年の一月二日から始まり、同年一〇月二日に終焉を迎えたことを考えると、攻撃の最中かその終了直後に記されたものと考え得る。すなわち、キェルケゴール自身がこの世と対峙を余儀なくされ、その中から、改めて自らの使命について考察を加えたものと言えよう。

また、この記述の冒頭には、「私の著作活動全体の中で、私自身を以下のように解してきた」との但し書きが置かれ、その後に、自らの生い立ちならびに、父親との関係、レギーネ・オルセンとの関係を簡潔に記した上で、自らが向かうべき方向性について、決断を込めて語っている記述なのである。

（7）Pap.IV B 64. 参照。

（8）キェルケゴールの人生にとっての「憂愁」の正体を探ることは極めて困難であり、また、青年時代に犯したと自ら告白する「罪」に関しても特定することは、困難を極め、キェルケゴール自身が具体的に語ることがないためにいずれも想像の域を出ない。ただ、これらに関しても、日誌の中では折に触れて語られており、キェルケゴールの人生にとって、常人の想像を超える大きな影響を彼に与えていたことは確かである。日誌の中には、下記のような苦悩も散見している。

「一人の老人、彼自身が極めて憂愁であった――その原因を書くことは、はばかれる――、この老人は、年老いて息子を得る。その子はその父の全ての憂愁を受け継いだのだ」（Pap.VIII 1 A 126）。

（9）キェルケゴールの生涯を、一人の宗教的な懺悔者として展望する以下の論稿を参照。

橋本淳「セーレン・キェルケゴール――懺悔者の道」（『キリスト教と欧米文化』キリスト教文化学会編、ヨルダン社、一九九七年）。

（10）Pap.X2A61では、自らを特別なキリスト者として主張したことはないと断言している。また、自らが通常の一人の人間であることも認めている。ただ、自らの生い立ちと、特別な賜物故に、自らの人生を「宗教的に理解する」ことでしか受け止めきれなかったと告白するのである。

（11）Pap.X4A600参照。キェルケゴールの厳しいキリスト教理解の問題性、あるいはそこで意図された真意については、以下を参照のこと。

橋本淳「殉教のキリスト教」（『理想』夏季特大号、キルケゴール、理想社、1979年8月〈No.555〉）。

（12）Malantshuk, Gregor : *Politiske og sociale Aspekter i Kierkegaards Tænkning. Den Kontroversielle Kierkegaard*, København: Vinten, 1976,s.9-29 参照。

(13)『キリスト教への修錬』(SV2 XII. 87 以下) 等々で、ルターに関する懐疑的な言及がなされる。ただ、キェルケゴールのルター理解は、キェルケゴールの精神史に沿って変化をしている。最初の親近感から懐疑、そして教会攻撃に時期を重ねるように糾弾という形を取っていく。その詳細については今後の論究に委ねることとしたい。

(14) イエスの思想とパウロの思想の間にある乖離。近年のパウロ主義批判において明らかになった問題をも含むと考えられるが、本稿では、言及しない。

(15) ここでは、キェルケゴールの著作活動の根幹をなす、間接的伝達という表現方法が問題となってくる。キェルケゴールは、神と人との関係においては、直接的伝達は存在しないとする。その事実を顧慮しない形で、教会においてなされる業が、キェルケゴールにとってはまさしく欺瞞とみなされるのである。(Pap. X3A413 参照)

(16) SV2 VII. 194 参照。

(17)『キリスト教への修錬』(SV2 XII. 111 以下) では、人生を深刻に考える夫に対して、妻が教会で語られる慰安に満ちた説教を是とし、主体的な判断、感性を放棄してそこにすべて委ねることを勧める箇所が出てくる。ここには、当時の一般的な教会のあり方と、そこで満足をしている「大衆」の姿が戯画化されている。ここからもキェルケゴールの考えるキリスト教(キリスト教会) のあり方と、現実が如何に乖離していたかが看取されうる。

(18) キェルケゴールは、事物の「伝達」に関して、「単独者」として孤独のうちに自らを「反省」することによってのみそれは可能であるとする。しかし、それは、また、「反省」によって導き出される、否定的な要素を有した自己による「伝達」となるため、他者からは単なる伝達とは言い得ぬものとなる。それは、事物を肯定的に単純に伝達する事は不可能となり、「伝達」された本人が主体的に「伝達」された事柄に関わって始めて「伝達」が完成するのである。従って、真の「伝達」は、ソクラテス的な「助産術」をもってして始めて可能となりうると言えよう。
キェルケゴールはそのことを「私は未だかつて誰の師となったこともない」(SV2 XIII. 248)、「私は教師ではない。ただ共に学ぶという者であるのみである。」(SV2 XIII. 664) といった表現によって自らの立場を明らかにしている。

また、ソクラテスに自らが影響されたことは、日誌 (Pap.X 3 A 308、X 3 A 413 等々) にも散見される。

【付記】

キェルケゴールからの引用は、国際的慣習に基づき、日本キェルケゴール研究センターが作成した「キェルケゴールの著作。日誌・遺稿文書・手紙・蔵書目録等に関する引用略語（国際規約）の日本版」に従っている。本文中に略符号で示したSVは、原典全集第2版、Pap.は、日誌・遺稿集第2版に依る。

A Study of Søren Kierkegaard's Attack upon "Christendom"

JO FUNAKI

Summary

This article deals with the relation between the thought of Soren Kierkegaard and his attack upon Christendom. Kierkegaard's attack upon Christendom must be viewed from his thought and his life. Especially having a clear consciousness of "the Cross" and following the life of Christ are at the core of his thought. This article shows that his attack upon Christendom of Denmark in his time had a valid reason and his action rested upon his thought and faith.And there is something in his criticism that has relevance to today's Christendom and the crisis in human existence.

Key word : Kierkegaard, the Attack upon 'Christendom", religion

セーレン・キェルケゴールにおける《不死性》論争と実存的真理の地平

――ひとはいかに《私》になるのか？

平林孝裕

はじめに

キェルケゴールは一八三五年夏、シェラン島北部ギレライエにおいて次のように書き付けた。

私にとって真理であるような真理を見いだすこと、私がそのために生きそして死にたい願うイデーを見いだすことが不可欠である。いわゆる客観的真理を発見しても、それは私にとって何の役にたつのだろう(1)。

この日誌は、青年キェルケゴールが主体的真理の探究へと自己の思索をむけてゆく転回点を示す記述として広く知られている。真理とは、キェルケゴールにとって、《私にとって》の真理の確立であり、それは「キリスト者となる」ことにほかならなかったが、この主体的真理を獲得するという課題のためには、キェルケゴールが求める真理とはまったく異なった真理を主体的真理から峻別しておく必要があった。そういった真理こそ客観的真理である。「主体的／客観的」という真理に関するキェルケゴールの区別が彼の主要な見解であるという点でキェルケゴール研究者はまったく一致するに違いない。しかし「主体的」・「客観的」という語が標語として一人歩きするとき、キェルケゴールがそれぞれの語に、そしてまたこの区別において表明しようとした思想はどこまで正確に伝えられているだろうか。

本来、「客観的」という言葉の対義語は、「主観的」という言葉であり、事実、しばしばそのように翻訳されてきた(2)。しかし「主観的」という語が、キェルケゴールによって発見され、われわれが今日、深長な意味合いを込めて語る実存的意味、つまり「主体的」という語へと転換するには必然性があったにちがいない。しかし、主観的［subjektiv］を主体的［subjektiv］との言い換えだけでは、その意味するところは必ずしも明快であるとは言いがたい。むしろ、私たちはこの区別をめぐって、主体的［主観的］であることがこそ真理の要件であり、客観的であることが真理の要件でない、正確には客観的であることによってそれが真理でなくなる地平をキェルケゴールが切り開かなければならなかった、その根拠を繰り返し問い尋ねなければならないのである。

キェルケゴールにおける「主体的」・「客観的」という語の用法を網羅することは小論の限界を越えることであるし、周知のようにキェルケゴールのそれらの使用は多岐にわたるため有効な手続きではない。そこで本稿では、この問題を考えるための媒介変数として、「魂の不死性」をめぐってのキェルケゴールの議論を吟味することによってわれわれの課題を果たそう。なぜなら魂の不死性は、キェルケゴールが主体性とっての最高の発展形態であると認めており(3)、それゆえ主体性・客観性に関する彼の思想が最も鮮明に現れると考えられるからである。

さて、魂の不死性の問題はキェルケゴールの時代に最もアクチュアルな問題のひとつであった。絶頂を極めたヘーゲル哲学であったが、その学派はヘーゲルの死後、宗教哲学的問題をめぐって分裂解体しつつあった。そういった問題のひとつが、魂の不死性をヘーゲル哲学に見いだすことができるかという問題であった。キェルケゴールも不死性問題に大いに関心をもった。

ヘーゲル学派内部で問題となった点は、魂の不死性がヘーゲル哲学において見いだすことが可能であるか、さらには証明可能であるのかという問いであった。しかし、後述するように、キェルケゴールは、ヘーゲル哲学内部での証明可能性についての肯定的立場にも否定的立場にも組みすることなく、むしろ不死性問題についての取り扱い方そのものが誤っていると見なした。

キェルケゴールは魂の不死性についてしばしば重要な問題として、むしろ決定的問題として言及している(4)。このような仕方で魂の不死性の問題にキェルケゴールが言及する事実は決して偶然的な理由によるのではなく、二つの明確な理由が存在した。

第一には、不死性の問題がドイツにおけるヘーゲル学派の分裂解体の過程で論争の対象となり、その余波は隣国デンマークにも波及し、キェルケゴールもこの問題に大きく関心を寄せたからである。キェルケゴールが生涯敬愛した師P・M・メェラーも魂の不死性の問題について長大な論文を発表しており、師の論文を、キェルケゴールは発表されるとただちに読んでいる(5)。当時もっともアクチュアルな思想的な問いにキェルケゴールが答えようとしたのである。

しかし、キェルケゴールがこの問題に取り組んだのは、こういった単なる歴史的・外的状況によるのではない。むしろ決定的・内的な理由がキェルケゴールにはあった。すなわち不死性をめぐる問いが、キェルケゴールの思想の基本的立場、つまり真理問題に密接に結びついており、キェルケゴールはこの問いに必然的に答え、また批判しなければならなかったからである。

一　不死性問題の歴史的背景

ヘーゲル哲学が人間の魂の不死性を含まないのではないかという疑念は、ヘーゲルの存命中から指摘されている(6)。K・E・シューバルトは『哲学一般とくにヘーゲルの哲学的諸学のエンチュクロペディについて』（一八二九年）を書き、ヘーゲルの体系には不死または死の観念が欠けているのではないかと批判した(7)。ヘーゲルはこの論難に大変な不快感を示し、ただちに厳しい論評を書いたが、その中で具体的な反論まではしなかった(8)。また続いてL・フォイエルバッハは匿名で『死と不死についての思想』を著し、汎神論的見地から人格性の不死という信仰そのものを批判した(9)。しかし、ヘーゲルの存命中は大きな論争へと発展することはなかった。

一八三一年にヘーゲルが亡くなると、ヘーゲル哲学における人間の魂の不死性についての論争が再燃することとなる。その発火点となった著作は、Fr・リヒターの『最後のものについての教説　宗教の立場からなされた学的批判』（一八三三年）である(10)。リヒターは、この著作で、魂の不死性というキリスト教の信仰は迷信であり、ヘーゲル哲学の論理的帰結こそこの不死性の否定である、と主張した。この著作は、ただちにヘーゲル哲学を擁護する側にも批判する側にも反応を引き起こした。Chr・H・ヴァイセはリヒターの主張にもっとも早く反応し、『ベルリン年報』に二回にわたって批評を寄せる（一八三三年九月）。そして翌年に『人間的個人の不死性についての哲学的秘説』（一八三四年）を書く(11)。ヴァイセは、ヘーゲルにおいて魂の不死性が否定されているよう理解される可能性があることを認めつつも、ヘーゲル哲学の原理そのものは不死性を証明するのだと反論した。またI・H・フィヒテは『人格性と個人的永続の理念』（一八三四年）を著した(12)。ヘーゲル哲学における宗教性の欠如を批判し、みずからの思弁的神学の完成をもってヘーゲル哲学の真の完成を目指すフィヒテは、このように改良された体系において不死性は十分に認められると主張した。リヒターの著作に、もっとも強く抗議したのは、C・F・ゲッシェルである。ゲッシェルはすでに『ベルリン年報』（一八三四年一月）にリヒターの著作への批評を寄せていたが、詳細な反論として『思弁的哲学から照らした人間の魂の不死性のための証明について』を著す(13)。ゲッシェルはヘーゲル哲学擁護の立場から、神の現存在の三証明に対応させて魂の不死性を個人・主体・精神のそれぞれの不死性として捉え、ヘーゲルの体系によって証明しようと試みた。魂の不死性の問題は、D・Fr・シュトラウスが提起したキリスト論の問題同様、ヘーゲル学派内に活発な宗教哲学的論争を惹起したが、結果的には学派内部の亀裂を暴露するだけであった。

ドイツでの魂の不死性をめぐる論争の余波はデンマークに及ぶことになる(14)。それがP・M・メェラーの論文「人間の不死性のための可能性論考」(15)である。この論文は百ページ余の長大な論文であり、メェラーの不死性の問題についての考察と先述のヴァイセ、フィヒテ、ゲッシェルの論文についての批評からなっている。メェラーの問いは、そもそも魂の不死性の証明が可能かという問いである。ヘーゲル学派内での論争は単純化していえば、ヘーゲルの体系において不死性は証明されるのか、という論点を争っている。しかしメェラーはこの問題設定そのものを疑問視し、証明は体系においては不可能であると結論する。メェラーは、哲学的証明のかわりに、キリスト教伝統によって証明されるのだ説いた。この論文は、キェルケゴールにとって不死性をめぐる論争を考える上での主要な典拠となったと思われる(16)。

デンマークでは、またまったく別の方向から不死性の問題にキェルケゴールの関心を引き起こす問題提起がなされる。当時デンマーク文壇の中心的人物であり、キェルケゴールもまたそのサロンに出入りしたJ・L・ハイベアが「死後の魂」という詩を『新詩集』に刊行した(17)。「死後の魂」は「黙示録的喜劇」と題され、その内容は、一人の善良なコペンハーゲン市民の死後の魂の遍歴を通じて、現実世界の倦怠を批判するものであった。この詩に対してはH・L・マーテンセンの批評が『祖国』紙に(18)、E・C・トリューゼの批評が『文学・批評雑誌』(19)に掲載された。両者の批評ともハイベアの詩の思想的意義を検討するものであった。キェルケゴールもマーテンセンの批評に『イロニーの概念』で[20]、ハイベアの「死後の魂」とトリューゼの批評には『哲学的断片への完結的後書』で言及し[21]、不死性をめぐる、これらの議論に通じていた。

キェルケゴールは、このような歴史的背景において魂の不死性の問題を考察するに至った[22]。不死性をめぐる議論を通じてキェルケゴールが直面した課題は、第一にヘーゲル学派内で論争となったように不死性は体系において証明されるのかという問いであった。そして第二には、不死性を証明という手段で確保できないとき、ハイベアの詩のように死後の魂、不死性を戯画化することなく、扱うことは可能なのかという問いであった。

二 不死性の客観的考察に対する批判

キェルケゴールは『不安の概念』[23]や『哲学的断片への完結的後書』[24]などにおいて(ヘーゲルの)体系において不死性が認められるかを証明または反証しようとの試みに対し疑念を表明している。

例えば、不死であるということ。……私が知っていることは、ある者は、ヘーゲルに不死性を見出したが、他のものはそうでなかったことである。しかし、私は、それ[不死性]を体系に見出すことはできなかった、それに体系に不死性を捜し求めることは道理に合わないことだ[25]。

キェルケゴールによれば、魂の不死性といったものは体系＝ヘーゲル哲学には見いだされないし、本来、不死性をヘーゲル哲学に捜し求めること自体が誤りである。では、なぜ不死性を体系において捜し求めることが誤りなのであろうか。それは「あらゆる体系的思考は空想的な意味で《永遠ノ相ノ下ニ》ある。その限りで永遠としての不死性は存在するが、この不死性は、死すべきものの不死性が問われるときに、問われている不死性では決してない」(26)からである。

キェルケゴールによれば、体系はすべての存在を「永遠ノ相ノ下ニ」(sub specie aeterni)(27)考察する。永遠の相の下に考察することは、本質において考察することにほかならない。本質はある事物が現実的に存在するか、または可能的に存在するか、に関係なく、その事物につねに妥当する規定である。この意味で本質は時間的に変化する規定ではなく、不変な規定、永遠的な規定である。体系が本質において事物を考察するという意味で「永遠ノ相ノ下ニ」といわれるのである。

さらに、それゆえにまた、体系は主体即客体の世界であると、キェルケゴールは体系を特徴づける。体系はあらゆる事物を本質において考察する。それゆえに体系において考察する主体も、さまざまな偶然的な諸規定を捨象し、一般的に妥当する諸規定においてだけ考察するのでなければならない。体系的立場においては、主体的な要素は克服されるべき歪みであって、すなわち、そのような歪みが除去されることによって、その結果、主体が客体との一致をみいだすことによって正しい思考が可能となる。体系的立場において考察されるのは本質であり、個々の主体にのみ妥当するのでなく、すべてに一般的に妥当する真理がもとめられている。こういった体系的立場のあり方をキェルケゴールは「客観的」(28)と特徴づける。

体系において考察されるのは事物の本質であるから、不死性が体系において考察される場合、不死性とは本質としての人間の魂の不死性であり、人類の不死性が考察される(29)。人類の不死性は人間の本質であるから、それは人間すべてに一般的に妥当するのでなければならない。体系で議論され証明される不死性は、人間一般、人類としての不死性である。無論、キェルケゴールが体系における不死性が人類の不死性であると言い換えても、無論、それはヒトの類としての人類が永続するという意味ではない(30)。体系においても問題になるのはやはり個々の人間の不死性である。しかし個々の人間から出発するにしても、その目指すところは個々の人間に共通する人間の本質としての不死性である。つまり、体系においては人間という類の属性として不死性が考察されるというのがキェルケゴールの考えである。体系においては人類の不死性が明らかになり、その結果、個々の人間の不死性も明らかになるということになる。

体系において不死性は一般性において理解される。このとき問われている問いは、「不死性とは何であるか」という問いである。「不死性が何であるか」という問いが解明され、人間の属性であることが証明されれば、人類という一般の特殊としての個々の人間の魂の不死性は容易に帰結する。すなわち、「私は人間である、人間の魂は不死である、ゆえに私の魂は不死である」。不死性の客観的取扱いにおいては、「人間の魂は不死である」という大前提を証明することが重要なのである。

キェルケゴールは、このような客観的取扱いによって不死性の問題は「問い」(Spørgsmaal)、または「学的問い」(31)にされてしまったことに抗議する。

不死性の客観的取扱いは一般性としての不死性を問うことであった。ここで問題となっていることは、「人間が二本足であるか否か」と同じレベルでの「人間に不死性という属性があるか否か」という知的関心にすぎない。不死性が人間の属性であろうとなかろうと、いままで不確定であった問題について客観的な解答が得られ、人間の属性についての知識がまたひとつ増したということになる。結局のところ、体系において不死性の問題は、人間の本質についての知をめぐる事柄であり、キェルケゴールは「思考上の問題」(Problemet for Tænkning)(32)にすぎないとした。

こうして人間の属性としての不死性(または属性として否定された不死性は)は人間すべてに妥当する。結論として不死性が人間の本質として肯定されれば、人間はすべて不死であり、また反対に人間の本質として不死性が否定されれば、人間はすべて不死ではない。いったい人間にとって一般に妥当する規定としての不死性は（人間すべてが二本足であるように）、人間すべてに等しく（lige）妥当する（gyldig）ならば、不死性という規定ついての問題はは個々の人間にとって無関心的な、「どうでもよい」（ligegyldig）問題なのではないか[33]。たしかに私が人間の魂が不死であると知っていようといまいと、いずれにせよ私の魂は不死である（または不死でない）。このように思考上の問題として、または客観的な問題と不死性をみなす限り、その問いが、いかに難解な問いであろうと、私にはどうでもよい問題となってしまう。しかし、魂の不死性の問題は、本来「どうでもよい」問題なのであろうか。不死性の問題とは本来「私が不死となるか、また私が不死であるか」[34]という問いでなかったのか、とキェルケゴールは問いかける。

　無論、客観的立場からでも「私の不死性」を問うことはできる。しかしその際、私の不死性は人類の不死性を媒介して証明されるのであった。「私の不死性」といっても、私は一般性としての人類に属するから不死なのであって、私が他の私、他のいずれに人物に置き換わっても事情は変わらない。「私」といっても、それは「xが不死である」という恒真命題のxにすぎない。結局、不死性の体系的・客観的取扱いは、人類の本質としての不死性を吟味することによって、個々の人間の不死性を検証ないし反証しようとする試みである。不死性がこのような客観的取扱いを受けるとき、個々の人間は不死性を論ずるための人類という類の一標本にすぎなくなる。人類の不死性という一般的規定からすれば、個々の人間は特殊的事例という地位にある。「私」の「不死性」を論じたところで、議論の対象となるのは「私」ではなく、私を、その一例として含んだ人類の「不死性」でしかない。

　このように客観的立場において不死性を問う場合には、すなわち人間の魂の不死性を一般として、そして私の魂の不死性を特殊として問う場合には、「私」の不死性を問うことができないという難点をのがれることができない。すなわち、体系的に不死性を問うことはできない。誤りは諸証明にあるのではない、むしろ、人びとが、問い全体が体系的に見られるならば、無意味になってしまうことを理解しようとしない点ある[35]。

これがキェルケゴールの批判の要点である。「私」の不死性について客観的立場が答え得ない理由は、まさに「私」を一般における特殊としか把握しない立場の基本構成にあるのだとキェルケゴールは看破した。

客観的立場において「私」の不死性が問題とならないならば、それに代って「私」が主題となる場を見いだすことが必要であり、そういった場こそキェルケゴールの主体的立場にほかならない。では主体的立場において人間の魂の不死性はどのように扱われ、「私」はどのように主題化されるのであろうか。

三　不死性の場としての主体的領域

キェルケゴールは、「不死性は主体性の最も情熱的な関心（Subjektivitetens meest lidenskabelige Interesse）であり、この関心こそがまさしく不死性の証明である」[36]と主張する。ではなぜ「関心」は証明なのであろうか。

不死性が主体性の関心であるとき、この問題は、その客観的考察とは異なる形式となる。客観的立場においては「不死性とは何か」という人間の不死性一般が問われた。この場合、人間すべてが不死である（または不死でない）から、私がいかなる仕方で生きていようと、どんな悪人であろうと、反対にどんな善人であろうと、このことと私の不死は無関係である。しかし不死性が主体的立場においては事情は一変する。主体的立場において重要なことは、私があれこれの悪いこと、または善いことをすることによって私が不死であったり、なかったりするのか、という問いである。

私が不死であるために何かができるとすれば、私はこれまでしてきたことと、これからすることによって不死であるのだから、私にとって不死性の問題は切実となる。一方、不死であるために何もできないのであれば、私は不死であるか、不死でないかのいずれかであるから、私の不死性を問うことは、客観的に不死性を考察した場合と同様に、無意味な問いになる。それゆえ、私の不死性が問題となる主体的立場においては、不死であるためには何かができるのであり、不死となるためには一体何をすべきであるか、が問われることになる。

私の不死性が問われる領域、主体的立場において不死性の問題は、私が不死となるために義しく行為することができるか、という問題である。客観的には不死性は思考上の問題であったのに対して、「自らの不死性を問うことは、問うている実存する主体にとってはまさに行為［の問題］である」(37)。行為の問題として把握された不死性の問題をキェルケゴールは「裁き」(Dommen) といいかえる(38)。主体的立場において不死性はこの「私」の不死性であり、不死性の問題は「私が不死となるためには何ができるのか」という問いとなることはすでに検討した。このように不死性の問題を把握するならば、不死性の問題は、私が不死であるに値するか否か、義しい (retfærdig) か否かの区別、義と不義との区別、すなわち「裁き」であるとキェルケゴールは考えた。

キェルケゴールは「不死性とは裁きである」と『キリスト教講話』(39)で主張し、不死性の問題とは私にとっての課題 (Opgave)、行為の問題として理解されるべきだとの立場を提示する(40)。不死性が裁きであり、不死となるための行為の問題であるとすれば、不死であるために何をなすべきか、つまり義務がわれわれにとっての問題となる。義務において問われるべきものは何であろうか。それは、義務とは何であるかという問いではない。ある行為が義務であると知ることは不死性とは直接関わらない。肝腎なことは、「義務を私は果たしたか」という問いであり、私の行為である。義務とは思考上の問題ではなく、行為の問題である。そして不死性が裁き、すなわち義と不義の区別であるように、義務とは義しい行為と義しくない行為の区別なのである(41)。

キェルケゴールによれば、人間の魂の不死性の問題とは義務の問題であり、われわれが課せられた義務を果たすことによって、つまり義しい行為と義しくない行為との区別を自らの行為において表現することによって裁かれ不死となることができるかということでなければならない[42]。しかしここで注意すべきは、裁きにおける区別と義務における区別はわれわれが不死性を認める以前から厳然として存在するというキェルケゴールの主張である。キェルケゴールは客観的立場のように不死性そのものを証明しようとはしない。不死性はキェルケゴールにとって前提である。だがそれは不死性が人間すべてに保証されたということではない。不死性とは裁きであると知ることによってこの私の不死性が関心事となり、不死性が私にとって避けがたい問題となる、つまり私にとって「不死性の問題」は厳然として存在する、これがキェルケゴールが主体性の関心こそが証明である[43]と言った意味なのである。

キェルケゴールにしたがって不死性を裁きと把握するならば、裁きは必ず私の行為についての裁きであるから、裁きは私の裁き以外ではありえない。

> 不死性とは裁きであり、このことは《私に》関わる。《私の》思考において何よりも《私に》関わる。同じように《あなたの》思考の中では何よりも《あなたに》関わるものとなる[44]。

不死性の問題を主体的に取り扱おうとした理由は、この発言が示すように、この問題を人間一般の不死性としてではなく、私の不死性として確保するためだったのである。

魂の不死性を裁きとするキェルケゴールの主張によって不死性は確かに「私」の不死性として確保される。しかしその反対に私の不死性は不確実なものとなる。不死性が一般性において把握された場合、私の不死性は人間一般を媒介することによって証明され、確実なものであった。ところが不死性が私の不死性として確保され、私の裁きである場合、この裁きは私だけに関わるのだから不死性を保証するものはなく、私の不死性は不確実なままなのである。私の外部に基準を求めることも無意味である。ある基準を満たしたとき不死であるとすれば、私はその基準を知り、その基準に照らして私の不死性を判断する（dommen）。こういった基準による判断が可能であるとすれば、この基準は私だけでなく他者にも当てはまる。この場合、不死性は人類一般についていわれるのではないが、私という規定は誰にも妥当する基準という一般性に呑み込まれてしまう。この判断の基準を知り、私の不死性の確実性を証明しようとすることは、再び私の不死性を一般性へと解消する危険にさらすことになる。

不死性を「私」の不死性として確保することは、私の不死性を不確実なままにすることである。「私」の不死性が問題である限り、個々のわれわれが不死であるか否かをわれわれは原理的に判断できない。個々のわれわれの不死性について判断＝裁きを下すことができるものは区別を立てたものでなければならない。キェルケゴールによれば、それが裁き主たる神にほかならない。不死性を私の不死性として確保し、私の裁きであると考えて、義と不義の区別を絶対的に保持するとき、神は区別の定立者として私の前にあらわれる(45)。

> 私は、私の幸い［＝不死性］に関して何も知らない。私の知ること、私はそれを神と共に恐れとおののき（Frygt og Bæven）の内に知るだけである。だからそれについて語ることはできない。……私の幸いもいまだ決定していないのである。そして、あなたの幸いに関して、私はまったく何も知らない。それについては、あなただけが神と共に知るである(46)。

私に可能であるのは「私が不死となれるか」という「私」にのみ関わる行為の問題に関心を集中し、不死となれるように行為することであり、結果としての不死は裁きに、神の恵みに委ねるしかない。そういった仕方で私の不死性の不確実さを真摯に受けとめるしかない、というのがキェルケゴールの主張である(47)。

個々のわれわれは「私」として裁きを通じて、神と関係しなければならない。キェルケゴールが不死性を「私」の不死性として確保した領域は、また必然的に「私」が神と一対一で関係する場となるべきものなのであった(48)。

結論　《私》が生成する地平

キェルケゴールによれば客観的な仕方で、証明において人間の魂の不死性を問題にすることは、一般性における人間の魂の不死性を問題にすることである。個々の人間は、人類という一般に対する特殊である。私の不死性は、「私は人間である。すべて人間は不死である。ゆえに私は不死である」という仕方で証明される。この証明での「私」は、この私でなく、他のいずれの人物であってもかまわない。それぞれの「私」の間にある区別には数的差異しかない。客観的に「私」を取り扱う限り、いいかえれば「一般・特殊」という図式の中で把握する限り、「私」は独自の地位を保ち得ず、一般へと溶解・解消されざるを得ない。

不死性が本来問題となる領域は「私」の不死性が人間一般の不死性へと解消されることなく、「私」の不死性がそのまま問題となる場所、神の前での私が問われる場所である。キェルケゴールは、そのような場所は不死性が神関係において「裁き」として理解される主体的領域であると考えた。不死性が裁きであるとき、「私」は人類へと退歩することはできない。人間一般に適用される裁きは、個々の人間の間に何の区別ももたらさないが故に、裁きたり得ないからである。「裁き」は、その本性から私の裁き、あなたの裁きであって——誰もその裁きを免れえないという意味で普遍的ではあるが——、個々の「私」の裁きでしかありえない。裁きによってもたらされるのは、裁き主である神の前にただ独り立つ「私」に関する実在的差異でなければならない。翻って、そのような差異が確保される地平においてのみ、この私たち一人ひとりは、リアルな《私》として意識されることになる(49)。

キェルケゴールが人間の魂の不死性の問題を通じてわれわれに提示するのは、「私」についての数的差異しかもたらさない客観的立場と「私」についての実在的区別をもたらす主体的立場の区別である。そしてどちらの領域で人間を把握するか、という選択なのである。キェルケゴールのこの区別によって開かれる場こそ、この「私」が神の前に生成する実存的真理の地平なのである。

【凡例】

キェルケゴールのテクストは、従来『日誌・遺稿集』と呼称された部分もふくめて、原則として、現在刊行中の以下の批評的新版全集（略号、本文は*SKS*、注釈は*SKS* K）から引用するものとし、引証箇所をその巻数と頁で示した。ただし、現在、全集第三版（略号、*SV3*）がもっとも普及していることを配慮して、括弧内に対応箇所の巻数と頁数を示した。

Søren Kierkegaard Skrifter, udgivet af Søren Kierkegaard Forskningscenteret, København: Gads Forlag, 1997–.

ただし、新版全集で現在までに未刊行であった箇所は、『キェルケゴール全集（第一版）』（略号、*SV1*）の巻数・頁数をもって、また、『日誌遺稿集　増補第二版』（略号、*Pap.*）の巻数・分類記号・整理番号をもって示した。

Søren Kierkegaards Samlede Værker, Første udgave, udgivne af A. B. Drachman, J.H. Heiberg og H. O. Lange, Bind. I-XV, København: Gyldendal, 1901-06.

Søren Kierkegaards Papirer, 2. forøgede udgave, udgivet af P. A. Heiberg, V. Kuhr og E. Torsting, forøgede af N.

Thulstrup, bind. I-XVI, København: Gyldendal, 1968-78.

【註】

（1）*SKS* 17, 24 (Journalen AA: 12 = Pap. I A 75, 1835).

（2）“subjektiv”, ”subjktivitet”という語をめぐって、たとえば、三木清は「主観性の哲学」に言及して、その例示としてキェルケゴールの「主観的思想家」をあげ、「いわゆる『実存的な』ものとは、……主観性にほかならない」と断言する（「不安の思想とその超克」一九三二年、『三木清著作集　第十巻』岩波書店、一九六七年、二九六頁）。しかし後に「主体的という言葉はいつのまにか我が国の哲学の通常の語彙のうちに入つてしまつた。……要求されるのは心理と論理の統一であり、そして主体的といふことの意味である」（「哲学ノート」一九三九年、三木前掲書）と語るとき、キェルケゴールを念頭においていたのだろうか。また、三木と同時代の鳥井博郎は、ヘフディング『哲学者としてのキエルケゴール』（第一書房、一九三五年）を翻訳して「主観性は真理である」と記した（九六―九七頁、一四一頁）。つとに知られていることであるが、和辻哲郎は戦後、旧著を大幅に書き改めて再刊したが、その際、「主観性が真理なり」（内田老鶴圃、一九一五年、三八八頁以下）を「主体性が真理である」（筑摩書房、一九四七年、二三六頁以下）とした上で、本文をほぼ全面的に書き改めている。日本の受容史における訳語の選定と変遷の問題は、さらに詳細な調査・検討が求められるので、将来の課題としたいと考える。

（3）cf. *SKS* 7, 161 (*SV3* 9, 145).

（4）キェルケゴールにとって人間の《魂の不死性》の問題が重大な関心事であったことはこれまでほとんど注目されなかった。わずかにG・マランツクがこの問題の重要性を指摘するにとどまる。Gregor Malantschuk, Problemer omkring Selvet og Udødeligheden i Søren Kierkegaards Forfatterskeb, in *Frihed og Eksistens* udgivet af N. J. Cappelørn og P. Müller, Kbh, 1980, s.

114-127. また *Fra Individ til den Enkelte: Problemer omkring Friheden og det etiske hos Søren Kierkegaard*, Kbh, 1978, især s. 196-203. 前者でマランツクは、個人と類をめぐって不死性の問題が混乱に陥っているとのキェルケゴールの主張に依拠しつつ、日誌遺稿を含む著作活動全般におけるキェルケゴールによる不死性問題への関与を紹介している。後者では、この論文の趣旨が簡潔に繰り返されている。〈付記〉本論文の脱稿直前に、キェルケゴール、とくに『後書』における不死性の議論に関する最新の論文を手にすることができた（Lasse Horne Kjældgaard, What It Means to Be Immortal: Afterlife and Aesthetic Communication in Kierkegaard's *Concluding Unscientific Postscript*, in *Kierkegaard Studies: Yearbook 2005*, Berlin: Walter de Gruyter, 2005, pp. 90-112）。主にハイベアとメェラーの不死性に関する議論とキェルケゴールのそれとの関係を論じており、大変に興味深いが、これに立ち入って検討する時間を持ち得なかったので、他日を期して論評することとしたい。

（5）*SKS* 17, 134（Journalen BB: 41 = *Pap.* II A 17, 4. feb. 1937）.

（6）ドイツでの議論の展開は、以下の著作を参考にした。J. Ed. Erdmann, *Die deutsche Philosophie seit Hegels Tode*, Faksimile-Neudruck, Stuttgart-Bad Cannstatt, 1964, S. 687-691.

（7）K. E. Schubarth und K. A. Carganico, *Philosophie überhaupt, und Hegel's Encyclopädie der philosophischen Wissenschaften insbesondere*, Berlin, 1829.

（8）G. W. Fr. Hegel, *Werke in zwanzig Bänden*, Bd. 11, Berliner Schriften 1818-1831, Frankfurt am Main, 1970, S. 436-466.（海老澤善一訳編『ヘーゲル批評集』梓出版社、一九九二年、四三九―四七一頁）。

（9）Ludwig Feuerbach: *Gedanken über Tod und Unsterblichkeit* (*Sämmtliche Werke*, Dritter Band, hg. von Otto Wigland), Leipzig, 1847.

（10）Friedrich Richter, *Die Lehre von den letzten Dingen. Eine wissenschaftliche Kritik von Religions Standpunkt*, Breslau, 1833.

（11）Chr. H. Weise, *Die philosophische Geheimlehre von Unsterblichkeit des menschlichen Individuums*, Dresden, 1834.

（12）I. H. Fichte, *Die Idee der Persönlichkeit oder der individuellen Fortdauer*, Elberfeld, 1834（ktl. 505）. キェルケゴールは、一八三七年三月に小フィヒテのこの著作を読み、自分の見解と一致する点を見出して嬉しく思ったと記す。*SKS* 17, 41

(Journalen AA: 22 = *Pap.* II A 31). Niels Thulstrup, *Kierkegaards Forhold til Hegel* (Gyldendal, 1967), s. 118を参照。

(13) C. F. Göschel, *Von den Beweisen für die Unsterblichkeit der menschlichen Seele im Lichte der speculativen Philosophie,* Berlin, 1835.

(14) デンマークにおける議論の展開は、以下の記述を参考にした。F. J. Billeskov Jansen, *S. Kierkegaard Værker i Udvalg,* Bd. IV (Kommentarer), Kbh, 1950, s. 171-172. N. Thulstrup, *Kommentar til Afsluttende uvidenskabelige Efterskrift* (i Bind II), Kbh, 1962, s. 268-270.

(15) Poul M. Møller, Tanker over Muligheden af Beviser for Menneskets Udødelighed, med Hensyn til den nyeste derhen hørende Literatur, *Maanedsskrifter for Litteratur,* 17 bd., Kbh, 1832, s. 1-72, 422-453 (= *Efterladte Skrifter,* Andet Bind, Kbh, 1842, s. 158-272, ktl. 1575).

(16) ビレスコウ＝ヤンセンは、不死性問題に関するキェルケゴールの知識が主にメェラーのこの論文に依拠すると推測している(Billeskov Jansen, op. cit., s. 171.)。「永遠性が体系の付加物として扱われる。したがって、不死性はどこにでも存在するにちがいないと考えたP・メェラーは正当である」(*Pap.* V B 66)という一八四四年の日誌記述が、この推測を傍証している。

(17) J. L. Heiberg, En Sjæl efter Døden. En apocalyptisk Comedie, in *Poetiske Skrifter,* Tiende Bind, Kbh, 1862, s. 183-263. キェルケゴールの蔵書目録にその初版が含まれている(*Nye Digte,* Kbh, 1841. ktl. 1562)。この詩の内容は、大谷愛人『キルケゴール青年時代の研究』(勁草書房、一九六六年)、三七三―三七五頁に紹介されている。

(18) H. L. Martensen, Recension af J. L. Heibergs *Nye Digte, Fædrelandet,* Nr. 398-400, 10.-12. Jan. 1841.

(19) E. [C.] Tryde, Recension af *Nye Digte* af J. L. Heiberg, *Tidsskrift for Litteratur og Kritik,* Bd. 5, Kbh, 1841, s. 159-198, især s. 174-195.

(20) *SKS* 1, 357 (*SV3* 1, 331).

(21) *SKS* 7, 159 (*SV3* 9, 143).

(22) 日誌記述が示すように、後年になっても不死性問題への関心は失われなかった。マランツクの前掲論文を参照されたい。

（23）*SKS* 4, 440; 452-453（*SV3* 6, 221; 232-233）et al. たとえば、「何はどうあれ、体系には不死性の余地がないことを急に発見して、今度は、体系の付録にその場所を示そうと思案する。このお笑い種を、ポウル・メェラーは正当にも、〝不死性はきっとどこかにでもあるにちがいない〟と述べている」（*SKS* 4, 452 =*SV3* 6, 232）。

（24）*SKS* 7, 158-163（*SV3* 9, 142-148）. この一節が含まれる章が、「主体的となること」と題されていることに注目すべきである。

（25）*SKS* 7, 158（*SV3* 9, 143）.

（26）*SKS* 7, 158-159（*SV3* 9, 143）.

（27）*SKS* 7, 176（*SV3* 9, 160）.

（28）*SKS* 7, 171（*SV3* 9, 161）.

（29）*SKS* 7, 143（*SV3* 9, 159）.

（30）加藤尚武「死によって否定される人間の存在とはなにか――ヘーゲルにおける「死」の思想」泉治典・渡辺二郎編『西洋における生と死の思想』有斐閣選書、一九八三年、一八六 一九九ページ。加藤論文では、ヘーゲルにおける、弁証的過程を生き延びつつ、個の死を越えて受け継がれる全的命＝人類の精神の不死性が語られている。

（31）*SKS* 7, 160（*SV3* 9, 144）.

（32）*SKS* 10, 214（*SV3* 13, 195）.

（33）*SKS* 7, 177（*SV3* 9, 161）参照。そこでは「客観的反省という方法は主体を偶然的なものにし、それにより実存をどうでもよいもの（et Ligegyldigt）、消失するものとする。……主体と主体性がどうでもよいもの（ligegyldig）となる一方で、真理もどうでもよいものとなる。……なぜなら、決断と同様、関心とは主体性だからである」と言われる。

（34）*SKS* 7, 160（*SV3* 9, 144）.

（35）*SKS* 7, 161（*SV3* 9, 145）.

（36）*SKS* 7, 161（*SV3* 9, 145）.

（37）*SKS* 7, 163（*SV3* 9, 147）.

(38) *SKS* 10, 214 (*SV3* 13, 194). また、「すなわち、不死性と裁きはまったくの同一の事柄である。裁きが語られているときに、そのときだけ不死性は正しく語ることができる」(*SKS* 10, 214 = *SV3* 13, 195)。キェルケゴールは、深長にも「不死性は継続された［現世の］命ではない」と指摘している。

(39) *Christelige Taler*, 1848. 本論で取り上げる講話 (*SKS* 10, 211-229: *SV3* 13, 192-202) は「死者の甦えりが迫っています、義しい者に、――そして義しくない者にも」と題され、本文中に再掲された主題には、つづけて「または、魂の不死性の証明について　すなわち：それ［不死性］は何よりも確かである、これを恐れよ！」(*SKS* 10, 214: *SV3* 13, 194) とある。この講話を含む『キリスト教講話』第三部は、「背後から傷つける思想――建徳のために」として知られており、橋本淳による翻訳がある。この「建徳のために」と題名には本論の趣旨にも関わる重要な意味が込められているが、小論では立ち入ることができない。橋本による解題を参照されたい。橋本淳「解題」、セーレン・キェルケゴール『背後から傷つける思想　キリスト教講話』(新教出版社、一九七六年)、一八七―二七一頁。

(40) *SKS* 10, 214 (*SV3* 13, 195); cf. *SKS* 7, 163 (*SV3* 9, 146).

(41) *SKS* 10, 216 (*SV3* 13, 197).

(42) 「では、義務とは何か、義務とは人びとがなすべきこと (hvad man *skal gjøre*) である。義務［が何であるか］について問題になるのでなく、私が自分の義務を果たしたか、だけが問題でなければならない」(*SKS* 10, 214 = *SV3* 13, 195.)。E・ヒルシュの独訳では、この箇所の最初の一文が欠落している。Sören Kierkegaard, *Christliche Reden 1848* (*Gesammelte Werke*, 20. Abteilung), GTB Taschenbücher / Siebenstern 618, Gütersloh, S. 221.

(43) *SKS* 7, 161 (*SV3* 9, 145). このような証明のスタイルはキェルケゴールの神の現存在の証明 (*SKS* 4, 242-252 =*SV3* 6, 38-47) のそれとパラレルである点は注意すべきである。

(44) *SKS* 10, 218 (*SV3* 13, 198).

(45) 「神がなされる唯一つの区別とはどの区別であろう。それは義と不義の区別である。その結果、神は不義を働くものにとって怒りと呪いとなる」(*SKS* 10, 232 = *SV3* 13, 212)。最近、キェルケゴールには終末論が欠けているという指摘がされている(深井智朗『アポロゲティークと終末論』北樹出版、二〇〇三年、二七—五〇頁）。一八四八年以前の《反復》の神学には終末論が欠けており、以後の終末論的な《同時性》の神学との二重性は解消されていないがゆえに、キェルケゴールの思想が、総括的には終末論的でないと判断するのである。しかし、終末論をどのように定義するかにもよるが、キェルケゴールに『後書』（一八四六年）から『キリスト教講話』（一八四八年）へと一貫するモチーフがあることを確認したとき、再検討が必要ではないかと考える。このような見解が生まれるのも、キェルケゴール研究が従来、仮名著作に主に関心をよせ、実名による宗教的著作をおおむね看過してきたからではないだろうか。

（46）*SKS* 10, 220-221（*SV3* 13, 201）. ここで『恐れとおののき』の題名の典拠と推定される、聖句「だから、わたしの愛する人たち、いつも従順であったように、わたしが共にいるときだけでなく、いない今はなおさら従順でいて、恐れおののきつつ自分の救いを達成するように努めなさい」（フィリピ二・一二）が想起される。

（47）cf. *SKS* 7, 163（*SV3* 9, 147）.

（48）「というのも、不死性と［関わる］ともに、神は主となり統治者となり、そして《単独の者》がこの御方と関係する」とこの事態を表現する。一方、「しかし、不死性が一つの問題となるとき、神は捨て去られ、人類が神となる」（*SKS* 10, 221 = *SV3* 13, 202）ともキェルケゴールは指摘している。

（49）cf. *SV1* XI, 189-194（=*Sygdommen til Døden*）. 本論との関連で、「神の前に（For Gud）あること意識しなければ、みずからの尺度が神である人間的自己（Selv）とならなければ、自己にどれほど無限にリアリティ（Realitet）があろうか！」（*SV1* XI, 191）という記述がより意義深く理解される。

Kierkegaard on the Immortality of the Soul: About the Horizon of his Subjective Thought

TAKAHIRO HIRABAYASHI

Summary

In this essay I explored the discussion upon the immortality of the soul and Kierkegaard's reception of it. Hegelian philosophers were split by the disagreement about legitimacy of the immortality in the Hegelian system. This discussion got a Danish reception, such as P. M. Møller. Kierkegaard stated in his *Concluding Unscientific Postscript* that the issue of immortality is "the subjective individual's most passionate interest". In the *Christian Discourses* he claimed thereby the point at the issue not to be the demonstration of the immortality of the soul of ***human beings*** in general, but the "judgment", i.e. " the eternal separation between the righteous and the unrighteous" pertained to ***me*** or ***you***. His reception illuminates in this way the very ***subject***ive character of his Christian thought.

Keywords : Kierkegaard, the immortality of the soul, Hegelian system, the subjective way of thinking

デンマークの武装中立と国際商業

井上光子

はじめに

キェルケゴールの遺稿『武装せる中立』は一八四九年の作品とされる。この年デンマークは、唯一国境を接するドイツ連邦との間に領土を巡っての戦闘を交え、その後の外交政策にずっと影を落とすことになるドイツの脅威を体験した。前年に絶対王政を脱し、立憲君主国へと移行したばかりのデンマークは、その法制度的な転換が伴った多大な困難を国境問題における外交衝突に顕在化させていた(1)。ドイツ連邦を率いるプロイセン・オーストリアとの戦争は、まさしくデンマークが当事者となる戦争であって、もはや「武装中立」は論外である。しかし、一八一四年にナポレオン戦争で敗北するまでのデンマークにとって、「武装中立」は外交上の重要な戦略であり経済政策上の要点であった。

デンマークにとって、中立外交および武装中立が国際関係上の懸案となり、とくに重大な意味をもつようになるのは一八世紀中葉以降である。中立の堅守は、戦争に明け暮れた一七世紀とは対照的に、一八世紀に約八〇年間の平和な時代をもたらし、社会的な発展に大きく寄与した。特に、首都コペンハーゲンの経済的発展に着目するとき、この都市が北欧における主要な商業拠点としての地位を確立するに至った経緯において、中立政策の継続は不可欠であったといえる。デンマーク史において一八世紀後期は特に「商業的繁栄の時代」[2]と称されるのであるが、一八〇七年のナポレオン戦争参戦まで続く繁栄期こそは、デンマークが武装中立を主張した時代なのである。

本稿では、武装中立が形成された時代のデンマークがどのような国際的関係にあり、武装中立がいかに追求されたのかを、おもに商業的発展の観点から考察してみたい。

一　重商主義時代のデンマーク

一八世紀のデンマークを考察するうえで、看過してはならない第一の点はデンマーク王国のもとに治められていた領域である。デンマークはノルウェーを同君連合下に治め、北ドイツにつながるスレースヴィ（シュレスヴィヒ）・ホルシュタイン両公爵領、さらには北大西洋上のアイスランドやフェロー諸島およびグリーンランド（一七二〇年以降）、そして大変小規模ではあるが西インド諸島とアフリカおよびインドに獲得した植民地や居留地を支配していた。それほど多様な領域を、首都コペンハーゲンを中心に結びつけ、デンマーク王国の一部として機能させていたのである。さらに、近世の国際商業を培ったバルト海の玄関口に位置し、世界貿易への扉となる大西洋を直接臨めるという地理的条件は、デンマークに多様な商業的可能性をもたらし得た。

表1　デンマークで設立された特権貿易会社（出典：註3参照）

①アジア	東インド会社 東インド会社 暫定アジア会社 アジア会社	1616〜1650年 1670〜1729年 1729〜1732年 1732〜1843年
②ギニア湾・西インド	アフリカ会社（グリュックスタット） 西インド・ギニア会社 ギニア会社 バルト海・ギニア貿易協会	1656〜1672年 1671〜1754年 1765〜1778年 1781〜1786年
③北大西洋	アイスランド会社 ベルゲン・フィンマルク会社 グリーンランド会社 アイスランド会社 アイスランド会社	1619〜1662年 1702〜1715年 1721〜1726年 1733〜1742年 1743〜1758年
④その他	総合貿易会社 アフリカ会社 西インド貿易協会 貿易・運河会社	1747〜1774年 1755〜1768年 1778〜1816年 1782〜1788年

そのような可能性をデンマークがいかに追求したかは、一八世紀中に国王の特許状をもって設立された貿易会社の多さや多様な交易圏をみても明らかである。表1は、特許状などから設立が確認される特権貿易会社を、主な交易圏ごとに分類したものである(3)。有名なイギリス、オランダの東インド会社に続いて、早くも一六一六年に東インド会社を設立したデンマークは、様々な特権会社をもとに一八世紀中は王国をあげて国際商業に挑んだ感さえある。特に一七三二年設立のアジア会社がそれまでにない成功を収めて以降、デンマークはいわゆる重商主義政策をより積極的に推進していくのである。

絶対王政時代の特徴としてヨーロッパ史で一般に理解されるように、重商主義政策が一八世紀までのデンマークでもつねに模索されていた。デンマークの絶対王政は一六六一年に始まったが、一八世紀を迎える頃には行政体制も整った結果、一七三〇年代からは積極的な経済政策が進められ、経済的な保護主義体制が本格的に実施された。一七二〇年に終結する大北方戦争（デンマークらバルト海周辺諸国とスウェーデンとの対戦であり、一七〇〇年に始まり最終的には一七二一年に終結）の後、一七三〇年代は深刻な農業危機の最中にあり、唯一の輸出産業である穀物生産の保護が最優先課題であった。そのため一七三五年以降、原則的に穀物の輸入が禁止され、それをはじめとして次々と輸入制限や輸入品への関税引き上げが行われた。さらに、デンマークの支配下にあるノルウェーは輸入穀物に依存してきたが、それを外国ではなくデンマークが独占的に供給するようになったことに象徴されるように、国内産業の保護政策は徹底されていった(4)。

一七三五年に経済政策全般を統括すべく商務省が新たに設置され、一七三六年にはデンマーク初の発券銀行も設立されて産業への投資も促進された。そして、農業分野を中心にしつつも、さらに商工業分野でより積極的な産業活性化に向けての政策が試みられ、とくに貿易や海運業は国家事業として推進された。国王の特許を得て設立された特権会社も、ほとんどが国家事業として企画や運営が行われ、重商主義政策を体現するものとなっていった。特権貿易会社は株式会社のかたちで運営されたが、国王はその最大の株主でもあった。貿易や海運業の発展のためにも国が中立を保ち、しかも中立の立場での商業活動が外交や軍事力でもって保護されることが重要となるのは当然であった。

デンマークの典型的な重商主義政策は、やがて一七八〇年代以降は経済の自由主義化にともなって転換期を迎えた。貿易を独占する貿易会社の形態はすでに時代に見合わなくなっており、典型的な独占貿易圏であったアジア方面でも、一七七二年以降は中国との取引以外はすべて私的な商人にも解放されていった。関税政策においても規制緩和は進み、一七八八年にノルウェーへの穀物輸出の独占が解かれ、一七九七年の関税法では輸入規制の縮小や関税の引き下げが図られた(5)。

二　中立と海上貿易

ヨーロッパの中立制度は、国際戦争が頻発した一七世紀から一八世紀にかけて、様々な同盟や条約を通じて、実質的な骨格が形成されたと考えられる(6)。その内容は、主に中立の立場における商業の自由にかかわるものであり、戦時禁制品の扱いや取引地域の制限などが中心となっている。しかし、国際法による明確な規定が存在しないなか、中立は諸国間の条約や同盟を通じて把握されるのみであり、中立による商業の自由は実に不確定であった。それゆえ、中立を宣言しつつも、商業上の自由を主張するために海軍でもって商船を保護する武装中立が時として必要になる。一七八〇年に成立するロシア主導の武装中立同盟は国際的にも知られているが、遡って一六九一年にもデンマークはスウェーデンと武装中立同盟を結んでいる。その際の武装中立は、イギリス・オランダによるフランスの商業的封鎖に抗議したもので、軍事力の顕示によって中立国側の主張が通された例である(7)。

一八世紀に入ってバルト海商業圏を支配してきたオランダの後退が進むなか、大北方戦争後のデンマークが中立政策を維持し得たことは、結果としてデンマークの商業的成長に大きく寄与した。しかし、そうした成長を未だ経験していない一七三〇年代においてすでに、中立を保てば自国の商業がいかに利潤を上げうるかということは、明確に認識されていた。そのことは、当時を代表する名門官僚であったオットー・トットの書として有名な『商業の現状と成長についての控えめなる考察』においても記されている。彼はそれまでの歴史的経験から、「我らが平時にあって、他国とくにオランダが参戦すれば、我らの船舶は大変有利になる……」と明言する(8)。新しい商務省の長官ともなったトットは、原料を生産する農業と製品を生産する手工業を国の経済発展を牽引する両輪であるとし、その両者がそろってはじめて商業活動がうまくいくと考えていた。彼はまさしく、当時の重商主義政策を主導する経済理論を提唱していたことで知られている。そのような理論家のあからさまな言葉からもわかるように、戦時における中立の立場での国際商業はこの上なく望ましいものであったといえる。

デンマークの中立と商業上の自由は、一七世紀中葉以来頻繁に取り交わされた諸大国との条約や同盟協定において、徐々に保証されていった。一六六三年のフランスとの条約や一六七〇年のイギリスとの条約は、禁制品の規定や通商の自由についての取り決めが含まれ(9)、それによって交戦国ともある程度自由な商業活動が可能となった。また、バルト海商業の覇権を握るオランダとも通商協定をめぐって様々なやりとりがあり、一七〇一年の新たな通商条約でも禁制品などの規定がなされた。そのような規定内容の積み重ねによって、例えば禁制品は武器や船舶資材などに限定されるようになったりと、中立商業の自由は保証枠が拡大していく。デンマークは一七四二年にフランスと通商条約を結び、フランスの植民地物産の輸送をさらに増長させていくが、その条約においても禁制品は軍事用の武器類と船舶資材に限られていた(10)。

その一方で、デンマークのような中立国が強く求めるような「自由船自由貨」の原則は、その時々の交渉に委ねられており、戦時中は中立商船やその積載品が捕獲の対象となる危険性が高かった。そのため一七五六年から始まる七年戦争に際しては、デンマークはスウェーデンとの協定により、海軍による商船の武装護衛の方針を明確にした。しかし、中立自体が破られることはなかったにせよ、この戦争の間に拿捕されたデンマーク船はイギリスによるものが一三七隻、フランスによるものが四三隻を数えた(11)。

戦時における商船輸送の安全を確保し、中立の立場による通商と航海の自由を求めるためには、軍事力の行使は不可欠となっていた。よって、アメリカ独立戦争が国際戦争としてヨーロッパ全体を巻き込んだ時、一七八〇年から八三年にかけてロシアを中心に多くの中立国が武装中立同盟に参加した。一七七三年の同盟条約締結以来、デンマーク外交はロシアとの友好関係を最重視しており(12)、この時の武装中立同盟にデンマークはいち早く参加した。中立国側の求める自由な通商に批判的なイギリスは、この時期は国際情勢で不利な立場にあり、武装中立を尊重せざるを得なかった。

一七八〇年の武装中立は中立国側の主張が通り、その成果は一九世紀の国際法上の中立規定に大きな影響を与えることになった。しかし、ナポレオンの台頭で国際情勢が悪化した一八〇〇年に再び試みられた武装中立同盟は完全に否定され、イギリスの支配力が優勢になってしまった。一八〇〇年には商船護衛中のデンマーク艦船がイギリス海軍に拿捕される事件（フライア号事件）が起き、それを契機に武装中立同盟がロシアとの間で締結されたが、イギリスは軍事力を行使してそれを解消させた。すなわち、一八〇一年にコペンハーゲン港沖でデンマーク艦隊はイギリスによって一方的に撃破され、武装中立を放棄せざるを得なかったのである。その後、デンマークの海運業は大きく制限されることになるが、一八〇七年にナポレオン戦争に参戦するまでは中立国の立場は商業活動に有利にはたらいた。

三　商業的繁栄の終焉

先にも触れたように、デンマークの重商主義政策は深刻な農業危機の時期に本格化し、保護主義体制の経済政策は一八世紀末にはかなりの修正を加えられたが、海上貿易を中心とした商業活動の伸展状況は一八〇七年の参戦まで続いていった。特に、アメリカ独立戦争最中の一七八〇年代初頭は、様々な商業圏において急激な貿易量の増加がみられ、さらに一七九〇年代初頭の革命戦争期にも顕著な伸展が見られた。おもに海上貿易がもたらしたその繁栄期の内容を概観してみると、以下のようになる。

一七世紀にインド東南岸に商業拠点を築き、一七三〇年からは中国の広州との貿易も開始して以降、アジア貿易は東洋物産の定期的な輸入に成功していった(13)。そのアジア貿易についてはインド貿易だけをみても、デンマークに輸入された商品の取引総額は、一七七二年までの四〇年間で約四、一〇〇リースダラー(当時のデンマークの貨幣単位)であったものが、一七八〇年だけをみても二、〇〇〇リースダラーを超え、最高となる八四年には約六、〇〇〇リースダラーに達した(14)。その後は戦争終結により急速に減退するが、一八〇六年までのほとんどの年で一、〇〇〇リースダラーを超え、フランス革命後の戦時には三、〇〇〇リースダラーを優に超えた。

また、西インドやアフリカ方面との貿易では、カリブ海に浮かぶ三つの小島を領有し、アフリカ・ギニア湾にも要塞を築いて、植民地物産と黒人奴隷を扱ういわゆる三角貿易を行っていた。この方面の貿易の取引総額は判然としないのであるが、本国から当地へ出航する商船に発給された航行許可証(15)の部数からも、貿易の急成長は明らかである。一七七八年までは年間発給数が五〇部を超えることはなかったが、アメリカ独立戦争期や革命戦争期には一〇〇部を超え、最高の八二年には二〇〇部を超えたのである(16)。

東西両インドとの貿易の継続は、デンマークの首都コペンハーゲンを植民地物産の中継貿易拠点として大きく発展させた。砂糖やコーヒーに代表される植民地物産は、フランスからの供給も増大したことも相まって、一八世紀中葉以降バルト海方面への流通量は急増していた。バルト海と西欧圏を結ぶ貿易の最も重要な統計史料として知られる『エーアソン(ズンド)海峡通行税台帳』(17)のデータからは、バルト海に向けて輸送される植民地物産がいかに増大したかが明らかになっている。例えば、一七五〇年代の総輸送量は年平均一、三〇〇万ポンド(重量ポンド)であったものが、七〇年代には三、二〇〇万ポンド、八三年の最高時には四、三〇〇万ポンドとなっている。そのうちデンマーク船による輸送の割合は、普段は五%に満たないが、七年戦争時に一三%、一七八二年には一時的に二六%を占めるに至った。デンマーク王国下には本国の他にノルウェーや公爵領も含まれるため、それらの輸送量も含めると最高三五%に達していた。デンマークは、それら大量の植民地物産を国内向けではなく再輸出することで利益を上げていたのである。

以上のような繁栄状況は、一八世紀を通じてデンマークが築き上げてきた国際商業ネットワークをもとにして実現し得た成果であった。商業大国をモデルにしたデンマークの貿易や海運業は、商業大国の活動を補完するするかたちで、戦時における国際商業に躍進の機会を見いだし得たといえる。それゆえに、中立による商業的自由を確保することが肝要であり、一八〇七年の参戦は繁栄の終焉を意味した。この年にコペンハーゲンは砲撃を受け、艦船から商船まで首都のあらゆる船舶がイギリスに奪取された。その結果としてデンマークはナポレオン側について参戦したのであるが、一八一四年の敗戦によってノルウェーの支配権を失い、戦争による混乱で経済危機は極度に達したのであった。

おわりに

キェルケゴールが生まれた一八一三年は、ナポレオン戦争終結を間近にしてデンマークが国家的破産状態に陥った年であった。この年の通貨改革によって、それまでに発行されていた銀行券や国債が大幅に切り下げられたためであるが、それ以降長らく首都の金融業は低迷を続けた。毛織物卸売り業で財を成したキェルケゴールの父ミカエルは、辛うじてその難を逃れたとされるが(18)、多くの商会や事業主が破綻し、貿易や海運業は戦争前の活況を完全に失った。戦後に再起を果たしていく商会などは、経済状況の変化に見合った事業内容へと転換することを余儀なくされた(19)。

繁栄期をつくり上げてきたコペンハーゲン商船の全体的規模を見てみると、終戦直後に戦前の半分程度までに落ち込んだが、その二年後に戦前の七、八割に回復していた。しかし、戦後の好景気を享受するには戦争から解放された競争相手が多すぎるうえ、いまやアメリカ合衆国がヨーロッパ商業に参入し、イギリスの産業革命によってヨーロッパ経済が新たな段階へ進んだことなど、デンマークの商業活動には不利な条件がたたみかけていった。その結果、一八二〇年代半ばにはコペンハーゲン商船は終戦直後の規模にまで再び縮小してしまった(20)。ちなみに、一八二〇年代は一七三〇年代以来の深刻な不況がデンマーク経済全般に及んだ時代であった。

中立による自由な商業活動とそれを支えるべき武装中立が重要であった時代は去り、中立制度自体も一九世紀中葉に入ると国際法のなかで規定されていくようになる。重商主義時代の商業的繁栄はノルウェー支配とともに過去のものとなり、そうした喪失感の中から新たな時代を見いだしていく商都コペンハーゲンにおいて、キェルケゴールは青年期を迎えたのであった。

【註】

（1）統一を目指すドイツ連邦との領土問題を、体制転換の際にみられた法的伝統と国民主権とのひずみとして捉えることができる。Bregnsbo, M. og K.V. Jensen, *Det danske imperium - storhed og fald*, Viborg, 2004, ss. 187-190. なお、ドイツ連邦を率いるプロイセン・オーストリア軍との戦争は、一八四八年からの三年間に次いで一八六四年の二回に及び、六四年に敗北を喫したデンマークはスレースヴィ（シュレスヴィヒ）・ホルシュタイン公爵領を失った。

（2）「繁栄期」のとらえ方については拙稿「一八世紀デンマーク商業史における『繁栄期』について」『人文論究』第四八巻第一号、一九九八年を参照。

（3）表1はO. Feldbæk, *Danske Handelskompagnier 1616-1843*, Kbh., 1986より作成した。会社設立の際の特許状や定款が確認できる会社のみを扱っている。交易圏の分類の中で「④その他」にあるもののうち、総合貿易会社は地中海貿易に臨むため、アフリカ会社も②のそれとは違ってモロッコなどの北アフリカ沿岸部との交易のために、貿易・運河会社はバルト海の東西貿易のために設立された。また、西インド貿易協会は西インドとの交易に限らず、ヨーロッパで需要が高まったコーヒーの取引という特定の目的をもって設立された。

（4）H. Becker-Christensen, *Dansk Toldhistorie* Bd.2, Kbh., 1988, ss. 342-348.

（5）H. C. Johansen, *Dansk økonomisk politik i årene efter 1784* Bd. 1, Aarhus, 1968, s. 327.

（6）石本泰雄『中立制度の史的研究』有斐閣、一九五八年、八七頁。

（7）石本泰雄、前掲書、八四頁。および O. Feldbæk, “Eighteenth-Century Danish Neutrality: Its Diplomacy, Economics and Law”, *Scandinavian Journal of History*, vol.8, 1983, s.12.

（8）トット（Otto Thott）の書である“Allerunderdanigste uforgribelige Tanker om Commerciens Telstand og Opkomst”は一七三五年に出された。ここでは次の文献に所収されたテキストから引用。K. Glamann og E. Oxenboll, *Studier i dansk merkantilisme*, Kbh., 1983, s. 203.

（9）J. H. Schou, *Chronologisk Register over de Kongelige Forordninger og Aabne Breve*, 1 D, Kbh., 1795, s. 311.

（10）H. Schou, *op. cit.*, 3 D, Kbh., 1795, s.514.

（11）O. Tuxen, “Principles and Priorities. The Danish View of Neutrality during the Colonial War of 1755-63”, *Scandinavian Journal of History*, vol.13, 1988, p.216.

（12）O. Feldbæk, “Denmark in the Napoleonic Wars”, *Scandinavian Journal of History*, vol.26, 2001, p.90.

（13）一六二〇年にインドのコロマンデル海岸にトランクェバルという良港を獲得し、以後インド貿易の拠点とする。一八世紀にはガンジス川河口域にも拠点を築いた。

（14）取引総額の数値については、O. Feldbæk, *Dansk søfarts historie* 3, Kbh.,1997, s.107-109.

（15）西インドやアフリカ方面、さらには地中海方面に向かう船舶をアルジェの私掠行為から保護する目的で発行された「アルジェ航行許可証」。一七四六年にアルジェとの条約が成立したことをきっかけに、翌年から発行された。

（16）O. Feldbæk, *op. cit.* (1997), s.96.

（17）N. E. Bang og K. Korst, *Tabeller over Skibsfart og Varetransport gennem Øresund 1661-1783 og gennem Storebælt 1701-48*, Kbh. og Leipzig, 1930-53. 本文中の統計数値はこの史料からの分析結果。現デンマーク・スウェーデン間にある海峡で徴収されたエーアソン海峡通行税については、拙稿「近世デンマーク史と『ズンド海峡通行税』」『関学西洋史論集』第二三号、二〇〇〇年。

（18）橋本淳『逍遙する哲学者』新教出版社、一九七九年、二一、二二頁。

（19）C. Bjørn, *Gyldendal og Politikens Danmarkshistorie* Bd.10, Kbh., 1990, s.146.

（20）A. M. Møller, *Dansk søfarts historie* 4: 1814-1870, Kbh., 1998, ss. 12-14.

"Armed Neutrality" in the Perspective of Danish Commercial History

MITSUKO INOUE

Summary

S. Kierkegaard used the word "Armed Neutrality" as the title of one of his unpublished papers from 1849, suggesting his own position as a philosopher. On the other hand 'armed neutrality' is a quite important term in the historical point of view, especially for the Danish state from the middel of the eighteenth century until her participation in the Napoleonic wars. This article is so putting forcus on just that period, when Denmark experienced a commercial prosperity, to present how essential Danish neutrality policy was for her econimic activities promting the international shipping and trade.

Key word : Armed Neutrality, Danish mercantile period, Danish international shipping and trade

キリスト教思想の構造のモデルとしての《中心と円》

――ルター『ガラテヤ書講義』の一テクストについての覚え書

水垣　渉

ルターの一五三一年の『ガラテヤ書講義』(筆記本(Hs)と一五三五年の刊本『パウロのガラテヤ人への手紙注解』(Dr)とは、ともにWA40,1.2に所収。以下WAを省く)が、福音と律法、神の義、理性と信仰との関係といった神学的認識の根本とその方法に関わる基本的テクストを多く含む点で、ルターの神学思想の解明にとって重要な著作であることは、よく知られている(1)。そこでのルターの洞察は、キリスト教思想の構造を究明しようとするわれわれにとっても、本質的意義を有していると思われる。ルター研究を専門としないわたしが同書の一つのテクストをとりあげようとするのも、もっぱらこの関心に基づく。また、橋本淳教授が長年研究して大きな業績をあげてこられたキェルケゴールのキリスト教思想の深くしかも簡潔な把握――たとえば『死にいたる病』における関係としての自己の規定――に比肩しうるようなものを、わたしの狭い知識の範囲では、他にはあまり承知していないからでもある。学問的にははなはだ不十分なものであることを懼れつつも、橋本教授への感謝の印として小論を、いなむしろルターのテクストを捧げたい。

ルターはガラテヤ書四・七の「したがってもはや奴隷ではなく、子である」について、次のように述べている。

Quanta autem magnitudo et gloria huius doni sit, humana mens ne quidem concipere potest in hac vita, multo minus eloqui. Interim in aenigmate cernimus hoc, Habemus istum gemitulum et exiguam fidem, quae solo auditu et sono vocis promittentis Christi nititur. Ideo quoad sensum nostrum res ista centrum, in se autem maxima et infinita sphera est. Sic Christianus habet rem in se maximam et infinitam, in suo autem conspectu et sensu minimam et finitissimam. Ideo istam rem metiri debemus non humana ratione et sensu, sed alio circulo, scilicet promissione dei, Qui ut infinitus est, ita et promissio ipsius infinita est, utcunque interim in has angustias, et, ut ita dicam, in verbum centrale inclusa sit. Videmus igitur iam centrum, olim videbimus etiam circumferentiam.（40,1,596,16~27Dr）

この賜物の大きさと栄光とがどれほど大いなるものであるか、人間の精神はこの生においては決して把握することはできないし、まして語りつくすことはできない。われわれは今さしあたりは、この賜物を謎において見ている。つまりわれわれがもっているのは、あの弱いうめきと小さな信仰であり、この信仰は約束したもうキリストの声を聞くこととその響きとにのみ基づいている。それゆえ、われわれの感覚に関する限り、そのような事柄は中心であるが、それ自体においては最大で無限の球である。かくしてキリスト者はそれ自体においては最大で無限な事柄をもっているが、かれの視野と感覚においては、最小でごく有限な事柄をもっているのである。それゆえわれわれは、そのような事柄を人間の理性や感覚をもって測ってはならず、かえってもう一つの別の円、すなわち神の約束によって測らねばならない。神が無限であるように、神の約束も、たとい今さしあたりはこれらの狭さの中へ、つまりいうなれば中心の言葉の中へ封入されているとしても、無限である。それだからわれわれは今円の中心を見ているが、いつか円周そのものをも見るであろう。

子とされることの賜物（huius, sc.filiationis donum）についての刊本におけるこの説明は、筆記本（相当部分は40,1,596,5～11）と趣旨において変わらないが、より詳しくかつ整理された形で展開されている。ここには三対の構造的対比が認められる。

Ⅰ　a　この賜物の大きさと栄光、無限な事柄
　　b　人間（キリスト者）の精神（理性、感覚、視野）
Ⅱ　a　球、円周
　　b　円の中心、中心の言葉
Ⅲ　a　いつか
　　b　この生、今、今さしあたり

これらは、子とされることの賜物という「事柄」（res）における神と人間（キリスト者）との関係を、それぞれ神における、つまり「それ自体における」（res ipsa; res in se）あり方（a）と、「人間に関わる」、すなわち人間の視

野と感覚という制約における（quoad nos）そのありかた（b）との二つの項からなる三つの相によって説明している。Ⅰの相は、神におけるその事柄自体は無限であるが、人間にとってはそれが有限な事柄として把握されること、Ⅱは、その関係が無限の球あるいは円と有限である中心との関係という空間的表象で表明されること、Ⅲは、それが将来と現在という時間的表象で表明されること、を示している。

以下注目すべき点をあげる。

（1）神と人間（キリスト者）との二項関係を基本としてキリスト教思想を説明することは、古代以来普通であり、ルターもそれを「神と人間との認識」（cognitio dei et hominis）の形で表明している(2)。われわれのテクストもこれと同じく、キリスト教思想の巨視的な把握の諸方式との関連で理解されるべきである。ルターが本書で「ものの見方・視点・視野」をあらわす方法論的概念としてしばしば用いている conspectus の語は、このテクストのそのような性格を規定している。

（2）古代以来の諸例と比較して、ルターの特徴は、この二項関係を事柄の本質的関係、空間的関係および時間的関係という三つの相において展開して記述しているところにある。これら三つの相はいずれが欠けても、キリスト教思想の十全な説明とはなりえない。このことは、一般にキリスト教思想の解釈と説明には単相的あるいは複相的視点では不十分であり、少なくとも三相からの記述が必要とされることを示している。このような記述方式がさまざまな連関であらわれていることが、ルターの思想の全体的な「同一構造性」（Strukturgleichheit. エーベリング）(3)を示しているといえよう。しかしこのことは、三相相互の関係はいかなるものであるか、その関係はいかにして基礎づけられるか、の問いを不可避にする。

（3）二項関係は、「無限—有限」（infinitus-finitus, finitissimus）、「最大—最小」（maximus-minimus）といった最上級の形容詞による二つの極で表現されている。これに対応して、空間的には「球、円、円周—中心」（sphera（＝

sphaera), circulus, circumferentia-centrum)、時間的には「将来《いつか》—現在」(olim-iam, interim) ともいわれる。いずれも相関的な概念である。

（4）ここには、bのaに対する関係における「否定と肯定」の対比も認められる。現在の生における人間精神は、無限なるものを把握することも語りつくすこともできない (ne quidem potest)。不可能であるのみならず、禁止されている (debemus non...)。事柄の真の認識は、「見るであろう」(videbimus) という将来に留保されている。これは、信仰の主体にとって神の事柄が否定から肯定への転換という運動において認識されることを意味している。

（5）以上の諸点は、aとbとの形式面における相容れがたい対立と差異、すなわち対極性を示しているが、ルターの思想的特徴はむしろ、両者を関係づける内容的な面によりよくあらわれている。これはⅡとⅢにおいてことに明らかである。

（6）重要なのは、中心のとらえ方である。中心は、人間精神が把握するものとしては最小で最も有限な一点に過ぎないが、それ自体としては、無限の神の無限の約束が封じ入れられているところである。「封入されている」(inclusa est) における includere は、"To insert or place in a sealed receptacle, case, etc., enclose" (Oxford Latin Dictionary, ed. by P.G.W.Glare, s.v.) という includere の 基本的意味でいわれている。つまりここでは「包み込む」「封入する」の意味であって、閉鎖・監禁というニュアンスが前面に出ているのではない[4]。円、円周あるいは球ということからいえば、それらが集約され限定されている中心点ということである[5]。したがって、キリスト者は認識においては最小の点を見ているに過ぎないが、事実においてはこの有限において無限をもっている。このような有限からのみ無限の神、あるいは神の約束としての「もう一つの別の円」(alius circulus) への視野が開かれる。

このことをキリスト論的により積極的にいえば、無限が自らを有限へと封じ入れること、つまり集約限定することとしてのキリストの受肉において神が認識される、ということである。真のキリスト教的神学は無限そのものとしての尊厳における神からでなく、無限が集約した中心点としての受肉したキリストから始まる（40,1,77,11～13Dr参照）。「有限は無限を容れる」（finitum capax infiniti）の成立根拠は、無限の有限への集約的自己限定にある。

（7）無限から有限への運動によって、有限から無限への転換的運動が可能にされる。その転換をルターは、ガラテヤ書四・七後半の「子であるならば、キリストによって神の相続人である」の注解で展開している。「かくしてわれわれがあの永遠的な善、すなわち罪の赦し、義、復活の栄光と永遠の命に到るのは、受動的にであって、能動的にではない（passive, non active）」（40,1,597,20f.Dr）。その転換は「純粋に受動的にのみ」（mere passive. 40,1,597,28Dr）なされる。このことは、中心と円の関係の図式が、ルターの中心思想である信仰義認論を包括する文脈に連なっていることを示している。

（8）aとbとの関係は、「約束」（promissio）、すなわち神の言葉のaからbへの集約的到来という形でつけられている。したがって中心は、「中心の言葉」（verbum centrale）といわれる(6)。これが神の約束を実現へともたらす「約束するキリスト」（promitens Christus. 40,1,596,20Dr）にほかならず、その声が信仰を基礎づけ、信仰のみがこの約束を把握する（40,1,597,5Hs: 597,22Dr）。したがって、約束の概念は決定的に重要である。それは絶えず実現しつつある神の言葉の現実と動態を表現するものであって、たとえば旧約の預言に限定されるものではない。

約束のこの性格は、Ⅲの時の相でいえば、将来が現在へと到来することとして表明される。これは過去、現在、未来という水平的な時間軸上の出来事にとどまらず、「天への道は不可分的点の、すなわち良心の線である」

(40,1,21,12) といわれる場合のような「天への道」で生起する垂直的な出来事でもある(7)。約束はキリストにおいて実現して完結終止したのでなく、キリストは常に「もう一つの別の円」の到来と開け、すなわち「われわれはいつか円周そのものをも見るであろう」ことを約束しつつある方である。「約束しつつあるキリスト」は、神の言葉であるキリストの本質的性格をいいあらわしている。それゆえここには、いちじるしく終末論的なキリスト論、それゆえまたキリスト論的な終末論が表明されている(8)。

(9) キリストが中心でありつつ、なぜそこからもう一つの円へと進んでいかねばならないかといえば、filiatio はキリストと信仰者との間で完結するものではなく、そこからそれの根拠である御父と御子との間の filiatio の関係にいたるからである。円と中心のイメージは、これらの関係全体を表現するのに適切であるから採用されているのである。

ルターの脳裏に浮かんでいるイメージは、次のようなものであろう。キリストを表わしている円の中心は、キリスト者をそこに集中せしめつつ、絶えず動いて、その都度キリスト者の視野に入ってくる円を次々と超えていく常に新たな「もう一つの円」を指し示す、というイメージである。キリストは不動の固定した中心ではなく、中心でありつつ無限の円へと動いていく。キリスト者もこの円の中心にとどまるがゆえにこそ、動いていく中心とともに無限の円へと動いていく。したがって、キリスト者が認識すべきことは、中心であるキリストが無限の神の集約的自己限定であって、したがってキリストを自らの精神の視野に限定し固定するのでなく、キリストに固着しつつキリストとともに中心から円へ(立体としていえば、球へ。球のイメージは平面的・線的延長における超越ではなく、上下を含む垂直的な次元での超越をあらわす)と開かれていかねばならない、ということである。

ルターはガラテヤ二・一九以下の注解で、キリストと中心において一体になったキリスト者の「わたし」は、もはや実体としての「わたしのペルソナ」ではない（non in persona, substantia mea 40,1,282,3Hs; cf. 282,16Dr）と述べる。「信仰はあなたとキリストからいわば一つのペルソナを作り出す」（fides facit ex te et Christo unam personam. 40,1,285,5;285Hs; cf.285,24f.Dr）のであるから、そこに成立するのは「わたしの生と他の生という二重の生である」（duplex vita est, mea et aliena. 40,1,288,13Dr）。「他の生」は円と中心のイメージにおける「もう一つの別の円」に当たる。したがって、わたしがわたし自身の内で自己超越をおこなうことはありえない(9)。わたしが主語として、その主語の方向へ超越することはできない。「他の」という限り、超越はわたしにとっての「他」の方向へ、すなわち主語でない述語の方向への超越になるであろう。「われわれの神学は確実である。なぜならわれわれをわれわれの外へ移すからである」（Ideo nostra theologia est certa, quia ponit nos extra nos. 40,1,589,8Hs; cf. Ebeling, op.cit. p.197;301）。信仰はこのような超越を可能にする。

ルターは、信仰義認とそれと結びついている「キリストにおけるわたし」、「子とされること」など、ガラテヤ書で展開されてくる諸主題のテクストの解釈を積み重ねることによって、中心と円のイメージに想到したように思われる。たしかにルターは、この図式を聖書とキリスト教思想のすべてに適用して解釈を展開してはいない(10)。かれは図式主義をとらない。しかしルターやキリスト教思想を解明しようとするわれわれにとっては、三相二項的構造をもつ、中心と円のこのイメージないし図式は、《神―キリスト―人間（世界）》の諸関係をその動態において、言い換えれば緊張関係において把握し展開しようとするキリスト教神学や思想において、これまで用いられてきた他の多くの図式――たとえば救済史という比較的単純なそれ――よりも豊かな内容をもつものであると思われる。とくにルターのように、運動の動態をその緊張関係において捉えようとするタイプの思想の理解には適切であろう(11)。そしてこれをキリスト教思想の構造の包括的な意味での《キリスト論的・終末論的な理解》と呼んでもよいであろう。

ルターが中心と円のイメージをかれ以前の思想的伝統から受け継いでいることは疑いないであろうが、三相二項的構造で展開したのはおそらくかれの独創であろう。わたしにはそれを確認する用意はできていないが、ただここで指摘しておきたいのは、それが、あらゆる場所、あらゆる任意の点がいずれも中心でありうるような無限の円ないし球という古代以来しばしば用いられてきた観念と個々の点では共通するところをもちつつ(12)、その観念をキリスト中心性において決定的に否定するものになっている、ということである。キリストは唯一の中心でありつつ、無限の球ないし円のあらゆる点において動いていくがゆえに、あらゆるところで中心である。キリストは無限の円を体現している中心点である。この中心が中心でなくなることはない。われわれは、キリスト教思想の構造を力動的に把握しようとしたルターのこの優れた試みを再認識したい(13)。

【註】

（1）本稿は、京都大学文学部で一九九一年度から一九九三年度にかけておこなった「信仰・言語・思想」と題するキリスト教学「研究」講義における一つの補論を基にしている（一九九三年五月）。なお『ガラテヤ書講義』について最も学ぶところが多かったのは、金子晴勇『ルターの人間学』（創文社　一九七五年）の第二部第五章「『ガラテヤ書講解』における良心と試煉の意義」である。厚く感謝したい。

（2）典型的な箇所としては、一五三二年の詩編五一編の講義における「神学の本来の主題」（Theologiae proprium subiectum）を述べるくだり（40,2,327,11 ~ 328,3Hs; 327,17 ~ 328,35Dr）があげられる。Cf. G.Ebeling, Luther. Einführung in sein Denken, (Tübingen: Mohr 1964^{2}), p.239; B.Lohse, Luthers Theologie in ihrer historischen Entwicklung und in ihrem systematischen Zusammenhang, (Göttingen: Vandenhoeck & Ruprecht 1995), p.52f.

（3）Cf.Ebeling, op.cit. p.162.

（4）ここでの includere と良心の監禁状態を語る場合の concludere との類似と相違は興味深い。ここでの「これらの狭さの中へ封入されている」(in has angustias..inclusa est)」と、「極めて繊細なものである良心は閉じ込められると（concluditur conscientia)、天と地が非常に狭くなる（zu enge wird）ような牢獄（carcer）である」(40,1,521,10f.Hs. 金子、前掲書 p.351n.16 による）といわれる場合とでは、「狭さ」(angustia; enge）の語は共通であるが、意味は異なる。前者では限定集約された場所の意味であるが、後者では「不安」(anxietas. 40,1,521,31Dr. 金子、前掲書三八五頁参照）につながる意味であり、concludere も監禁の意味である。古典では includere も concludere も牢獄で（へ）の監禁（in carcere (carcerem)）に用いられうる（たとえばキケロー。詳しい用例については J.P.Krebs, Antibarbarus der lateinischen Sprache, 1, (Darmstadt: Wissenschaftliche Buchgesellschaft 1984^{9}=1905^{7}), p.318(s.v. concludere), p.712(s.v. includere) 参照）にもかかわらず、ここでルターが concludere でなく includere を用いるのは、神の約束が中心の狭さの中へ封じ入れられていく、外から内への運動を表現したい(《in＋対格》で）からである。ただし、Non credidit se conclusum in gratiam et fidem, sed simpliciter in Legem (40,1,521,25f. Dr) で concludere が用いられているのは、conclusus in Legem（これは「閉じ込められる」の意）に引かれたためであろう。

（5）ここでクザーヌスの punctum-complicatio omnium の考えとの思想史的関連が問題になろう。

（6）刊本には「中心の言葉の中へ」の前に、筆記本にはない「いうなれば」(ut ita dicam) という限定句がついているが、これは「中心の言葉」の語勢を弱めるために導入されたのかもしれない。約束が中心の言葉ということになれば、たとえば預言が中心の言葉だと誤解されかねないからである。それだけに「中心の言葉」は大胆な表現だということになる。このような ut ita dicam が刊本に加えられている似た例は、40,1,360,24Dr の「信仰が神性の創造者」という大胆な句の場合にも見られる（無論これは「[神の] ペルソナにおいてではなく、われわれにおいて」ではあるが）。Cf. P.Althaus, Die Theologie Martin Luthers, (Gütersloh: Gerd Mohn 1963^{2}), p.50 n.11; B.Lohse, op.cit. p.221 n.68.

なお、筆記本で、「キリスト者の事柄はそれ自体においてはそれほど大きくまた無限であるが、[キリスト者の] 視野、感覚においては、最も有限で、そしてほぼ中心のようなものである」(40,1,596,7f.Hs; 刊本にはそのまま対応する文はない）といわれている場合に、「ほぼ中心のようなもの」（quasi centrum）と quasi が付せられているのは、キリスト者の視野の側からの認識に即していわれているからである。事柄それ自体の側からいえば、当然 quasi はつかなくなる。

（7）このテクストについては、金子、前掲書三四六頁に教えられた。

（8）エーベリングはこのテクストについて次のように述べている。「信仰に約束されているものの、神の無限性によって規定されているこの終末論的次元と、中心としての良心をめぐる歴史的作用圏のあの広さとは、相互に連関している」。Ebeling, op. cit. p.199.

（9）金子はキェルケゴールの自己論と比較して次のように指摘している。「ルターの場合にはそれ自身に関係する関係として自己を反省的に捉える見方はない、少なくとも希薄であるといわなければならない。」（前掲書、五三頁）

（10）ルターは、Auslegung des dritten und vierten Kapitels Johannis in Predigten 1538-40 で、キリストは円の中心点であると述べているが、それは聖書のすべての歴史がキリストを目指しているという意味での中心ということにとどまっている（WA 47, 66, 18～24）。

（11）エーベリングは「運動」（Bewegung）の概念がルターの初期から重要であったことを指摘し、そこから信仰と愛との関係などに見られる「根本緊張」（Grundspannung）、「始元緊張」（Urspannung）が発しているという。Ebeling, op.cit. p. 181～186.

（12）一二世紀の偽ヘルメス文書『二四人の哲学者の書』（Liber viginti quattuor philosophorum）には、「神は無限の球であって、その中心はいたるところにあるが、円周はどこにもない」（Deus est sphaera infinita, cuius centrum est ubique, circumferentia (vero) nusquam.）という言葉がある。J. Ritter und K. Gründer (Hg.), Historisches Wörterbuch der Philosophie, (Darmstadt: Wissenschaftliche Buchgesellschaft), Bd.9, col.1378 (s.v. Sphäre); Bd.12, col.1298 (s.v. Zentrum) による。さらに Bd.4, col.1211～1226 (s.v. Kreis und Kugel) 参照。われわれが示したルターの中心と円の像は、一方ではこのような古代以来の汎神論的な説明、他方ではルター前後の自然科学的宇宙像と比較すれば、いっそう意義深いものになろう。

（13）ここで一言しておく必要があるのは、ルターが本書で「教義」（doctrina）の絶対的確実性を「数学的点」（punctum mathematicum）という言い方で表現していることが（金子、前掲書、三四五―三四八頁に詳しい）、中心と円と関係しているかどうかである。ルターが、「教義は円くかつ裂け目のない黄金の円でなければならない」（Doctrina debet esse rotundus et aureus circulus sine rima. 40,2,47,3f.Hs; cf.47,17 ~ 19Dr）とも述べていることからいっても（金子、前掲書、三四七頁）、円も点も教義の確実性を説明するために用いられており、両者の区別はここでは問題になっていない。

《Center and Circle》 as a Model of the Structure of Christian Thought: An Interpretation of a Text in Luther's Lecture on the Galatians(1531)

WATARU MIZUGAKI

Summary

Luther interprets Christians' adoption as children(Gal.4:4~7) with the metaphor of center and circle(or sphere). God as the infinite circle is concentrated into Christ as its center which now for the believer's sight is finite and minimal but in itself is infinite and maximal. So Christians should perceive in Christ the infinite promise of God which will some time lead them to the circle itself. Here Luther develops a new interpretative scheme which consists of three aspectual viewpoints: a qualitative one (infinite-finite), a spatial one (circle-center), and a temporal one (some time-now). This scheme could rightly be called the Christological-eschatological understanding of the structure of Christian thought.

Key word : Luther, center and circle, Christological-eschatological understanding of the structure of Christian thought

モルトマン初期三部作に見る三位一体論の形成

石原　等

はじめに

ユルゲン・モルトマン（Jürgen Moltmann）は、一九八〇年より全六巻からなる『組織神学論叢』（“Beiträge zur systematischen Theologie”）を著した。彼はその第一巻、『三位一体と神の国』（“Trinität und Reich Gottes”, 1980）において、このシリーズが一つのまとまった「神学への体系的論集」（systematische Beiträge zur Theologie）(1)であると言明している。我々はこのシリーズの完成によって、モルトマンの神学が一応の完成を見たと理解して良いであろう。そしてモルトマンは、その『三位一体と神の国』の冒頭で、これまでのヨーロッパのキリスト教の多くが結局のところ唯一神論に過ぎないのに対して、自分は三位一体の神を理解するための通路を開くと語る(2)。つまり、彼の三位一体論は、唯一神論への批判的神観としてモルトマン神学全体を基礎づける役割を担っていると言える。

このようにモルトマンは自らの神学全体を、三位一体論に基礎づけているのであるが、しかし彼は最初から、そのように神学全体の基となる程の三位一体論を構想していたのではない。彼は『三位一体と神の国』の「序言」で語っているように、体系的な神学論叢を著す以前に「その度に、一つの点から、神学全体を新たに理解しよう」[3]として三つの著作、すなわち『希望の神学』("Theologie der Hoffnung", 1964)、『十字架につけられた神』("Der gekreuzigte Gott", 1972)、『聖霊の力における教会』("Kirche in der Kraft des Geistes", 1975)を著した。そしてこれらの神学的作業を中心に、自らの神学を発展的に深化させ、自らの神学全体の基礎となるような三位一体論の構想にたどり着いたのである。我々はモルトマンが自らの体系的神学を著すに至る前に記したこれら三つの著作を、「モルトマンの初期三部作」と呼ぶことにする。

本研究は、モルトマンの初期三部作において、彼が三位一体論を自らの神学の基礎とするに至った経緯をつまびらかにしながら、同時にそこに著された三位一体論の特徴と限界を探ることで、『組織神学論叢』を読み解くための備えをしようとするものである。

一　『希望の神学』——モルトマン神学の出発点

モルトマンの『希望の神学』は、バルトの終末論への批判が重要な足がかりとなっている。

バルトの終末論は、時間にとって全く異質な永遠が時間に突入する〈永遠と時間との「無限の質的差異」〉(『ローマ書』第二版)をその特徴としているが、モルトマンは、そのような終末論は啓示を超越的・非歴史的永遠の現在と理解していると批判する。このような終末論においては超歴史的な永遠が啓示されてしまって、現在以上のものは何も示されず、「未だなお」（noch nicht）[4]という可能性はいささかも残されていないと言う。モルトマンの神学は、歴史を開示する啓示の探求から始まっていると言える。

彼に従えば、バルトの啓示理解の問題点は、バルトの〈神の自己啓示〉にある[5]。そこで言われる神の〈自己〉は他の何ものによっても基礎づけられず、証明できず、従って反復しえないものである。このような〈自己〉は、「もはや世界からの神証明という方法では、神が証明できなくなった後で立ち現れた反省」[6]から生まれた、純粋な永遠というギリシア的な形而上学を前提としており、その〈自己〉の啓示に「未だなお」が残されていないのは当然である。

彼は、啓示とは、むしろ古代イスラエルに神が語った「約束」（Verheissung）であると言う。古代イスラエルはカナンへの入植に際し、宇宙開闢の原出来事を土地や文化を結びつける祭儀を毎年繰り返すことで〈歴史の恐怖〉（エリアーデ）を克服しようとする土着の農耕宗教に逆らって、平地への定住をヤハウェからの父祖達への約束の成就として受け取り、「約束の神」を保った。モルトマンは、聖書の語る啓示とはこのイスラエルに示されたような、未だ実現していない未来（Zukunft）を指し示す約束であると言う。神は、「起こりつつあって開かれたままの、（その未来が）約束に賭けられた歴史のただ中で認識される」[7]のである。

このように彼は啓示を「約束」と捉えることで、啓示に歴史を前方に向かって開く力を持たせようとしたが、「約束」の示す未来が希望につながるとどうして言えるであろうか。未来の未決着性は幻滅可能性を含んだままである[8]。モルトマンはイエス・キリストの復活こそ、その力を最後的に発揮した「約束」として確かな希望を示すと考える。

『希望の神学』において彼は、キリストの十字架は弟子たちにとって、神から遣わされた者が神によって見捨てられるという、「絶対的で、神を閉じ込めるような《虚無》（nihil）」[9]であったと言う。それ故、十字架につけられ死んだキリストが活ける者として彼らの前に現れたという体験は、「あらゆる《虚無》（nihil）を破壊しつくす新しい《全体》（totum）」[10]であった。つまり十字架と復活は、絶対的な否定と、更にそれを否定するという弁証法的な関係にある。

しかも、復活の告知が立っているのは、預言者的・黙示文学的な待望や希望、すなわち未来が問われる終末論的地平である。復活は近代の歴史科学が基礎とした検証可能性、再把握可能性（Wiedererfaßbarkeit）を持たない全く新しい出来事である[11]。むしろ復活の告知においては、開かれているもの、完結しないもの、総じて未来が問われるのであり、そうすることで、復活の告知は、人がそこにおいて生きられるような歴史を創出する。この意味において、モルトマンは復活が「歴史的」（geschichtlich）であると考えている[12]。キリストの復活は絶対的な否定を否定した全く新しい出来事であり、終末論的な力を全ての人に最後的に発揮した真実な約束なのであって、ここに未来が希望につながるという確かさの根拠がある。

しかし、こうした十字架と復活の弁証法的連続性が、歴史形成を可能としていくかは、立ち止まって考えてみる必要があるであろう。モルトマンは、キリストの復活という終末論的告知によって未来を照らし出すと語った後で、教会もまた神の未来を指し示す約束を宣教する共同体と理解し直している。そこで強調されているのは、近代社会が押しつけてきた教会の役割（その主たるものは、近代化された社会から疎外される人間の休息の場となることにある）から脱出する「脱出の共同体」（Exodusgemeinde）[13]である。その教会論は、単に宣教内容である神の未来が未完結であるばかりでなく、教会自らがその内に完結した本質や目的を持っていないとしている点で刺激的である。教会は十字架と復活が弁証法的に一つであったように、その都度、歴史的現実に抗して終末論的未来から自らの存在目的を問わねばならず、歴史的現実である政治を終末論的未来から批判的に照らし出すという役割を担っているのである[14]。

このような教会論は、教会がその都度移り変わっていく歴史的現実の中に埋没してしまうことを許さず、常に一定の預言者的な批判力を持つ政治神学を志さねばならないことを明らかにした点では高く評価できるであろう。が、必ずしも批判力と形成力は相関関係にあるのではない。十字架という言葉で表される今を、復活の告知が照らし出す終末論的未来へ向かわせることがどうやったら可能となるのか。この点が『希望の神学』が残した課題であり、またモルトマンを『十字架につけられた神』の執筆へ向かわせた理由であるとも言える。

二　『十字架につけられた神』――三位一体論的思惟への展開

啓示を「約束」と捉え、その「約束」の示す希望の確かさを復活に基礎づけることで、啓示に歴史を押し開く力を持たせようとしたモルトマンであったが、『希望の神学』が発刊されて間もなく、却って彼の神学が世界の歴史から問われることになった。東欧では「プラハの春」が終わりを告げ、米国ではキング牧師が凶弾に倒れた。またキリスト教界でも、ヴァチカンから始まった改革は停滞した。これら民主的な運動が挫折していく世界的ムードは、現在を終末論的未来によって弁証法的に克服しようとするだけでは歴史は開示されないことをモルトマンに感じさせ、教会に「脱出の共同体」以上の確かな自己同一性が必要であることを悟らせた(15)。

彼は『十字架につけられた神』で、現代社会における教会を、伝統的教義を継承するだけで周辺社会の現実に適合出来なくなっているか、または社会的適合を目指すあまり「キリスト教的であること」とは一体何かが分からなくなっているかのどちらかであるという。今こそキリスト教は、十字架につけらた方にその同一性を見出さねばならない。こうしてモルトマンは、自らの神学の焦点を復活から十字架へと大きくシフトする。

したがってモルトマンの十字架の神学は、十字架の贖罪論的な意味でなく、十字架に顕れた神ご自身を求める。彼はまず、イエス自身にとっての十字架の意味を考察している。彼によれば、歴史的に見て十字架は、イエスにとって彼を涜神者、反乱指導者、神に見捨てられた者とする「訴訟」（Prozess）(16)であった。これに対し復活は、そのような訴訟を否定しイエスをキリストへと資格づける、神による終末論的訴訟であった。苦難と死に与りながら、我々に先立って復活したというキリストの先取り的性格、「予料」（Prolepse）(17)が、今、苦難と死に置かれている者に復活の約束を与える希望となると言うのである。

ここまでは、『希望の神学』に既に表されていた十字架と復活の弁証法的連続性に沿って考えられているが、『十字架につけられた神』では更に一歩進んで、このような十字架と復活の弁証法的連続性は避けがたい神義論的問いに突き当たらざるを得ないとする(18)。すなわち、そもそもキリストを復活させた神は、イエスが十字架につけられたときにいったい何をしていたかという問いである。モルトマンはこのように、十字架を父と子の間の出来事として考察することで、神論を大きく前進させる(19)。

彼はパウロが「神はキリストにおいて（ἐν Χριστῷ）世を和解させ」（Ⅱコリント五・一九）と語っていることに触れ、神は死に行くイエスの内にいましたのであると言う。そしてそのことは論理的帰結として、「神（ご自身）が、イエスにおいて苦難し、神ご自身がイエスにおいて、われわれのために死んだ」ということを含んでいると言う。モルトマンはキリストの十字架に、子を死に引き渡す苦難をあえて引き受ける父なる神を見ている。「子の苦難において、父ご自身が（子を）見捨てる痛みを被った。」(20)父なる神は子の受難に際し、不在であったのでもなければ子を忘れたのでもなかった。子を見捨てるという苦難を引き受け、そうすることで神なき者と神に見捨てられた者との神であり父であろうとされた。

彼はこのように、神義論的問いから十字架に顕れた父と子の関係という三位一体論的解釈へと進んでいくのだが、それによって神観はどのように変化しているのか。

モルトマンによれば、古代から三位一体論は神の内的本質と救済史を区別する中で語られてきたため、まず神の本質の単一性を考え、その後三つのペルソナを考えることになる。その際単一的な神観は、形而上学的神観の影響を脱することはなかった。このために実際にはキリスト教の諸表象は三位一体論的というより唯一神論的となってしまい、中世以降三位一体論は孤立した思弁や単なる教義学の修飾になってしまったのである。モルトマンは、形而上学的神観の影響から抜け出すために、十字架に顕れた三位一体の神を見ようとしている。彼は「子を見捨てる苦難をあえて引き受ける父」に、近年のユダヤ教哲学に沿って、形而上学の無感動な神（θεοϛ́ ἀπαθής）とは無関係の「神のパトス（熱情）」（Pathos Gottes）を見る。

彼によれば、元来旧約の歴史には、民との契約の中で心を開き、民の不従順によって傷つけられ、受苦する神のパトス（熱情）が語られている。「神は自らの民に対する熱情に苦しむ。」[21]ところが初期キリスト教は、旧約に顕れた神のパトスよりも、形而上学的なアパテイア（無感動）の神に影響された。それは完全ではあるが、それ故に怒りや憎しみはもちろんのこと愛や憐憫、あるいは慈悲すらもふさわしくない哲学的な神である[22]。モルトマンはそのような哲学的な影響を受けた神概念が、古代のキリスト教にキリストの受難を理解しにくくしたと考える。すなわち受苦不可能というアパテイアの神概念により、イエスの苦難は神の苦難としてでなく、移ろいやすい人間性の下での苦難であると理解されるようになった。そしてこのアパテイアの神概念こそ、今日キリスト教を危機に陥らせているとモルトマンは考える。

本来、愛はありのままの他者を受け入れるために、積極的に苦難を引き受ける自由を含んでいる。つまりあらゆる点で絶対的に苦難し得ない神は、愛することも出来ないのであり、現代にはびこる無神論は、この、人間が苦悩しているその上で完全性と美しさを保っているようなアパテイアの神を拒否する「反抗的無神論」（Protestatheisumus）

(23)であると、モルトマンは見ている(24)。

以上見てきたように、モルトマンは『十字架につけられた神』において、今日キリスト教が同一性の危機に陥っている原因を、キリスト教の神観がギリシア的形而上学の影響を受けて受苦不能の唯一神に留まっていると判断していると言えよう。彼は十字架を三位一体論的に考察することで、神が本質的に受苦可能であるばかりでなく、世界の歴史の苦難に無関心ではいられないことを示した。しかし、これだけでは十字架につけられた子と、子を見捨てた父の関係しか語られておらず、厳密には三位一体論的とは言い難いであろう。そればかりか、このような苦難を引き受ける神が、『希望の神学』が語っていたように歴史を開示するのはなぜかという問いはなお残されたままである。彼の三位一体論は、『聖霊の力における教会』において明らかとなっていく。

三　『聖霊の力における教会』——初期三部作の到着点と課題

『十字架につけられた神』においてモルトマンは教会の同一性を十字架に顕れた神に求め、十字架の三位一体論的解釈へと進んだ。

『聖霊の力における教会』で彼は、求むべき教会の同一性が三位一体の神にあるなら、単に十字架と復活ではなく、神の歴史全体を視野に入れねばならないと考えている。「自分自身を理解しようとする（教会の）試みは、世界と共にある神の三位一体論的歴史の運動を理解しようとする試みである」(25)。このように、モルトマンは自らの三位一体論を神の歴史全体に基礎づけるが、その際に神の歴史を神の二つの行為に代表させている。すなわち、父による子と霊の「派遣」、そして聖霊による子と父の「栄化」である。

モルトマンによれば、父による子と霊の「派遣」は、三位一体の神が自らを世界に向けて開いていることを示している[26]。「派遣における三位一体は、原始における三位一体を永遠から開かれた三位一体として啓示する。三位一体は自らの派遣のために開かれている。それは、聖霊の来臨において自らを啓示する（offenbaren）ために開かれている（offen）。それは人間のため、全被造物のために開かれている。三位一体内の神の生は、それ自身において閉ざされた円――完全無欠と非社交性の象徴――としては表現され得ない。」[27] このことは、世界と関わる神は、悩み苦しむ被造物に対して不変であると言えないことを意味している。「神は、その愛の熱望にあって、被造物ぬきでは完全であろうとされなかったという意味においては、完全なのではない。」[28]

一方、聖霊による父と子の「栄化」は、被造物の終末論的目標として考えられている[29]。モルトマンによれば、神の栄光はキリストの復活において終末論的未来の先取りとして顕れており、ルカに見られるイエスの誕生に際しての天使の賛美（ルカ二・九）や、山上でのイエスの変貌もまた、そのような終末論的未来の先取りとしての栄光である。そして聖霊によるキリストと人間の交わりも復活のキリストとの交わりである以上、その交わりに加わる者の上に終末論的未来の先取りとして、既に喜びと感謝として始まっている。「栄化における三位一体は、その終末論的目標からすると、人間と全被造物が神と共に、神の中に集まり一致するように、開かれているのである。」[30] そして、世界に関わる三位一体の神の歴史が栄化という終末論的目標に向かっているということは、聖霊において被造物が父と子に合一することに向かっているのと同じであり、それは結局三位一体の神の単一性に対応しているとモルトマンは考える。「三位一体の神の単一性は、人間と被造物にとって、御霊において父と子と共に合一することの目標である。」[31]

このように、モルトマンは、三位一体の神は、父の子と霊の派遣において自らを世界に向かって開示し、世界を経験する神であり、一方霊による子と父の栄化において人間と被造物とをご自分に集め、一致させる神であると言う。

このことは三位一体の神にとって経験は必然的なことであって、哲学的永遠的な神の本性が三位一体の神にとって受け入れられないことを意味している。神は歴史の中で出会い、歴史の外で出会われることはない(32)。歴史を経験し、歴史をご自身に向かわしめる神こそ初期モルトマン神学の三位一体の神の本性である。「神は、歴史に作用するために歴史を経験される。神は、自分自身に集めるために自分自身から出て行かれる。神は、癒し、自由にし、新しい生を与えるために、傷つき、苦しみと死を引き受ける。子の受難と御霊のうめきにおける神の苦難の歴史は、御霊における神の喜びの歴史と終末における神の完全な歓喜に仕えるのである。それが世界における神の苦難の歴史の究極目標である。」(33)

しかしここで我々は、なお立ち止まって彼の三位一体論を、二つの点で批判的に考察しておきたい。

第一に、三位一体の神の単一性を、モルトマンは人間と被造物とが御霊において父と子と合一するという、終末論的目標であると見ていたが、それでは神の単一性そのものが現在においてなお未完成であるという問題が起こらないであろうか。確かにモルトマンは、神自身が世界に向かって開かれていると言い、また歴史を経験すると言うのであり、そのことにおいて神は自己完結しておられない神であると言える。しかし、古代の教会が論争してきた神の単一性は多神論に対抗する単一性であり、またそれは古代イスラエルも同じであろう。三位一体の単一性が被造物との合一という未だなお完成していない終末論的目標に置き換えられれば、もはや三位一体論は三神論に近づいていると言えないであろうか。

モルトマンの三位一体論が三神論に近づいていることは、父、子、霊のペルソナの違いがはっきりしていない点からも指摘できるであろう(34)。モルトマンは神の歴史を語ることで、そこに表れた三位一体の神が分かると考えていた。しかし実際に彼が語ったのは、ペルソナ相互の関係と三位一体の神と世界の関係であり、それぞれのペルソナの世界への関係の違いは十分語り尽くされないままであった(35)。そこまで考察して、初めてそれぞれのペルソナの違いが表れると同時に、三位でありながら一体としての神の世界への関わりという単一性が、それぞれのペルソナの世界への関わりとは別に浮かび上がってくるのではないだろうか。

第二に、そのように父、子、霊のそれぞれの世界への関わりを考えた時、子を世界に派遣する父の苦難、父によって世界に派遣される子の苦難は、既に『十字架につけられた神』において考察されていたわけであるが、世界に派遣される聖霊の苦難は十分考察されていなかったと言える(36)。

このことは、何より教会が世界との関わりにおいて、派遣される苦難を忘れた栄化、悲しみを忘れた感謝や喜びを求めることにならないであろうか。もちろん、モルトマンは、『十字架につけられた神』において、苦難を引き受けようとしないアパテイアの神こそ批判していたのであるが、そこで語られていたような受苦する神に教会が同一性を求めようとするのであれば、聖霊の苦難を語ることは避けて通ることが出来ないはずである。

おわりに

以上、我々はモルトマンの初期三部作を足早に追いかけ、彼が一つ一つの神学的課題を克服していくことで神論を大きく変遷させ、独自の三位一体論に到達した経緯をつまびらかにしてきた。

バルトの終末論では未だなおという希望が残されていないという意識から始まったモルトマンの初期三部作は、啓示を約束と捉え歴史を開示する終末論的希望を見出し、その希望によって歴史の現実に抵抗する課程（Plozess）においては苦難が伴うこと、その苦難を共に担う神は、三位一体の神として歴史を経験し、歴史に作用するという道筋で展開していた。このようにモルトマンの三位一体論は、歴史を前方に向かって押し開く終末論的希望を描こうとしており、未完結性、開放性を特徴としながら、同時に歴史的今と終末論的未来の弁証法的衝突からくる苦難を引き受ける神を論じていた。初期三部作が述べる三位一体の神は、歴史の苦難を経験し、歴史を終末論的目標に導く方であることが明らかになった。このことは彼の三位一体論が、内在的三位一体論・経綸的三位一体論の区別を越えて、神の歴史と神の本質が同一であることを示すものである。

しかし我々は同時に、彼の三位一体論が三神論に近づきすぎていないかという懸念を持ち、その原因が個々のペルソナの世界への関係が十分語られていなかったことにあると結論づけた。そしてとりわけ、世界に関わる聖霊の苦難と痛みが十分語られていなかったことを指摘した。

この二つの課題を、我々は初期三部作に続いて著された『組織神学叢書』("Beiträge zur systematischen Theologie")を読み解く鍵として考えて良いのではないか。すなわち『組織神学叢書』において、モルトマンは単に三位一体の神を主題とせずその神と世界の関わりを論じようとしているということを予測しながら、しかし個々のペルソナと世界の関わりの差異は鮮明であるのか、またそこで言われる神の一体性とは何であるか、とりわけ希望が世界において顕れるときに生じる痛みと喜びの関係はどうなっているかという視点である。しかし、その作業は本研究の目指す所ではないので、次の機会の課題として残しておきたい。

【註】

（1）Moltmann Jürgen, *Trinität und Reich Gottes*, Chr.Kaiser, 1980, p.11. 以下 TRG と略記する。

（2）Cf. ibid. p.18.

（3）TRG p.11.

（4）「未だなお」（noch nicht）の存在論は、モルトマンがE・ブロッホより受け継いだものである。この存在論は終末の豊かさを示しながら、ユートピア的将来へ人間を駆り立てるのである（Cf. Davis Joseph R.,*The Groaning of Creation: Jürgen Moltmann's Theology of Suffering Creationism*, Southwestern Baptist Theological Seminary,1996, pp.24-31）。

（5）モルトマンによれば、バルトの〈神の自己啓示〉はもともとヴィルヘルム・ヘルマン（Johann Wilhelm Herrmann, 1846-1922）の〈自己啓示〉に由来している（Cf Moltmann Jürgen, *Theologie der Hoffnung*, 13.Aufl. Kaiser, Gütersloh, 1997, p.44, 以下TdHと略記する）。マーブルクでバルトを教えたヘルマンは、啓示における［自己］の概念を強調した。ヘルマンにとって、〈自己啓示〉は神の啓示に不可欠なものであり、神が我々に働きかけて彼自身を我々に啓示しなければ誰も神認識に至らないとした。（Cf. Conyers, A.J.; *God, Hope, and History, Jürgen Moltmann and the Christian Concept of history*, Mercer University Press, Georgia, 1988, p.65）。

（6）TdH p.47.

（7）TdH p.106　モルトマンにとって神は「存在」と「未だなお存在しない」という間の弁証法的存在者として考えられているのであるが（Cf.Moltmann,J. :Hope and History, in: *Theology Today*, Vol.25. No.3, 1968, p.376）、とりわけ未だなお存在しない実在としての神の理解が重要視されている（Cf. Moltmann,J., tr.Meeks, M.Douglas: *The Experiment Hope*, Fortress Press, Philadelphia, 1975, p.50）。これは明らかにブロッホの〈未だなお〉の存在論の影響を受けたものである（Cf. Braaten,Carl E.:Toword a Theology of Hope,*Thheology Today*, Vol.24, No.2,1967,p. 213）。

（8）Cf. ibid. p.333. モルトマンは『希望の神学』の付録「《希望の原理》と《希望の神学》」（„Das Prinzip Hoffnung “und die„ Theologie der Hoffnung”）において、自らの希望とブロッホの語る『希望の原理』を比較して、ブロッホの「希望」は未決着性（Noch-Unentschiedenheit）に支えられているのみで幻滅可能（enttäuschbar）であると見ている。

（9）TdH p.180.

（10）ibid.

（11）モルトマン・J著、喜田川信、蓮見和男訳、『神学の展望』、新教出版社、一九七一年、七〇頁 参照。

（12）モルトマンは復活信仰について、死んだイエスが、死へと至るこの世的な生に戻ってきたということを意味するのでは決してないとする。彼によれば、復活の告知は、神の義と神の現在との新しき世の未来が、死のこの歴史のただ中で、キリストという一人の方において始まったことに他ならないのである（Cf. Moltmann, Jürgen, *Der gekreuzigte Gott*, 6.Aufl. Kaiser, Gütersloh, 1993, p.157 以下 DgG と略記する）。

（13）TdH p.280.

（14）千葉は、モルトマンにおいて「教会は、世界のただ中に終末論的未来を想起させるしるしとして建てられた」として、モルトマンが教会を終末論的共同体として歴史との弁証法的緊張関係に置いたことに注目している（千葉真、『現代プロテスタンティズムの政治的思想』新教出版社、一九八八年、二八五頁、参照）。

（15）McDougall は『十字架につけられた神』を表すに至った理由として、『希望の神学』がブロッホに影響されすぎて神の国におけるキリスト教的希望をキリストの救いから切り離してしまう恐れがあるという批判を多数受けたことを指摘している（Cf. McDougall,J.A.,*The Pilgrimage of Love*, UMI, Chicago, 1998, pp.63-64）。

（16）DgG p.107.

（17）DgG p.172 「剰余」とも訳せるこの言葉は、神の約束が既に現れていることを表しながら、同時になお歴史の終わりまで部分的成就に留まることを意味している（千葉、前掲書、三五〇頁参照）。

（18）千葉も、モルトマンの十字架の神学の特徴の一つが、「世界の苦難の歴史における神の義の問題」として取り組もうとしたことにあると指摘している（千葉、前掲書、三五三頁、参照）。

（19）Cf. Bauckham Richard Jürgen Moltmann, *One God in Trinity*, Cornerstone Books, Illinois, 1980, p.117.

（20）DgG p.179.

（21）DgG p.261.

(22) Cf. Bauckham R. ibid. pp.122-123.
(23) DgG p.206.
(24) Otto はこの「反抗的無神論」について、それはマルクス、フォイエルバッハから始まり、現代では神の性質を人間に帰属させるという人間の神格化を肯定し、一部の人間が他者を支配するという陰を落としていると指摘している。（Cf. Otto Randall E., *The God of Hope*, University Press pf America, Lanham,1991, p.176）
(25) Moltmann, Jürgen, *Kirche in der Kraft des Geistes* Chr. Kaiser Verlag, München, 1975, p69.（以下 KKG と略記する）。
(26) Bauckham は、「派遣」によってモルトマンが、閉じられた内在論的な三位一体論でなく、そこから歴史との関わりが始まる「始原における三位一体」を考えていると指摘する（Cf. Bauckham R. ibid. p126）。
(27) KKG p.72.
(28) KKG p.79.（傍点部分の強調は著者による。）
(29) モルトマンは「栄光」を、終末において全て被造物が与る輝きと考えている（Cf. Bauckham R. ibid. p.127）。
(30) KKG p.76.（傍点部分の強調は著者による。）
(31) KKG p.78.
(32) Cf. Otto R.E. ibid. p.181.
(33) KKG p.80.
(34) たとえば Bauckham は、モルトマンの場合は聖霊を非人格的に扱っているのではないかと疑問を残しながら、モルトマンの教えが三神論から十分区別できるだろうかと問うている（Cf. Bauckham R.ibid. p.130）。
(35) ＫＫＧで語られている各ペルソナ同士の関係について、また三位一体の神と世界の関係についてのモルトマンの見解は、Bauckham が手短に紹介している（Cf. Bauckham R., *The Theology of Jürgen Moltmann*, T&T Clark Ltd, Edinburgh, 1995, pp.159-160）。
(36) この点については、蓮見がアウグスティヌスやトマス、バルト、ブルンナーも三位一体論の中で触れなかった神の苦悩を、モルトマンが積極的に語っていると評価しながらも、聖霊の苦悩を語るべきではなかったかと指摘している（蓮見和男『対話する神』――三位一体論』「希望と十字架第二巻」新教出版社、二〇〇四年、一一六頁参照）。

Trinitarianism in a eaely trilogy of Motlmann

HITOSHI ISHIHARA

Summary

The theology of Jürgen Moltmann is founded on Trinitarianism to oppose an abstract philosophical monotheism that is unrelated history. Moltmann has been formed developmentarlly his Trinitarianism through "*Theology of Hope*"(1964), "*The Crcified God*"(1972) and "*The Church in the power of the Spirit*"(1975).

In "Theology of Hope", he says God's revelation is a promise which points to the escatological hope. It is the very hope that opens history. Next, he focuses on Father who is suffering from forsaking his Son on the cross as well as Son. As you can see, Moltmann explains God's suffering is a trinitarian event on the cross in “The Crcified God”. Moreover, he talks about the whole history of the triune God in “The Church in the power of the Spirit”. It means that God experiences history to direct it toward himself in Moltmann's Trinitarianism.

Keywords : a revelation as a promise, suffering Father, God's experience

神の国と涅槃
――ティリッヒと久松真一の対話

近藤　剛

序

世の絶え間なき移り行き、過ぎ去り。生成されたものは必滅する。成し遂げた偉業もいずれ消え失せ、生きた証もいずれ消え去る。自分が生きたことを誰も覚えていないという恐怖。自分が存在したことを忘れ去られるという悲惨。かような生の儚さに思いを致す時、人は言い知れぬ不安に駆られる。逃れ難い己の運命に立ち眩み、有限性の呪縛に戦慄を覚える。限りあること、無くなることの痛み。その悲痛を和らげるため、束の間の安逸を貪ろうとする。けれども、限りある中での限りある戯れは、深刻さからの一瞬の逃避に過ぎない。決して満たされることはない。その心中を、虚無の深き淵が覗いている。

しかし、人は自らの生を虚無に侵蝕されるままで捨て置いたりしない。有限性の幽囚に甘んじて、無為に過ごしたりしない。自らの生きる意味が満たされるように、自らの生きる目的が確かなものとなるように、自らの存在の証が永続するように願わざるを得なくなる。限りある中で限りあることを痛感するからこそ、我々には見果てぬ究極、超越、無限、絶対、永遠を希求するのである。自らの生を確固として支えるものを求めようとするのである。かくして喘ぎ求めることは、仰ぎ求めることになる。ここに、神仏を「信じる」という境地が開かれる。宗教的認識の始まりである。

では、信じるとは如何なることであるのか。信じるということが何かを信じることであるならば、そこには信じるものと信じられるもの、つまり主体と客体の二項構造が成立することになり、それは紛れもなく認識の問題となる。そうであれば、宗教的認識とは、主観—客観構造に捉えられた単なる理論的認識の事柄に過ぎないのであろうか。あるいは、それとは異なる事態なのであろうか。こうした宗教的認識の問題について考察することが本稿の目的である。

本研究では、パウル・ティリッヒの議論を手掛かりにするが、特に久松真一との対話（一九五七～五八年）に注目したい。今日、宗教間対話の必要性が説かれ、東西宗教の交流も盛んである。その中では、公共善の創出や福祉の増進に向けた宗教協力が展開されている。兎角、その努力は実践的な課題に傾注されているように見受けられるが、対話（dialogue）の本義に立ち戻ることも必要なのではなかろうか。つまり、異なる宗教的信念を対決させる場面もあってよいのではないか。〈真理を交わす〉という対話の原義を再認識する次第である。そうでなければ、折角の対話も皮相な結果に終わってしまう恐れがあろう。ティリッヒと久松の対話は、そのような対話の本義に適っているという意味で先駆的な意義を持っており、事例研究の一つとして取り上げるに値する。ところが、この対話に関する先行研究はフリッツ・ブーリ(1)による若干の言及を除いて殆ど見当たらない。そうした現状からも、この対話を紹介する意味があろうかと思われる。この対話では宗教的認識をめぐる東西の方法論的解釈の差異が浮き彫りになっており、本研究の主題を検討する上で有益な研究対象となる。

本研究は以下のような順序で進められる。先ず、ティリッヒと久松の対話について要約的考察を行い、論点（争点）を明らかにする。次に、双方の主張の背景となる議論を紹介しながら、相互の見解を詳しく分析する。最後に、ティリッヒの立場からこの対話の意義を総括し、その中で宗教的認識の内実に迫るよう努めたい。尚、本稿はティリッヒ研究の一環として企図されたものである。従って、その主眼は宗教的認識に関するティリッヒの立場を明確化することであり、久松との（厳密な意味での）比較思想研究にまで立ち入ることは意図されていない。むしろ、本格的な比較研究に向けた予備的考察として位置付けておきたい。

一　ティリッヒと久松真一の対話

この対話(2)の出席者はティリッヒ、久松、ハンナ・ティリッヒ（部分参加）であり、リチャード・デマルチーノ、藤吉慈海が通訳者として同席した。対話のテーマは、久松の「無相の自己」（Formless Self）概念を中心とした自己論と宗教論であると言えるが、禅芸術や表現主義といった芸術論にまで及び幅広いものとなっている。対話の前提となる基本的な合意点を確認した上で、三回にわたる討論のポイントを示していきたい。

両者に共通するモチーフは、宗教を求める根拠の探究ということである。ティリッヒの理解では、人間存在の基本構造は無限性との相関における有限性として規定される。人間の意識には無限性の意識が含まれており、人間は現実の有限性を意識すると同時に潜在的な無限性を意識する。無限性に属しているにもかかわらず、そこから疎外されてしまった有限存在であるという自己認識が無限性への、つまり神への問いを生むのである。この自己認識は人間存在にとって普遍的に妥当するとティリッヒは考える。この点、真の宗教は人間性の内に客観妥当的な根拠を持ったものでなければならないとする久松の立場と一致する。対話の中で、無限性は究極性、超越性、絶対性、永遠性、神、仏と言い換えられているが、基本的には同じ事柄を指示している。そして、そのようなものと自己との関係性が宗教的認識の問題として扱われている。まさに、その関係性をめぐって両者の意見が対立し、思想的な相克が浮かび上がる。

(1) 自己の問題

第一回目は、ティリッヒが日常生活の悩みを打ち明けることから始まる。日々の仕事に忙殺されるティリッヒは、喧騒の中で如何にして静寂を得ることができるのかと久松に問いかける。久松は喧騒の只中でこそ静寂を見出すこと、さらに言えば、喧騒と静寂を超越する自己の在り方を求めるよう助言し、そこから無相の自己という持論を開陳する。無相の自己は心理的自己 (psychological self) でもなければ、単に心の状態 (state of mind) でもない。それは無心 (No-Mind)、無念 (No-Consciousness) と表現され、主観―客観構造に捉われないもの、文字通り「形のない自己」(Self without Form) であると説明される。これが仏性 (Buddha-nature) に関する久松独特の解釈でもある。主体も対象もなくなるような、言わば「無的主体」である無相の自己は自己の絶対否定によって一切を離脱することから目覚める本来の自己に他ならない。これを説明するために久松が引証するのは、エックハルトの「離脱」(Abgeschiedenheit) である。エックハルトによれば、神性へ至るには全ての被造物を「突破」(Durchbruch) しなければならないが、それ以前に魂が全ての被造物から離脱していなければならない。離脱した魂の内に、神の子が誕生するのである。

ティリッヒは、エックハルトが強調する魂の内の光、ロゴス、種子を潜在性 (potentiality) と解釈することによって、自己の転換 (turning-over the Self) の因子を内在的に求めることを承認する。しかし、潜在性の現実化には必ず具体性が伴うとし、久松の言う form-less を否定する。その根拠がイエス・キリストという具体的なロゴス、歴史に現れた形である。ティリッヒは次のように述べている。「無相の自己は、そこから我々が出てくるところの神聖な深淵（divine abyss）なのです。我々の世界で起こる全てがロゴス――形なきものが形となって現れるところの形であるロゴス――によって媒介されます」(3)。この発言に対して久松は、無相の自己とは超越的なものではなく具体的な現実性（concrete actuality）であり、形なき自己が覚醒することによって全てのものが無相の自己の自由な働き――遊戯三昧――となり、あらゆる束縛から解放されると主張する。つまり、形に対する固執を捨て去ることが、無相の自己の意味であると言えよう。久松は、その例を芸術鑑賞に求める。「禅の芸術鑑賞のねらいとは、形あるものを見るということは、形なきもの、つまり形なき自己を形あるものの中に見ることなのです」(4)。このことを説明するため、デマルチーノはティリッヒのカイロス（Kairos）概念を引き合いに出している。制約的なものの中に無制約的なものが顕示される時の充満（時熟、時宜）を意味するカイロスは、久松の言わんとしている事態に近接しており、デマルチーノの機転は当を得ていると思われる。しかし、ティリッヒは聞き入れず、久松の言う form-less を理解せず、むしろ全対話を通じて一貫して認めようとしない。そもそも両者の間隔は form の有無にあると指摘することができる。

(2) 善悪の対立

第二回目のテーマは、善悪の対立の解消についてである。ティリッヒの理解では、善は悪なしに存在するが、悪は善なしに存在し得ない。それは真・善・美の歪みとしての偽・悪・醜という古典的な解釈である。神聖な根底（divine ground）においても、悪は（決して現実化されないが）可能性として残ると言われる所以である（シェリング的発想）。従ってティリッヒにおいては、善悪の対立は善からの克服による再統合（reunion）としか考えられない。しかも、再統合は永遠における神学的な予期（anticipation）によって可能であり、歴史的には断片的な克服に過ぎないと主張される。全的な再統合は超越的な象徴なのであって、経験的現実とは見なされないのである。予期とは、予備的なものの中で究極的なものを、一時的なものの中で永遠的なものを、不完全なものの中で完全なものを経験することであり、それは論理で説得できない逆説（paradox）である。ティリッヒは、逆説的な経験⑸こそが永遠における善悪の克服という確実性を予期に与えるのだと力説する。しかし、この説明の仕方は循環論法に陥っており、久松も論理的な説得力の欠如を突いている。

久松は、善悪の対立が現実的な歴史において完全に克服されることなどあり得ないと言い放つティリッヒの見解を批判する。現実になりたいものが実は単なる象徴でしかないとか、歴史的な克服を求めているのに最初から求められないというのは、論の筋道として間違っているのではないか。それでは道徳的な世界が行き詰ってしまうと嘆く。ティリッヒの言う予期も、希望的観測に過ぎないのではないか。善悪とは必ず両者が並び立って存在しているものであるから、片方から片方を、つまり善から悪を克服し尽くすことなど論理的に不可能である。久松は「救済の論理」（一九二一年）の中で、次のように語っている。「悪なくして善はあり得ず、善なくして悪はあり得ない。悪を除去して善のみの世界を造るということは、善の世界をも除去することに終るのである」⑹。結局、ティリッヒの考え方は不徹底であり、善悪の対立を解決できないのではないかと久松は断じる。

久松は、価値と反価値、理性と反理性、生と死、有と無などの二つのものが必ず二元的に存在する絶対的な矛盾があると論じ、それを「絶対二律背反」（absolute Antinomy）と呼んでいる。この絶対二律背反では、片方から片方を克服することができない。あらゆる苦の根源となる絶対二律背反は過酷であり、ティリッヒの言うような善からの再統合という楽観を許さない。久松によれば、絶対二律背反は二律背反そのものの根底から破り出ることによってしか解消されない。何故なら、本来の自己は二元性に分裂していないのであり、救済の事実は本来の自己の在り方に基づいているからである。従って、救済の可能性は絶対二律背反から離脱できるということにある。だから、現実的な解決が可能なのである。絶対二律背反の破砕が悟りであり、久松の言う無相の自己の自覚に他ならない。善悪の対立は無相の自己の覚醒によって現実の歴史において全的に解決されねばならないというのが、久松の主張の精髄である。その迫力に比べると、ティリッヒの断片的な克服という消極的な主張は、ある意味では賢明な判断であるのかもしれないが色褪せて見える。

（3）ティリッヒの躊躇

第三回目には、究極（ultimate）と自己の関わり方が焦点となる。久松によれば、無相の自己においては、全てのものが究極的現実の表現になると言う。例えば、無相の自己に目覚めて花を見るということは、花が花に集中していることを経験することであり、そこでは花を見る私という認識はなくなり、花と私は一体化する。無相の自己に目覚めたとしても、個々のものは特殊である。花は一輪の花なのである。しかし、その特殊は同時に普遍に開かれている。一輪の花は全てになる。この境地(特殊即普遍)が無相の自己における究極的な同一化であり、真の個性(individuality)の充実――華厳の「事々無礙」（the non-obstruction between particular and particular）、天台の「個々円成」（each individual fulfilled）――なのである。

久松が用いるultimateは形容詞的であり、無相の自己の様態に関わると言えよう。しかし、ティリッヒが使うultimateは存在の究極的根拠（the ultimate source of Being）としての神というニュアンスを含んでおり、名詞的な意味が強く出ている。究極的な同一化と究極との同一化というultimateをめぐる使用法の差異が、実は両者の思想的対立を鮮明化している。その象徴的な議論を以下に抜粋してみよう(7)。

ティリッヒ：私は決して、自分が究極であると示唆することはありません。

藤吉（久松に対する説明）：ティリッヒ博士は、自らが究極であるとは恥ずかし過ぎて宣言できないと言ったのです。

久松：非二元的な絶対性は、自己が自らを絶対であると宣言するのを躊躇させたりはしないのです（又、そうすべきではないのです）。そのような不本意さをもたらす絶対性は、おそらく善と悪の判断を含んでいます。

デマルチーノ（ティリッヒに対する説明）：久松博士は、あなたの躊躇の理由は、あなたの究極が未だに善と悪の倫理的区別に関係しているからだと考えています。換言すれば、あなたにとって究極は疑いなく、悪に対立するような究極的な「善」なのです。

ティリッヒ：ええ、それは、そうですね。

この箇所には、ultimate に関わるという事柄に対する両者の相違が如実に表れている。結論的に言えば、ティリッヒの ultimate に対する距離感、羞恥心、躊躇が、彼の宗教的認識における自己理解の核心に関わっている。一方、久松に見る ultimate に対する距離感の消失は無相の自己の覚醒に関わり、彼独特の救済観を裏付けている。両者の対話では、究極、超越、無限、絶対、永遠と自己との関係性が宗教の根本問題であると前提しつつも、距離感の違いが双方の主張を隔てて、異なる宗教観を生む要因になるものと解釈できる。以上の相違点を確認したところで、それぞれの主張内容を敷衍していきたい。

二　ティリッヒの宗教的認識

上述した距離感の違いをティリッヒの立場で説明するならば、それは参与と同一化の相違ということになる。先ず、ティリッヒが宗教的認識ということで重視する参与について論じたい。彼の論稿「参与と認識――認識の存在論の諸問題」（一九五五年）によれば、認識行為には分離と参与の要素がある。人間の認識が可能となるのは、彼自身が世界を有しつつ、そこから自身を分離させることができるからである。近代の認識論では、この分離の要素が優勢であり、事物の対象化を促進した。他者の人格は調査・計算・処理可能なものとして扱われ、支配知（シェーラー）の対象となった。ティリッヒは認識行為における分離の優位に問題性を感じ、事物の対象化に先行する出会いや参与に注目した。というのも、認識が成立する以前に、ある関係の中で相互に向き合って存在しているということが有限的存在の出発点であると考えられるからである。

認識行為に先行して、ある出会いが起こる。そこでは主観と客観が未分の状態である。出会いは純粋主観性や純粋客観性からも、スピノザやシェリングの同一性からも導き出されない。それは現実の生のプロセスにおいて生起する。「出会いは両方の側からやって来ること、一つの共通の状況において行き交うこと、その状況の一部となることによって、この状況に参与することを含意している」(8)。こうした出会いを可能にする参与には、開放性が伴われている。開放性とは、自らにおいて他なるものを受け入れること、あるいは他なるものに対して自らが受け入れられること、つまり、相互に開放されている状態を意味する。その状態をティリッヒは「一次的現象」と呼び、経験の構造的前提と見なしている。「一次的現象とは――そこでは主観と客観とが分離されていないが――自己自身と他者とが共に参与している出会いの状況の理解である」(9)。ティリッヒは「あらゆる認識的出会いには、規定されないけれども［無に：引用者補足］還元できないような最小限の構造的前提があり、まさにその構造こそが現象学的研究の主題である」(10)と述べ、この点でフッサールの現象学を評価する。ティリッヒは別のところで経験の構造的前提を「直接経験」とも表現しており、ホッキング、ホワイトヘッド、ハーツホーンを念頭におきながら、全体性（Wholeness）

の直接経験を存在と価値に関する全ての客観的認識に先行するもの（prius）として示していく宗教哲学の可能性を示唆している(11)。ティリッヒは主観―客観構造に先行する構造的前提と自己の関わり（認識的出会い）を重視し、それを感情移入（empathy）、解釈（interpretation）、自己投入（commitment）として類型化した。各々が認識的参与の契機を特徴付けているが、以下では自己投入に絞って説明したい。

自己投入とは、参与の要素が決定的な優位を持つ認識の在り方である。それは人格を中心とした全面的な参与であり、宗教的認識の全てに関係する。自己投入とは、主観―客観構造によって自己が規定されることを意味するのではなく、主観―客観構造を成立させている「基礎的存在論的構造」としての「自己―世界」構造に関係するということ、換言すれば、それ以上に遡行できない認識上の根本的前提として想定される一元的な「自己―世界」構造に自己が規定されていること――ティリッヒの表現では、全体として捉えられてあること――を意味する。「この次元における自己投入とは、主観としての自己自身をある対象に引き渡すことではなく、一般的な有神論が要求するように［自己自身を：引用者補足］最高の対象に引き渡すことでもないのである。むしろ、自己投入は主観性も客観性も超越するところで、全人格をもって参与することである」(12)。人間存在を成立させる認識的出会いは人格的な関係をとる。主観―客観構造に先行する構造的前提への全人格的なコミットメント、それによって存在の根拠（根底）が開示されるということ、このことがティリッヒの言う宗教的認識の要諦である。そして、この自己投入が様々な宗教的象徴においては表現され、キリスト教では「神の国」（Kingdom of God）への参与として語られてきたのである。

ティリッヒは言う。「神学が常に銘記しなければならないのは、次のことである。つまり、神学は神について語る時、主観―客観構造に先行するものを対象化しているということ、そうであるからこそ、神について語るということにおいて、神を対象化し得ないということを含意しておかなければならない」(13)。ティリッヒの理解では、神はどこまでも主体のままであり、神の国も然りである。「有神論の神を超える神は隠されているが、神と人間とのあらゆる出会いの中に現前している。聖書的宗教もプロテスタント神学も、この出会いの逆説的性格を知っている。つまり、神が人間と出会うならば、神は客観でも主観でもないのであり、従って有神論が神を嵌め込もうとする主観―客観の図式を超えているということを知っているのである」(14)。しかし彼の意図に反して、ある疑義が唱えられる。小田垣雅也は「……「参与」すべき対象として、神の国が人間と離れてある場合――われわれがすでにくり返し説明したように――そのように認識するのはあくまでも人間であって、したがってその神の国は人間の視野の中にとり込まれた神の国になる。そしてその場合、その参与は不参与あって始めてありうる、即ち不参与と拮抗した、参与にならざるを得ない。これは全人的な信仰とはならないし「対立の一致」というティリッヒの神学的前提とも矛盾する。……ティリッヒの存在の根底という考えには尚対象論理的要素が残っている」(15)と述べているが、この指摘は妥当であろう。ティリッヒが神を語る時、主観―客観構造を乗り越えようとして努力しつつも、乗り越えることができていない。神の論理的対象化を前提しなければ成立しない参与という宗教的認識の在り方、この主張においてティリッヒの言わんとすることは何なのか。神と人間の出会いの中での距離感、これは何なのか。彼の真意を理解するには認識の存在論では限界があり、後述される倫理への展開において解釈されるべきものであると思われる。

三　久松真一の宗教的認識

ティリッヒの用語を用いるならば、久松の宗教的認識の特徴は同一化にあると言うことができる。久松は主観―客観構造を前提した認識論を展開しない。そのことは「賓主未分」（一九一九年）の記述において確認できる。「被認識者なきときは認識されないとか、あるいは認識者なきときは被認識者はないとか、いうような賓主の分離は根本的実在の直接状態ではない。厳密にいうと認識されぬものを被認識者ということはできぬ。それ故に認識者なくとも被認識者が依然として存在するというようなことは妥当でない。真実在においては被認識者と認識者とは一体である」[16]。この議論の背景には、西田哲学の「純粋経験」が想定される。久松にとって根本的実在の解明が重要課題となる以上、宗教が単なる理論的認識として論じられることはない。

そもそも久松にとって主観–客観構造は問題にならない。何故なら、無相の自己において主観と客観の隔絶はなく、神仏の対象化ということは起こり得ないからである。つまり、神仏は対象的に信じられるのではなく、無相の自己の内に証せられるからである。覚するものと覚されるものは「一体不二」、「能所一体」なのである。無相の自己は「絶対自者」であり（絶対主体道）、自己自身を神仏として呼び覚ます。無相の自己以外に神仏はない。久松によれば、無相の自己の覚醒は蝶の脱皮に譬えられる。完全変態する蝶の幼虫は蛹になる時、繭を作る。蛹が繭の殻を破って蝶となって舞い上がるように、自己の絶対否定によって絶対自者となること、そのような主体的、能動的、内在的な自己の覚醒が無相の自己の謂いである。徹底的に自律的な「覚の宗教」に対して、キリスト教に典型的であるような神（あるいは浄土真宗の阿弥陀仏）に対する帰依は、「絶対他者」を信じる「信の宗教」と呼ばれる。「基督教的人間像と仏教的人間像」（一九四九年）から引用する。「基督教では絶対他者的な神を信ずるのでありますが、仏教では決して信ずるのではなくして覚するのである。仏教は信仰の宗教ではなくして自覚の宗教であり、覚の宗教であります。……仏は覚せられるものであるといっても、対象的に覚せられるものではなくして、覚せられるものと覚するものとが一つであるような、能所一体の覚であります」[17]。「信の宗教」は「覚の宗教」に比べて客体的、受動的、超越的であり、本来の自己の覚醒のためには超克されるべき依他的な他律的有神論と評定される。

このような久松の考え方を仮に〈超越即内在〉と呼ぶとすれば、キリスト教の立場では違和感を拭い去れないであろう。そのことを的確に指摘しているのが、滝沢克己の久松批判[18]である。滝沢神学では、神と人との接触を第一義と第二義に分けて考える。第一義の接触はインマヌエル（神我らと共にいます）という根源的事実であり、これは人間の自己成立の根底に無条件に存立する事実（原事実）を示している。この原事実に目覚めることが第二義の接触であり、それは原事実の歴史的表現としての史的イエスの生涯に表される。仏教では、第一義は悉有仏性、第二義は悟りとなる。キリスト教にしても仏教にしても、その間に厳密な区別が設けられ（端的には偶像化への警戒から）、接触点をめぐって苦心惨憺するわけである。滝沢は、この区別ということに関して久松禅学に問題があると指摘する。その点について要領を得たものとして、浅見洋の記述を引用しておく。「滝沢の宗教哲学における最大の特徴の一つは〈この二つの区別、宗教的な根源的事実とその現われを厳密に区別し、その不可逆を語るところにある〉が、それが久松の禅学批判を通して明確な形を現してくる。宗教的な根源的事実とその現われの生起する覚醒の瞬間を滝沢は接触点と呼ぶが、久松の宗教理解ではこの二つの接触の不可逆性が曖昧なのである」(19)。まさに、この「不可逆性」ということがティリッヒと久松の決定的な差異（参与と同一化）を読み解く鍵概念となり、ティリッヒの躊躇した理由を明かすことになる。

四　神の国と涅槃

ティリッヒと久松の対話には続きがある。それはティリッヒの来日（一九六〇年）によって可能となった。その時の模様をティリッヒの記録から紹介しよう。「特に記憶すべき討議が行なわれたのは、すでにハーヴァード以来昵知の間柄であった禅宗の久松師が、私たちを、有名な、七百年を経た竜安寺の石庭に案内してくれた時のことでした。……間もなく、その寺院の住職と、久松氏と私とは、一時間以上もの討論に入りましたが、その時の問題は、この石庭と宇宙とは同一（identity）である（二人の仏教者の主張）か、それとも両者は同一ではないが参与（participation）によって統一されている（私の主張）か、ということでありました。こういった経験はかけがえのないものであって、どんなに沢山本を読んでも得られるものではありません」[20]。ここでも争点は、参与と同一化である。

こうした経験を踏まえて執筆されたのが、晩年期ティリッヒの著作『キリスト教と諸世界宗教との出会い』（一九六三年）である。ここで、ティリッヒは参与と同一化を神の国と涅槃（Nirvana）の相違として論じ直している。彼によれば、諸宗教の特性を理解するには、それらの基礎にあるテロス（目的）の理解が先決である。キリスト教の場合は神の国が、仏教の場合は涅槃がテロスを示している。「神の国は社会的、政治的、人格的な象徴である。その象徴的素材は正義と平和の統治を確立する支配者からもたらされる。それに対して涅槃は存在論的象徴である。その象徴的素材は有限性、分離、眩惑（blindness）、苦難の経験からもたらされ、この全てに答える有限性と誤謬を超越した存在の究極的根底における全てのものの神聖な一という表象からもたらされる」[21]。

神の国の象徴は社会、政治、人格に関係する。神の国へ参与するということは、神の国によって象徴されているもの——新しい天と新しい地——に向かって現実を変革しようとすることである。そこには、主体と客体の相互において受け入れ難いものを受け入れるというアガペーが満ちている。つまり、ティリッヒの理解では、関与する対象との距離が前提されていることが重要なのである。その距離を敢えて越えて、主体から客体へ、自己から他者へ、神から人間へ、人間から神へ向かうことが力説される（唐突ながら、他者との同一化できない距離が倫理を考える際の前提であると唱えたレヴィナスの思想を想起されたい）。一方、涅槃の象徴は自己と存在している全てのものとの同一性を確保する。しかし、涅槃は現実からの救済であって現実の変革ではなく、慈悲（共苦）に導くのみである。ティリッヒの解釈によれば、涅槃という理念からは受け入れ難いものを受け入れる試みも、社会の変革に向かう意志も、歴史の中に徹底的に新しいものを期待する姿勢も導き出されない。

ティリッヒの立場では、距離を前提としたダイナミックな参与に宗教的意味が見出され、自己投入の対象をスタティックな同一性に還元することはできなかったと言える。勿論、キリスト教にも同一性の要素はある。それは「存在の善性」であり、現代プロテスタント神学者の中では稀に見るほど、ティリッヒ自身が神秘主義的な同一性(22)を強調してきた経緯がある(ルター神学に底流するドイツ神秘主義の継受(23))。しかし、それと並んでキリスト教には堕罪の教説がある。ティリッヒ思想の中で「本質からの疎外」という実存規定がある以上、同一性のみを主張することは人間存在には憚られることである。ここに究極との一致を容認できなかったティリッヒの躊躇の理由がある。ティリッヒの真骨頂は究極、超越、無限、絶対、永遠からの完全なる断絶を主張せず、又、それとの完全なる同一性も主張せず、断絶(実存的疎外)と同一性(本質)の緊張における逆説的な参与を強調した点に認められる。ティリッヒの言う参与は生のダイナミズムを活性化させ、キリスト教の社会的・倫理的要素に強く反映される。同一化を妨げる罪という断絶がある限り、参与に含まれる対象論理的要素は残存すると言わざるを得ない。しかし、逆説的な参与に暗示された「不可逆性」にこそ、キリスト教の神学的主張があると考えるべきであろう。

究極、超越、無限、絶対、永遠を考える上で、対象論理的思考は不適切であり、その限界は認められねばならない。しかし、対象論理を欠いた議論が日常の経験に接続できるのかどうか、改めて考える必要がある。ティリッヒの参与が反映されるのは社会的・倫理的要素であると述べたが、それはデモクラシーの形成にも関係する。参与の前提には自己と他者との距離がある。その距離を越える努力によって自己と他者は逢着し、両者の結合は可能となる。これは一人一人の人間に対する評価を示唆しており、それは人格的な認知である。究極、超越、無限、絶対、永遠に等しく面した一人一人の存在を認めること、限りある一人一人の差異と価値を肯定すること、それがデモクラシーの精神的基盤になるのである。神の国への参与は水平的な力によって現実を刷新し、絶えず前方へ駆り立てようとする。しかし、それは破壊的な革命や進歩主義的なヒューマニズム(人間中心主義)への傾倒を許さない「垂直的なものの経験」

に貫かれている。ティリッヒと久松の思想対決の場を日常性に求める時、参与の決定的な意義が照明されてくると思われるが如何であろうか。このことは非キリスト教世界におけるデモクラシーの存立可能性に関わっており、我々にとっても大問題である。

結び

ティリッヒはバルトほど神の絶対他者性を強調しないし、キェルケゴールほど神と人間の質的差異を強調しない。しかし、久松と比較するならば、バルトやキェルケゴールとの違いも僅差なのである。久松にとって、ティリッヒの神は中世のキリスト教における他律的、対象的存在として映ったのであろう。従って、ティリッヒの「信」は「覚」とは相容れないままであったのだろう。しかし、私見によれば、ティリッヒの「神を超える神」と久松の宗教的な「無神論」には他律的有神論批判という共通のモチーフがあり、一致点を見出すことも可能ではなかったかと思われる。本稿では十分に論じられなかったが、自律、他律、神律という概念に関しても双方に誤解があり、正確な意味内容さえ把握しておけばさらに実りある結果が出たのではないかと思い残念である。

自己の転換をめぐって、久松の立場が〈内在即超越〉であるとすれば、ティリッヒの立場は〈内在的超越〉と言えるのではないか（対象論理的要素の残滓を認めたとしても対象的超越とは到底言えず、ティリッヒの真意を汲み取れば内在的超越とする他はないであろう）。ティリッヒには〈即〉に対する拒否反応があり、それは滝沢の久松批判と軌を一にする。〈即〉を言えないティリッヒの議論に対して、透徹した論理性ということでは久松の方に軍配が上がるように思われる。但し、ティリッヒの参与に伴う対象論理的要素を批判することは容易であるが、そこに神と人間の不可逆性の表れを看取し、神学的実存の葛藤を認めることも大切なのではないか。ティリッヒからすれば、久松の場合では、不可逆的な参与の苦しみが飛び越えられているように見えるのではないか。しかし、これについては久松の言い分もあろうし、ティリッヒの涅槃解釈にも問題がないわけではない（一九世紀の宗教史学派、殊にトレルチの理解(24)に止まっている印象が否めない）。ティリッヒは仏教の社会的・倫理的要素を軽視しているようだが、久松ならば自らのＦＡＳ(25)の活動に基づいた反論を展開することだろう。

ティリッヒは日本の仏教者から学んだこととして（久松との対話の経験を示唆）、宗教間対話の前提を次のようにまとめている。①互いの宗教の当事者が相手の宗教に対して、その価値を否認せず、むしろ承認すること、②互いが自らの立場を、確信をもって代表できること、③一致を可能にし、対立を可能にする一つの「共通根拠」があること、④自らの立場に対する相手からの批判を聞くことができること(26)である。ティリッヒは対話の前提を人格性に関わる知的誠実さに求めており、対話を自己批判的な契機と見なしている。このことは対話の模範として銘記されてよいだろう。ティリッヒと久松の対話を分析していると、類似したテーマで非常に近いことを言っているようでも、突き詰めて考えていくと意味内容が遠く離れてしまう場面に遭遇することが多々あった。その振幅に対話の妙味を認めつつも、真に相互の主張を比較することの困難さを痛感した次第である。目下の宗教間対話では共通性を見出すことに腐心するあまり、対立を引き起こす根本的な相違について閑却している感が否めない。宗教間対話の前提に〈対立を引き起こす相違点を詳らかにし､お互いに何が異なっているのかを理解すること〉を付け足し、この補完によってティリッヒ思想の批判的継承としたい。

昨今、迅速なる効率化ばかりが注目され、議論は単純化され、軽薄な討論が罷り通っている。しかし本来、議論は忍耐を要する作業ではなかったか。精神としての自己の形成にとっては、思考活動に伴う難渋さこそ必要ではないのか。「討論の絶滅」（オルテガ）を危惧し、「全てを単純化する恐ろしい人間」（ブルクハルト）の増殖に警鐘を鳴らしたい。この対話の意義を現代批判に重ねた次第である。緒論で述べたように本稿は予備的考察に過ぎないが、取り組むべき課題の一端を示唆したつもりでいる。拙論が今後の宗教哲学や神学の展望を開く一助になることを願い、私自身そのように努めていくことを務めとしたい。

感謝の言葉

本稿は筆者の関西学院時代の指導教授、橋本淳先生に対して献呈される。ここに、先生より受けた学恩に対して感謝の念を表明したい。尚、本稿は二〇〇五年六月二七日に聖書解釈研究所で開催された神学共同研究会での口頭発表に基づき、修正加筆を施した上で論文化したものである。

【註】

（1）cf., Fritz Buri, *The Buddha-Christ as the Lord of the True Self, The Religious Philosophy of the Kyoto School and Christianity*, Mercer University Press, 1997, pp.140-143.

（2）第一回（一九五七年一一月一一日）はティリッヒの自宅で、第二回（一九五七年一二月七日）、第三回（一九五八年三月二五日）

はハーヴァードのコンチネンタルホテルで行われた。対話を記録したテキストとしては、A Dialogue Between Paul Tillich and Hisamatsu Shin'ichi (1957), in: *The Encounter of Religions and Quasi-Religions*, ed., Terence Thomas, The Edwin Mellen Press, 1990, pp.75-170と「神律と禅的自律」、『増補　久松真一著作集』（第二巻）、法藏館、一九九四年、五六三―五九一頁がある。本研究では和文テキストを参照しつつも、専ら英文テキストに依拠した。英文テキストでは対話者と通訳者の発言が明確に区別されているが、和文テキストではこの点が曖昧にされたまま訳出されている箇所が散見されるため、厳密な分析対象とするには不適当であると考えられる。尚、久松はティリッヒ以外にも、エミール・ブルンナー（一九四九年）、マルティン・ハイデガー（一九五八年）、カール・グスタフ・ユング（一九五八年）、ルドルフ・ブルトマン（一九五八年）などとも精力的に対話を行っている。

（3）A Dialogue Between Paul Tillich and Hisamatsu Shin'ichi (1957), ibid., p.88.

（4）ibid., p.105.

（5）この点については、拙論「逆説の神学――ティリッヒ思想の根本問題」、『日本の神学』（日本基督教学会）第四四号、二〇〇五年、八四―一〇四頁を参照されたい。

（6）久松真一「救済の論理」（一九二二年）、『増補　久松真一著作集』（第一巻）、法藏館、一九九五年、二一五頁。

（7）A Dialogue Between Paul Tillich and Hisamatsu Shin'ichi (1957), ibid., pp.159-160.

（8）Paul Tillich, Participation and Knowledge, Problems of an Ontology of Cognition (1955), in: MW (=*Paul Tillich Main Works/ Hauptwerke*, De Gruyter: Berlin/ New York), Bd.1, p.383.

（9）ibid., p.386.

（10）ibid., p.384.

（11）cf., Paul Tillich, The Two Types of Philosophy of Religion（1946）, in: MW, Bd.4, p.295.

（12）Paul Tillich, Participation and Knowledge, Problems of an Ontology of Cognition（1955）, ibid., pp.388-389.

（13）Paul Tillich, *Systematic Theology* Vol.1, The University of Chicago Press, 1951, pp.172-173.

(14) Paul Tillich, *The Courage to Be* (1957), in: MW, Bd.5, p.228.

(15) 小田垣雅也『哲学的神学』、創文社、一九八三年、一〇二頁。

(16) 久松真一「賓主未分」(一九一九年)、『増補　久松真一著作集』(第一巻)、法藏館、一九九五年、一三九頁。

(17) 久松真一「基督教的人間像と仏教的人間像」(一九四九年)、『増補　久松真一著作集』(第二巻)、法藏館、一九九四年、四〇九頁。

(18) 瀧澤克己『佛教とキリスト教(新装版)』、法藏館、一九九九年(原著は一九六四年)を参照。

(19) 浅見洋『西田幾多郎とキリスト教の対話』、朝文社、二〇〇〇年、二九五―二九六頁。

(20) パウル・ティリッヒ「一九六〇年夏の日本講演旅行についての非公式なレポート」、高木八尺編訳『ティリッヒ博士講演集　文化と宗教』、岩波書店、一九六二年、二一九頁。

(21) Paul Tillich, *Christianity and the Encounter of the World Religions* (1963), in: MW, Bd.5, pp.313-314.

(22) 拙論「神秘主義と罪責意識のアンチノミー――初期ティリッヒのシェリング解釈」、『基督教学研究』(京都大学基督教学会)第二三号、二〇〇三年、八九―一〇二頁を参照。

(23) この点については、芦名定道「ティリッヒと神秘主義の問題」、『ティリッヒ研究』(現代キリスト教思想研究会)第八号、二〇〇四年、一―一五頁を参照。

(24) vgl. Ernst Troeltsch, *Die Absolutheit des Christentums und die Religionsgeschichte* (1902/1912), in: *Ernst Troeltsch Kritische Gesamtausgabe*, Bd.5, De Gruyter: Berlin/ New York, 1998, S.224.

(25) 久松真一『人類の誓い』、法藏館、二〇〇三年を参照。

(26) cf., Paul Tillich, *Christianity and the Encounter of the World Religions* (1963), ibid., p.313.

Kingdom of God and Nirvana
A Dialogue between Paul Tillich and Hisamatsu Shin'ichi

GO KONDO

Summary

Is the relationship between God, the absolute, and the unlimited on one hand, and human beings, the relative, and the limited on the other hand, a simple cognitive problem? The purpose of this paper is to clarify the difference between the East and the West in matter of religious cognition, and to search after the possibility of conversation among religions. By way of example, this paper treats of a dialogue between Paul Tillich and Hisamatsu Shin'ichi (1957-58). Their ideas are symbolized by traditional expressions such as Kingdom of God in Christianity and Nirvana in Buddhism. In this dialogue, they argue about the transcendence of the religious cognition over the subject-object structure, and discuss it in a point of view of the turning-over the Self. Hisamatsu affirms that the identification with the ultimate is possible in the Formless Self. On the other hand, Tillich insists that the participation with the ultimate is only possible for the Self.

Keyword : religious cognition, Formless Self, existential participation, immanent transcendence

パウロの「唯一の神」理解
――第一コリント八・四―六の釈義的解釈学的考察

松木真一

問題の所在

本稿は、第一コリント八・四―六におけるパウロの「唯一の神」(εἷς θεός) 理解の釈義的考察である。言うまでもなく、唯一神の考えは旧新約聖書全体に貫かれている前提であり、キリスト教が唯一神教であると言われる所以でもある。唯一の神あるいは一つの神そのものへの言及は限りなく多い。が、新約聖書では二〇箇所近くに見られる。ところがパウロには、わずか三箇所にしか出てこない(ローマ三・三〇、一六・二七、第一コリント八・四―六)。そのうちローマ一六・二七はパウロの句ではないかもしれない。その意味でも、唯一神論は決してパウロ神学の中心ではない。けれども、ここでパウロの唯一神理解を取り上げるのは、やはり現今の一神教をめぐる諸問題や議論に直面して、改めてパウロの考えにも注目してみたいという、いわゆる解釈学的意図によるものにほかならない。パウロの考えは、ローマ三・三〇では信仰義認論の文脈において、第一コリント八・四―六では唯一の主イエス・キリストというキリスト論との関わりで語られる。まずは後者の方からという意味で、本稿では当該の箇所に集中することにした。

一　テキストの検討

1　テキスト（第一コリント八・四―六）

四節　さて、偶像への供え物を食べることについてであるが、この世にはどのような偶像も存在しないということ、また唯一の神のほかには、どのような神も存在しないということを、私たちは知っている。
五節　多くの神々や多くの主が存在すると思われているように、たとえ神々と言われるものがあるいは天に、あるいは地に存在しているとしても、
六節　しかし私たちには、唯一の父なる神のみがいまし、万物はこの神から出で、私たちはこの神に帰する。また、唯一の主イエス・キリストのみがいまし、万物はこの主によって在り、私たちもこの主によって在るのである。

2　コンテキスト

第一コリント八・四―六は、コリントの教会員がパウロに提出した六つの明白な質問状（七・一、二五、八・一、

一二・一、一六・一、一二。いずれも「〜については」περὶ δέ で始まる）のうち、「偶像への供え物について」の質問（八・一）に対して答えたパウロの解答部分（八・一―一一・一）に属する。

この解答部分（八・一―一三）は、すでに六・一二以下でパウロが取り上げたコリント教会員の「自由」に関する最初の問題に続く、同じ自由に関する第二の問題(1)、即ち偶像への供え物の問題を取り上げ始めた（全体としては八・一から一一・一まで続く）開始部分である。その問題とは、具体的には一体キリスト者は偶像への供え物を食べる自由を持っているか否か、というそれにほかならない。そのような問題に対して、パウロは八・一―一三で解答するにあたり（この解答は一〇・二三以下でも再び繰り返される！　さらにローマ一四・一以下にも並行が見られる）、その根拠とも言うべき論述（八・一―六）の中で、唯一神論に言及した（八・四―六）。当該の八・四―六は、こうした文脈のうちにある。

3　テキストの構造

（1）八・四―六は、修辞論的にはその前の八・一―三の「陳述」に続く「証明」（八・四以下）部分に属する(2)。この場合四―六節の区切りは明白であるが、別に四―七節の区切りを主張する研究者もいる(3)。しかし不自然である。やはり、ほとんどの研究者同様、通例の四―六節の区切りに従う。

（2）八・四は八・一b同様、明らかにコリント教会員の主張の引用である（「〜ことを私たちは知っている」οἴδαμεν ὅτι〜）。八・五以下は、四節で引用したコリント教会員の主張をパウロ自身同意しつつもさらに修正深化しようとしたものである(4)。その際五節は当然パウロ自身の文章であるが、六節はおそらくヘレニズムのユダヤ人キリスト教団における信仰告白伝承からの引用文である(5)。もっとも、五―六節をそのままコリント教会員の主張に帰する者や、あるいは六節をパウロ自身に帰する者もいる(6)。しかし、いずれにも無理がある。

（３）　四節から五―六節への修正深化は、内容的に見ればまさに唯一神理解のそれにほかならない。即ち、四節で引用したコリント教会員の主張する唯一神の知識は、それだけでは不十分（コンツェルマン）[7]なのだ。確かに「この世にはどのような偶像も存在しない」ので、いかなる偶像への供え物も気にしないで自由に食べてもかまわないことになる[8]。ところが、このような知識と自由は、実際にコリント教会の中の弱い者たちをつまずかせてしまった（八・七―一三）[9]。その知識は、パウロがすでに八・一から厳しく指摘している通り、愛（ἀγάπη）を欠いた知識（γνῶσις）、愛なき知識にほかならないからである[10]。このような知識と自由を主張していたのは、コリント教会の中の弱い者たちをつまずかせたいわゆる「強い者たち」（この概念自体はローマ一五・一に出てくる）であり、宗教史的にはおそらく熱狂主義的霊的（グノーシス主義的？）自由主義のグループであったかもしれない[11]。彼らはそうした自由の故に、その自由をもたらす知識の故に、弱い兄弟を無視し、配慮もせず愛することもせず、教会を混乱させてしまったのである。その根本原因である彼らの知識、特に唯一神の知識の不十分さを克服するために、パウロは続く五―六節で唯一神の一層厳密な正しい理解、即ちキリスト論的な唯一神理解へと修正深化したのである。この理解（「この知識」ἡ γνῶσις 七節）を踏まえて始めて、パウロは七節以下で知識と愛の正しい豊かな関係について語ることができたのである。

4　テキスト解釈上の問題点

（１）　八・六の伝承史をめぐって。　八・六の背後の伝承史に関する研究の数は限りない。主にはE・ペーターソン、E・ノルデン、J・ヴァイス、W・クラマー、K・ヴェングスト、ch・デムケ、H・ヒュブナー、W・シュラーゲ等の諸研究が目につく。いずれの研究も、伝承史における一方ヘレニズムの「唯一（εἷς）」定型句あるいはストア派汎神論の「万物（πάντα）」定型句に関する、他方旧約ユダヤ教の「唯一神」概念あるいはヘレニズム的ユダヤ教の「知恵」や「ロゴス」の先在思想等に関する諸研究にほかならない。そうしたいわゆる伝承史的由来の研究を通して、大抵の場合、個々に由来する伝承句がおそらくはヘレニズム的ユダヤ教を媒介して、ヘレニズムユダヤ人キリスト教団で一つの信仰告白にまとめられた、と見られている。

八・六の解釈にとってほぼ定着しつつあったこのような伝承史的見解に対して、最近O・ホフィウスは全く異なる見解を提出している（Otfried Hofius, „Einer ist Gott–Einer ist Herr". Erwägungen zu Struktur und Aussage des Bekenntnisses 1kor8,6 (1997), jetzt in: ders., Paulusstudien II, WUNT 143, 2002, 167-180 ; Christus als Schöpfungsmittler und Erlösungsmittler. Das Bekenntnis 1kor 8,6 im Kontext der paulinischen Tneolgie (2000), jetzt in: ders., Paulusstudien II, 2002, 181-192）。彼は、まずヘレニズム由来説を徹底的に疑問視する。由来証拠として挙げられる史料は、いつも新約聖書より以後のものであり、そして何よりも史料の性格そのものが第一コリント八・六の告白文（とりわけ二つの「唯一」句による並行文）と全然合致しない[12]、と言う。そこで、この告白文はむしろ、もっぱら申命記六・四（七〇人訳）のシェーマ（κύριος ὁ θεὸς ἡμῶν κύριος εἷς ἐστιν.「私たちの神、主は唯一の主である」）をキリスト教的に解釈したヘレニズムユダヤ人キリスト教団の信仰告白伝承にほかならない[13]、しかもそれはほかならぬシェーマ解釈として、この告白伝承の段階ですでに、第一コリント八・六に見られる並行文の形にまで始めから完全に仕上げられていた、と主張する[14]。このような告白伝承をパウロは、直接コリント教会員から受容し、今ここに引用したのである、と。パウロの引用したこの告白伝承（八・六）は、しかしながらそれの統語論的構造に従って訳すべきだと指摘して、ホフィウスは従来とは異なる訳を新たに提案する。「唯一の方は神のみである。即ち父である、この方から万物は出で、私たちはこの方に帰する。また唯一の方は主のみである。即ちイエス・キリストである、この方によって万物は在り、私たちもこの方による」[15]と。この文意に沿って理解するなら、ここでは「イエス・キリストの『父』とこの父の『子』とが、唯一の神（εἷς θεός）である。その他にいかなる神も存在しない」[16]と。

即ち、イエス・キリストはその初めから本質的に、徹底して神の側に属し、父の側、創造者の側に属するものであり、先在の永遠の子として、父なる神との完全な一致のもと創造のわざ、救済のわざを行う主体にほかならない(17)、と。

以上のホフィウスの大胆な見解に対し、以下に批判点を三つ。①これではどうしても前置詞 ἐκ（〜から）、εἰς（〜へ）、διά（〜による）の用法の説明がつかない。これらの前置詞はどこまでも τὰ πάντα（万物）と結合して用いられているので、やはりストア派汎神論由来という従来の見解を無理なく支持する(18)。H・ヒュブナーも、由来証拠としてよく指摘されるマルクス・アウレーリウス『自省録』四・二三の「万物はあなたから来り、あなたにおいて在り、あなたに帰っていく」という句は確かにパウロより以後のものではあるが、しかしパウロより以前のストア派伝承に基づいたものである、と見ている(19)。早くにはJ・ヴァイス、H・リーツマン、H・コンツェルマン、そして最近のW・シュラーゲも同じ方向に見ている。②ホフィウスの主張するシェーマのキリスト教的解釈というだけでは、第一コリント八・六の二つの「唯一」句による並行文を十分説明できない。この並行文成立の背景には、ストア派等のヘレニズム由来の他、成立の場であるユダヤ人キリスト教団自身の信仰告白が存在する。③ εἷς（唯一）を付加語と見ないで、主語とする訳から出てくる唯一の父なる神と子なるキリストとの完全な一致という解釈には、やはり無理がある。この箇所に引用したパウロのコンテキスト上の意図を考えると、明らかに付加語 εἷς による並行文に顕わな唯一神のキリスト論的理解と見る方が、より自然である。

（2）実存的（existentiell）か存在論的（ontologisch）か。第一コリント八・四―六について、かつてR・ブルトマンは次のように言った。「神の存在は、客観的に確認できるような、ただそこに在るというような存在ではないことを第一コリント八・四―六は示している。……神の唯一性は、神が『私たちにとって在る』ところにある。即ち神の存在は、それが人間に対する有意義存在として理解されている時に初めて正しく理解される、従って人間の存在が神から出て（「万物はこの神から出で」）、神に向かう（「私たちはこの神に帰する」）ものとして、同時にこのことと一緒に理解されていないならば、正しく理解されないのである」[20]と。神を単に客観的にではなく、むしろ私たちの存在にとっての有意義性として理解するそうした実存的解釈は、またコンツェルマンにも見られる。「ここでは形而上学的もしくは存在論的判断ではなく、人間学的判断こそ重要である」[21]と。シュラーゲも ἀλλ᾽ ἡμῖν（しかし私たちには）の関係句を重視し、ここでパウロは抽象的思弁的に考えているのではなく、かえって実存的に（existentiell）歴史の中の神の救済行為に対する私たちの答を問うている、「パウロは原始キリスト教の告白定式の引用によって、唯一神の存在についての世界観的テーゼを何一つ提出しようとしてはいない。どこまでもキリスト者に対する唯一の神と主の規定力を証言しようとしているのだ」[22]と。さらにヒュブナーも特に ἡμῖν（私たちにとって）の句に着目し、「唯一の神はキリスト教団にとって、むしろ実存を規定する現実である。神を語るとすれば、それはただ人が自己を、この唯一の神からまったく規定された者と理解することによってだけである。神を語ること自体すでに実存的な行為なのだ！」と述べ、第一コリント八・四―六を「実存的唯一神論」と解する[23]。

以上の実存的解釈に対し、ホフィウスは反対の考え、即ち神の存在論的理解を主張する。ἡμῖν は、決して私たちのため（pro nobis）といった実存的救済論的意味をもった関係の与格ではなく、どこまでも判断の与格（Dativus iudicantis）として告白定式自体には始めから属していない、パウロ自身による付加にすぎない（「私たちの判断によれば」の意）。「ここでは単に実存的に語られているのではなく、むしろ存在論的発言がなされている、という点は明白である。……その場合、イエス・キリストの神の存在（Gott-Sein）が語られており、しかも単に価値判断の意味においてではなく、厳密に存在表現の意味においてである」[24]と。

いずれにしても、ここのテキスト解釈として実存的か存在論的かの二者択一を問うことは、適切ではない。ἡμῖν は救済論的意味を持つ関係の与格だとしても、それは必ずしも唯一神の存在論的思考を排除することにはならない。この点は四―六節の存在論的発言の文脈からも支持される。もちろんパウロは、唯一神の存在をそれ自体としては考えていない（ブルトマン）。けれども、明らかにキリスト論的救済論的観点のもと（ἡμῖν, ἡμεῖς δι᾽ αὐτοῦ）、実存的経験として捉えている。

二　伝承の検討

以前には、八・六をパウロ自身による句と見る者もいた(25)。が現今では、大方これを伝承引用句と前提して議論している。ホフィウス説は別にして、ほとんどの研究者の考え通り、概ねヘレニズム的ユダヤ教を媒介してヘレニズムユダヤ人キリスト教団(26)で形成された告白伝承を、パウロはここに引用した、と見ておく。

1　ἡμῖν は、パウロが付加した判断の与格ではなく、始めから告白伝承に属している、救済論的意味を示す関係の与格である。

2　εἷς θεός（唯一の神）定型は、ヴォルフ、シュラーゲ、ホフィウスらの見解通りヘレニズム的ユダヤ教に由来し、特に申命記六・四（七〇人訳）の「私たちの神、主は唯一の主である」(27)に拠ると思われる（なおゼカリヤ一四・九も参照）。またシビュラの託宣三・一一の「ひとりの神が唯一の支配者、言い表わしがたき者……」の句、シビュラの託宣断片一・七の「ただひとり支配したもうただひとりの神は超越し……」（同一・一五、一六、三二も参照）の句等も考えられる。

3　ὁ πατήρ（父）は θεός（神）と同格。ところがこの πατήρ 句は、続く関係文（ἐξ οὗ τὰ πάντα）に明らかな創造信仰の脈絡の故に、当然のことながらヘレニズム的定型句を想起させる。例えばプラントンの『ティマイオス』

二八Cの「万物の創造者であり父」の句、フィロンの『ガイウスへの使節』一一五の「この世の父であり創造者」、同『十戒について』六四でも、万物の父であり万物の唯一の創造者と言われている。また同『世界の不滅性について』一五のプラントン引用、『ヘルメス文書』一八・一四等も同様。

4　εἷς κύριος（唯一の主）の句については、かつてE・ペーターソンがヘレニズム的テキストに見られる「唯一のゼウス・サラピス」定型を指摘した。「ゼウス・サラピスは唯一である。主なるイシスは偉大である」（Graffito）[28]と。しかしフェルスターの指摘する通り（ThW III, 1046）、κύριος 称号自体は必ずしもヘレニズム的テキストに由来しない。その意味では εἷς κύριος 句はやはりヘレニズム的ユダヤ教（申命六・四、ゼカリヤ一四・九）由来の句と考えられる。

5　前置詞 ἐκ（〜から）、εἰς（〜へ）、διά（〜によって）と πάντα（万物）との結合は、明らかに「万物はあなたから来り、あなたにおいて存在し、あなたに帰っていく」（ἐκ σοῦ πάντα, ἐν σοὶ πάντα, εἰς σὲ πάντα）というすでに言及したマルクス・アウレーリウス『自省録』四・二三の句を想起させる。このようにストア派汎神論由来を示唆する史料については、E. Norden, Agnos Theos.Untersuchungen zur Formgeschichte religiöser Rede (1913), Darmstadt, 1956, 240ff. を参照。そこでは、例えば「万物は一者である。そして万物は彼によって成り、彼に帰する」という銘文、「それが神の大いなる秘義である。なぜならそれが万物であり、万物はそれに由来し、それによって成っている」といったゾシモスの文章、「なぜなら万物はあなたに由来し、あなたに帰する」というセレネ讃歌等が挙げられている。また「万物はあなたの内にあり、あなたから来る」という『ヘルメス文書』五・一〇の句も参考になる。なおセネカ『書簡』六五・八以下も。このような πάντα 定型句は、またヘレニズム的ユダヤ教にも受容・媒介され、当テキストの背景を成している。特にフィロン『細則律法について』一・二〇八「万物は一者であるか、あるいは一者から出て、再び一者に帰する」の句、同『ケルビム』一二五「一者から万物が出て、また万物は一者に帰する、神は万物を基づけている」の句、あるいはシラ書四三・二七「主はすべてである」の句等である。この定型句は、またローマ一一・三六の伝承史的背景でもあり、その状況は第一コリント八・六のそれより顕著である(29)。

6　前置詞 διά については、さらに二つともキリスト論的成句である。「万物はこの主によって在り、私たちもこの主によって在る」の伝承句において、最初の διά（によって）は万物創造の仲介者、あとの διά は新しい創造の仲介者としての主を指す。最初のは先在思想、後のは救済思想である。（1）先在思想は、すでに旧約―ユダヤ教テキストに見られる。例えば創造の仲介者としての知恵（箴言三・一九、八・二二―三一、知恵書七・一二、九・一以下、シラ書二四・一以下、バルク書三・三二―三七）、ロゴス（フィロン『律法のアレゴリー』三・九六、同『細則律法』一・八一、知恵書九・一以下）、律法（シュトラック・ビラベックⅡ三五六以下）等が、伝承史的背景として考えられる(30)。（2）救済思想は、六節bの「私たちはこの神に帰する」という終末論的救済論的句に対応する。救済思想を持つこのあとの διά 句こそ、パウロの唯一神理解の決定的な鍵をにぎる重要な伝承句にほかならない！

7　以上、検討してきたような伝承史的背景を持つこの信仰告白は、ヘレニズムユダヤ人キリスト教団の一体どのような場で成立したのかは、よく分からない。洗礼の告白文なのか、礼拝の告白文なのか、他の場においてなのか(31)。礼拝の信仰告白文の可能性は大きい。

三　解釈（第一コリント八・四―六）

四節　一―三節で、真の知識は愛なしには成り立たないという根本的な主張を提示した後、パウロはその知識の具体的な内容を明らかにしようとする（四―六節）。それは、一節以下この八章全体で取り上げようとする偶像への供え物に関する（一節）テーマを、具体的な知識内容の視点から解明しようとするためである。

「ところで」（οὖν）とは冒頭一節のテーマを再度確認することを指し、その場合「偶像への供え物を食べること」（τῆς βρώσεως τῶν εἰδωλοθύτων）と、より厳密に表述している。厳密な取り組みを思わせる。「～を私たちは知っている」（οἴδαμεν ὅτι~）は、その知識の内容がパウロ自身に由来するものではなく、コリント教会員に由来するものであり、それにパウロが同意していることを示す（一節参照）[32]。パウロの同意したコリント教会員の知識内容は二点。（１）「この世にはどのような偶像も存在しない」ということ。偶像（εἴδωλον）とは何かの具体的な像のことではなく、異教の神々（多神教）を指す[33]。そうした神々は実際には存在しない（οὐδέν）ので、そもそも偶像への供え物というようなものも存在しない。ところがコリント教会員はここから行き過ぎてしまった。だからこそ供え物を自由気ままに食べても全く差しつかえない[34]、と。この行き過ぎに対して、パウロはすでに一―三節で愛欠落の知識と指摘し、さらに七節以下で弱い兄弟のために愛の配慮をするようにと（九―一三節）具体的な批判修正を行うのである（なお使徒一五・二〇、二九参照）。そのためにも、パウロはまずコリント教会員との一致点を踏まえる必要があったのである（こうした方法は一―三節にも見られる）。そこで、この一致点の二つ目、（２）「唯一の神のほかには、どのような神も存在しない」。これは（１）を裏付ける句。この句は六節の引用句と比較すると、二重否定詞を特徴とする。οὐδεὶς θεὸς εἰ μὴ εἷς. 即ち、徹底的な唯一神論を表出する。こうした否定的な表現は、すでに申命記四・三五、イザヤ書四四・八、四五・五―六（なおマルコ一二・三二参照）にも見られ、さらにヘレニズム的ユダヤ教の唯一神論（申命六・四、ゼカリヤ一四・九、シビュラの託宣三・一一、シビュラの託宣断片一・七、一五、一六、三二、第二マカベヤ七・三七、フィロン『細則律法』一・一五）の強い影響力も考慮すれば、この句の旧約―ユダヤ教の背景は容易に想定できる。ただ、ここの唯一神論は先に述べた批判修正の意図のもと、六節で厳密に規定され直す。その前に――

五節　ここでパウロは、唯一神の正当な理解（六節）のために、両者一致の知識内容（四節）を一歩焦りこもうとする（「限定する」コンツェルマン）(35)。「多くの神々や多くの主が存在すると思われているように」とは、単なる幻想や信仰崇拝者の自覚でもなければ、ヘレニズム的ユダヤ教の宗教哲学でもない(36)。むしろ、「パウロはリアリストである。彼は異教の多神教崇拝の宗教性に目をつぶることはできなかった」（ヴォルフ）(37)。そうした目前の異教的現実の背後に、パウロは多くの神々や主の存在を確かに認めていた。このことは、すでに申命記一〇・一七の「あなたがたの神、主は神々の中の神、主たちの中の主」といった旧約―ユダヤ教信仰にも前提されている。もっとも、ここ五節で神々（θεοί）と主たち（κύριοι）の区別はない(38)。しかしながら、この並置は六節の引用句における「神」と「主」の並行句に明らかに対応する形で意図されている(39)。

ところで、この神々と主たちは「神々といわれるもの」（λεγόμενοι θεοί）にほかならない。それはパウロによると、明らかに「悪霊ども」（第一コリント一〇・一九―二一）あるいは「諸力」（ガラテヤ四・三、九）、「神ならぬ神々」（ガラテヤ四・八）のことであるが、しかもそれらは結局「天に」（ἐν οὐρανῷ）「地に」（ἐπὶ γῆς）存在する（εἰσὶν）被造物にすぎないのだ、とのパウロの批判的認識が伺われる(40)。それは、要するに「創造者の代わりに被造物を拝み、これに仕えた」（ローマ一・二五、また一・二三も！）人間の罪に由来する。このように、人間が罪の故《ゆえ》に自ら作り出し勝手に崇拝した神々、主たち、神々といわれるもの（従って、それらは本当は神でも主でもない！）との比較対比を通して、パウロは真実の神の唯一性を浮き彫りにしようとしたのである(41)。けれどもこのことを確証するために、パウロは次の六節でキリスト論を含む唯一神論に言及する必要があったのである。

六節　「私たちには」（ἡμῖν）という関係の与格で始まる引用文は、パウロ自身も同意した文として、彼の唯一神理解（それが八章全体の弱い兄弟への愛と配慮の根拠でもあるが）を表出する模範的な文になっている。引用の並行文一行目「唯一の父なる神のみがいまし」の父（ὁ πατήρ）は、第一義的には創造者を意味するが、同時に次の平行文との関連からイエス・キリストの父をも意味する。そして、この点は「唯一の神を他の神々から区別する特性である」（ヴォルフ）[42]。あるいは、次の並行文のキリスト論的発言との関連性を暗示するとも言える。

「万物はこの神から出で」と「私たちはこの神に帰する」とは、私たち人間の実存的経験において捉えられた（*ἡμῖν, ἡμεῖς*）唯一神理解である。神は、万物の創造者であると同時に終末論的救済者である（ローマ一一・三六参照）[43]。つまり神は、私たちも含めた万物の始めと終わりに顕わな、即ち万物の起源と目標としての唯一の存在にほかならない！[44] けれども、この理解の体得（「私たちには」）はただキリストにおいてのみ可能になる。そこで、続く「唯一の主イエス・キリスト（*κύριος Ἰησοῦς Χριστός*）」の告白との結合はパウロには何の問題もなかった（シュラーゲ）[45]のである。

即ち、「万物はこの主によって在り」と「私たちもこの主によって在る」とは、明らかに先在者主イエス・キリストによる万物創造の仲介と、主イエス・キリストの死と復活による新しい創造としての救済の仲介とを指す。まさに「キリストは古い創造と新しい創造の仲介者である」（ラング）[46]。ところで、この発言はどこまでもキリスト論的発言である。このことは、まず前置詞「〜によって」（*διά*）がパウロでも専ら救済論的意味で用いられていること（ローマ五・一、一一、一七、二一。なお第二コリント五・一七、ガラテヤ六・一五参照）、また「主」（*κύριος*）は原始キリスト教では元来先在思想とは結びつかず、むしろ「主の表象の時間的地平は現在である」（W・クラマー）[47]こと、といった点からすでに明らかである。が、特に「主」、死んで復活した万物と私たちの主による、新しい創造における救いの現在という救済論的キリスト論的視点から明白である。その視点から、初期のキリスト教団は始めて万物の起源にまで遡ることができ、先在者および創造の仲介者主イエス・キリストという信仰理解を（実存的に！）体得獲得したのである。その際、ヘレニズムおよびヘレニズム的ユダヤ教に見られた先在者表象（知恵、ロゴス、律法など）そして主の表象が、「主イエス・キリスト」という表象へとキリスト論的に移し変えられたのである[48]。

そこで、この最後の句「私たちもこの主によって在る」（ἡμεῖς δι᾽ αὐτοῦ）というキリスト論的伝承句を引用して、パウロは（1）主イエス・キリストによる新しい創造によって、コリント教会の中で偶像への供え物を食べることをめぐって分かれている「強い者」と「弱い者」とが共に新しい被造物として造り変えられ、愛と配慮によって互いに「兄弟」として結びあうように、と訴える。（2）そして特にこの新しい創造において、私たち人間はキリストの死（八・一一）とともに、すでに自らに死んでいる。私たち人間の罪も、その罪の作り出す多くの神々も主も、神々と言われるものも偶像も、従ってまた悪霊も諸力も、神ならぬ神々も、いっさいが死んで滅んでいる。人間の知識（γνῶσις）もその誇りも死んでいる。こうして私たち人間は、徹底的な自己否定のうちに空無化されている。そうした死のところで、空無のところでこそ、人間はみな平等なのだ（E・ユンゲル）[49]。しかもその空無・無の場所、死の場所において、この死と最高に逆説的自己同一的に顕わな神[50]――イエス・キリストの十字架死における神の啓示の出来事――、その意味での唯一の神が自己を開示する。この唯一の神のもと、コリント教会の強い者も弱い者も、知識ある者も知識のない者も、共に等しく空化され、低くされ謙虚な者にされる。そこから、先に言った互いの愛と配慮の関わりあいが自然に生まれてくる。唯一神は、そのためのいわば根拠なのだ。

結語

このような唯一神のもと、また実際にすべてのキリスト教徒は「日々死んでいる」（第一コリント一五・三一）。「いつもイエスの死をこの体に負い……イエスのために絶えず死に渡されている」（第二コリント四・一〇―一一）。神は事実、「無に等しい者を選ばれた。それはどんな人間も神の前に誇らないためである」（第一コリント一・二八―

二九)。こうした真実を、パウロはまさにユダヤ人、異邦人の前で告白し、彼らと一緒に共有しようと願っている。即ち、この唯一神のもとですべての人々が、キリスト教徒もユダヤ教徒も異教徒も、すべての者が自己否定的に空無化され、低くされ、謙虚にされるように! と。そこでパウロは言う。「神はユダヤ人だけの神であろうか。また異邦人の神でもあるのではないか。然り、異邦人の神でもある。まことに神は唯一であって、割礼のある者を信仰によって義とし、無割礼の者をも信仰によって義とされるであろう」(ローマ三・二九―三〇)と。キリスト論の展開としての信仰義認論による唯一神の証言にほかならない。

このようなパウロの唯一神理解は、また今日の一神教問題、イスラーム・ユダヤ教・キリスト教の宗教間諸問題への重要な一提言にもなり得る。つまり、お互いがそれぞれの立場に排他的に固執しないで、かえって相互の自己否定的媒介によって、互いに自己の立場を深く謙虚にし、低くしあって、もう一度新たに共存共生の場、対話連帯の場(戦争や紛争やテロを超えて、真の意味のダイアローグの場)を開く可能性を示唆しているのである。

【注】

(1) W. Schrage, Der erste Brief an die Korinther (1kor 6, 12-11, 16), EKK VII/2, 1995, 212.

(2) W. Schrage, op. cit., 214; Fiore, Function, 189 Anm, 78.

(3) J. Jeremias, Zur Gedankenführung in den paulinischen Briefen, in; ders., Abba, 1996, 273; O. Hofius, „Einer ist Gott—Einer ist Herr". Erwägungen zu Struktur und Aussage des Bekenntnisses 1 kor 8,6 (1997), jetzt in: ders., Paulusstudien II, WUNT14,

2002,171.

(4) H. Lietzmann, An die Korinther I/II, HNT9, 1969, 37; H.Conzelmann, Der erste Brief an die Korinther, 1969, 169 ; Ch. Wolff, Der erste Brief des Paulus an die Korinther. Zweiter Teil, THNT VII/2, 1982, 6; W.Schrage, op. cit., 221などほとんど。

(5) H. Conzelmann, op. cit., 170 Anm. 38.「この内容は『パウロ的』ではない。コンテキストをはるかにはみ出している」と。なお W. Kramer, Christos Kyrios Gottessohn, ATANT44, 1963, 94では、ヘレニズムのユダヤ人キリスト教団か異邦人キリスト教団かは未決定。

(6) 五―六節をコリント教会員の主張と見る者は W.L. Willis, F.W. Grosheide, J.C. Hurd, O. Hofius 等。六節をパウロの句と見る者は A. Robertson-A. Plummer, J. Héring, J. Dupont, W. Thüsing 等。

(7) H. Conzelmann, op. cit., 169.

(8) F.Lang, Die Briefe an die Korinther, NTD7, 1986, 10.

(9) ここでのつまずきとは、弱い人たちが良心の弱いために異教の偶像の神々との関わりへと引きずられてしまうことを意味するだろう。→「滅び」(一一節)

(10) Ch. Wolff, op. cit., 4; W. Schrage, op. cit., 230. この知識の中には、おそらく「すべてのことが私に許されている」(六・一二、一〇・二三)という考えも含まれていたであろう。

(11) W. Lütgert, Freiheitspredigt und Schwarmgeister in Korinth. BFChTh 12/3, 1908, 120-126 や W. Schmithals, Die Gnosis in Korinth, FRLANTNF 48, 1956, 214ではグノーシス主義。Klauck, Herrenmahl, 244ではグノーシス的傾向、W. Schrage, op. cit., 219では「霊的熱狂主義的またはグノーシス的」とある。なお H. Conzelmann, op. cit., 163 Anm.7ではグノーシスには慎重。

(12) O. Hofius, op. cit., 167 Anm. 4.

(13) つまり、このシェーマを単に補足あるいは拡大したというのではなく、どこまでもキリスト教的に釈義・展開したものである、というわけである(op. cit., 177, 180.)。

(14) 従来の研究者はこの並行句を無視していた、と指摘し(op. cit., 167 Anm. 4)、このシェーマ自体に並行句を生み出す要素が含まれていて、このように解釈された（178）、と。op. cit., 167, 177f.

（15）八・六冒頭のἀλλ' ἡμῖν は関係の与格ではなく、判断の与格である。従って告白文には属さないパウロ自身の付加である。告白文はεἷςから始まる。ここでεἷςは付加語ではなく主語である。「神」「主」はその述語である。また「父」「イエス・キリスト」は「神」「主」と同格ではなく、主語εἷς（唯一の方）の一層厳密な規定語である、と主張する（op. cit., 175,182）。

（16）op. cit., 179, 186.

（17）op. cit.,180, 186, 189, 191.

（18）Ch. Wolff, op. cit., 7.「前置詞ἐκ, εἰς, διάとの結合はストアの同じような汎神論的内容の諸表現を想起させる」と。

（19）H. Hübner, Biblische Theologie des Neuen Testaments, Bd2. Die Theologie des Paulus, 1993, 161 また Anm. 402.

（20）ブルトマン『新約聖書神学Ⅱ・パウロとヨハネの神学』、一九九六年、六三―六四頁。

（21）H. Conzelmann, op. cit., 172.

（22）W. Schrage, op. cit., 241.

（23）W. Schrage, op. cit., 156-157.

（24）O. Hofius, op. cit., 179.

（25）注（6）参照。

（26）ヘレニズムのユダヤ人キリスト教団ではなく、異邦人キリスト教団と見るのは、K. Wengst, Christologische Formeln und Lieder des Urchristentums, StNt 7, 1972, 141; R. Kerst, 1 Kor8, 6-ein vorpaulinisches Taufbekenntnis?, ZNW 66 (1975), 138 等。

（27）奉剛平訳『七十人訳ギリシア語聖書Ⅴ・申命記』では「われわれの神・主は、主は、一つである」と訳され、ヘブル語聖書「われわれの神・主は一つの主」の曖昧さが指摘される。が、必ずしも曖昧とはいえない。

（28）E. Peterson, ΕΙΣ ΘΕΟΣ. Epigraphische, formgeschichtliche und religions-geschichtliche Untersuchungen, FRLANT 41, 1926, 227-240.

（29）E・ケーゼマン『ローマ人への手紙』一九八〇年、五九八―五九九頁。U・ヴィルケンス『ローマ人への手紙（6―11章）』E

KK新約聖書註解、一九九八年、三八一頁以下。

（30）H. Hübner, op. cit., 158-160; W. Schrage, op. cit., 224.

（31）洗礼告白文と考えるのは R. Kerst, op. cit., 138f.; J. Murphy-O'Connor, ICor., VIII, 6: Cosmology or Soteriolgy?, RB85, 1978, 266. 礼拝告白文ととるのは K. Wengst, op. cit., 141; Ch. Wolff, op. cit., 10 等。

（32）W. Schrage, op. cit., 238.

（33）E. Büchsel, ThWB II, 374, 7ff.; Ch. Wolff, op. cit., 6; W. Schrage, op. cit., 236.

（34）F. Lang, op. cit., 110; W. Schrage, op. cit., 236.

（35）H. Conzelmann, op. cit., 169; Ch. Wolff, op. cit., 6.

（36）H. Conzelmann, op. cit., 169 Anm. 30; W. Schrage, op. cit., 239.

（37）Ch. Wolff, op. cit., 6.

（38）Foerster, ThWB III, 1090. 31-35; H. Conzelmann, op. cit., 170.

（39）W. Schrage, op. cit., 241.

（40）H. Conzelmann, op. cit., 170.

（41）表面上のパラレルとしては、例えば CH2:14 に見られる「神々といわれるもの」と「神ただひとり」との対置を参照。第二テサロニケ二・四も。

（42）Ch. Wolff, op. cit., 7. また F. Lang, op. cit., 110; W. Schrage, op. cit., 242 も同様。しかし H. Conzelmann, op. cit., 171 では「イエス・キリストの父」という意味を否定。

（43）シュラーゲによれば、あとの「私たちはこの神に帰する」の句は将来的救済の目標を語っているように見えるが、パウロにはもともと将来か現在かの二者択一は必ずしもない（W. Schrage, op. cit., 243）、と。しかし、ここはやはり将来的目標が強調されている。

（44）W. Schrage, op. cit., 243「神はパウロにとってアルファでありオメガである（黙一・八）。最初のものであり最後のものである」と。

(45) W. Schrage, op. cit., 243.
(46) F. Lang, op. cit., 110; W. Schrage, op. cit., 244.
(47) W. Kramer, op. cit., 40.
(48) G. Schneider, Präexistenz Christi, 1974, 402ff.; Ch. Wolff, op. cit., 8には「創造の叙述は救済論から作成された」と。
(49) E・ユンゲル『死――その謎と秘義』一九七五年（五版）、二〇七頁以下。
(50) E・ユンゲル、同掲書、一八三頁以下。

Monotheism in Paul: Interpretation of I Corinthians 8 : 4-6

SHINICHI MATSUKI

Summary

This is a Study on the concept of "One God" referenced in Paul's statement to the Corinthians in 1 Corinthians 8:4-6. According to our exegetical-hermeneutical research God is really God,the Father of all,who is the creator and consummation of all things. Redemption could come only through the power which also mediated creation;both beginning and the end are related to Christ .This cristological fact is the basis of Paul's monotheism.

Key word : Paul, monotheism, Interpretation

父の思い出
――桝田啓三郎とキェルケゴール

桝田啓介

〔以下は、日本キェルケゴール研究センターが豊福淳一先生を介して、桝田啓介先生にご講演をお願いしました内容です――二〇〇一年一二月八日、東京・早稲田奉仕園セミナーハウスにて。この内容は、以前に「キェルケゴール研究センター通信」〈第五号　二〇〇二年四月一六日発行〉に〈抄録〉として所載したことがあります。その折、講演テープをおこし抄録しました原稿は、桝田啓介先生に目を通して頂きました。今回、本書に所収します際、あらためて桝田先生に補筆をお願いいたしました。――以下の見出しは、日本キェルケゴール研究センター編集委員会によるものです。

桝田啓介先生は、米文学がご専門で、マーク・トウェインの文学を中心に十九世紀アメリカ文学を研究しておられますが、北欧文学にも関心を持たれ、デンマークの作家カレン・ブルクセンの翻訳や論文、またブランデス、アンデルセンなどについての論文などがあります。〕

父の書棚

父について話すというのは、私としては気恥しくあってあまり気乗りしないのですが、日本でのキェルケゴールの受容史に役立てたいというご要望ですので、お話をさせていただきます。

〔桝田啓介先生は、ご自身の自己紹介として、デンマーク語やデンマーク文学についてご自分が関心を抱かれるようになられたご事情から、お話を始められました。〕

北欧文学に対する私の関心は、父に負うているところがあると言えます。父の専攻は哲学でしたが、哲学書とともに文学書も数多く持っておりました。そうした父の蔵書の中で私は育ちました。父は、一九九〇年一二月一二日に亡くなりました。私にとって思い出深い年でした。この年、NHK・FMから依頼されて北欧文学と音楽について一二回にわたる番組を担当いたしました。この時、父の蔵書がたいへん役にたち、これにずい分と助けられました。また、アメリカ映画『愛と哀しみの果て』の原作者としてカレン・ブリクセンが注目されるようになり、講演も頼まれました。北欧文化協会で行った講演の際、開演の時間までに少し間がありましたので、父が入院中の虎ノ門病院を訪ね父を見舞いました。それが、生前の父と顔をあわせた最後となりました。

父の蔵書のうち洋書約七、三〇〇冊と和書約四、三〇〇冊は、現在、法政大学図書館に寄贈され、桝田啓三郎文庫として整理されて一般の閲覧に供されています。父の蔵書には哲学の書籍は当然として、それ以外に文学関係の書物もかなりありました。私は、そのせいかアンデルセンやイプセンやヤコブセンやビョルンソンなど北欧文学の作家たちの作品を、かなり早い年頃から、手当たりしだいに読むだけは読んでいました。また、小学生の頃から、デカルト、カント、ハイデガー、ヤスパースといった哲学者の名前や著書名だけはいろいろと知っていました。もちろん、キルケゴールという名前や著書の題名なども知っていました。そして『死にいたる病』という本があるが、これは癌とか結核について書いてある本なのだろうか、どうしてまたこんな本が父と関係があろのだろう、と怪訝に思いながら家の書架を見回していたことを思い起こします。

そのような書架のなかに、私が関心を持つようになったゲオウ・ブランデスの著書もありました。ゲオウ・ブランデスの著作は大正から昭和の初めにかけて日本でも主要著書が翻訳されていて、これらも書架に並んでいました。そのなかに『十九世紀世界文芸主潮』という全六巻の厖大なヨーロッパ文学史がありました。このブランデスは十九世紀の北欧の文学、社会、文化に大きな足跡を残した人物ですが、キルケゴールの最初の研究書を著わした人でもあります。これがキルケゴール研究の嚆矢となったことはご存知のとおりです。父はこのブランデスのキルケゴール論を筑摩叢書に入れる約束を早くからしていて、翻訳を半分ほど進めていたのですが、これは未完成のままになっております。

デンマーク語学習をめぐる初期の時代

父の若い頃、戦前の昭和一〇年代ということになりますが、いったいどのようにしてデンマーク語を勉強したのかと想像してみると、不思議な気がします。私は、昭和三〇年代の半ば頃に興味半分でアンデルセンの童話くらいは読んでみたいと初級からデンマーク語の自習をし始めてみたのですが、その当時でさえデンマーク語学習に必要な参考書は Teach Yourself シリーズのなかの『デンマーク語』とエリアス・ブレスドーフ（元ケンブリッジ大学教授）の『デンマーク語文法』、この二つしかありませんでした。辞書にも入門期の学習者が使用するのに適当なものなどありませんでした。なにより困ったのは、デンマーク語の辞書には発音記号がついているものがなかったことでした。デンマーク語は発音が難しく、初めはほとんどの単語が実際にどのように発音されるのか見当もつかないといってもよいようなところがあります。そんな経験から想像すると、父たちの世代がデンマーク語を習得するには大変な苦労をしたのではないでしょうか。音声のよく分からない言語を学習するのはたいへん心もとないことですから、この点だけでも先駆者たちの苦労はいかばかりであったかと思うわけです。

余談がすぎたかもしれませんが、実はお話したいことは、Søren Kierkegaard は日本語ではどのようにカナ表記するのがよいのかということです。デンマーク人は明らかに Kierkegaard を「キェルケゴール」とも「キルケゴール」とも発音していない。たぶん「キアケゴ」とカナ表記するのがデンマーク語の発音にいちばん近いのではないでしょうか。「キアケゴー」と表記するほうがよいとする意見もあるかもしれません。とにかく昔とは違って現在では、そのつもりになればデンマーク人の実際の発音を確かめる環境もあるし、良い発音辞典も出ているので、これで確認した上で、それなりのカナ表記もできるようになっています。Søren も原音にいちばん近い発音をカナ表記すると、「セーレン」ではなく「セーアン」になるのではないでしょうか。日本では、和辻哲郎の『キエルケゴオル』を始めとして「キェルケゴール」が使われていたし、また戦後は、日本キルケゴール協会が設立された際に、どのような経緯でそのようになったのか私はよく知りませんが、「キルケゴール」に統一することにされたそうですが、いずれにしても日本では、実際のデンマーク語の発音とはかなり異なった両方の表記が統一されないまま、ともに慣用化されて使われているのが現状のようです。

もっともこれはキルケゴールの表記だけではなく、デンマーク語その他の北欧語の場合、人名、地名などの固有名詞のカナ表記が実際の発音とはかなり違っている例は枚挙にいとまがありません。「アンデルセン」などはいい例で、「アナセン」でなければデンマーク語では通用いたしません。とにかく戦前には、デンマーク語を実際に耳で聞く機会は一般にはほとんどなかったでしょうから、当時の人たちは苦労されたに違いありません。だいたいドイツ語にあわせて見当をつけて固有名詞のカナ表記をしていたようです。

父はキルケゴールの研究と翻訳を主要な仕事としていたわけですが、父の死後、『死にいたる病』と『誘惑者の日記』が、ちくま学芸文庫に入ることになりました。その際に編集者の方と固有名詞のカナ表記のことが話題になりました。

たとえば「ハイベア」は「ハイベルグ」に、「ホルベア」は「ホルベルグ」になっているといった具合です。編集者の方に「このことも、父は気にしていました」と言うと、「それなら固有名詞の表記だけでも直しましょうか」と言う話になったのですが、ひとつ直しだしたらきりがなくなって、収拾がつかないことになりそうだということで、これは取り止めになりました。とにかく一見些細に思われるかもしれないこのようなことだけをとっても、初期の北欧関係の研究者、翻訳者の苦労の一端がしのばれるように思われるのです。

人間・桝田啓三郎

父は一九〇四年に四国の愛媛県に生まれ、一九九〇年に亡くなりました。享年八六でした。私の祖父は生糸の製糸工場を興して成功した地方の実業家で、かなりの資産家でしたので、父は経済的にはかなり恵まれた環境に育ったと聞いています。地元、伊予大洲（現在の大洲市）の小学校を卒業すると、上京して麻布中学（旧制）に入学し、それから法政大学の予科に進み、ついで法文学部哲学科を卒業し、さらに大学院に進みましたが、この時期に肋膜を患い、療養のため退学して四国の実家に戻っております。父は健康にはあまり恵まれなかったほうで、生涯に幾度か大病を経験しておりました。私から見ても、あれだけ病気をしていながらその割にはよく多くの仕事をしたものだ、と思っております。

再度上京した父は、一九三四年に法政大学の予科教授となり、やがて文学部哲学科の教授となりましたが、その後、戦後の教育改革により新制大学となった千葉大学に移籍しました。そして更に、東京都立大学の大学院に博士課程が設置された際に、近代哲学の担当教授として、父の親友であった山本光雄先生のお誘いにより、同大学へ移籍いたしました。山本先生はご承知の通りギリシャ哲学、とりわけアリストテレス研究で大きな業績を上げられた方で、父とは田中美知太郎先生が若いころの共通のギリシャ語、ギリシャ哲学の先生ということで生涯の親友でした。しかし都立大学時代、父は特に健康の状態が思わしくなかった時期で、幾度か入退院を繰り返しておりました。都立大学を定年で退職後、東洋大学に移り一九七七年まで在職しておりますが、その間の一九七一年にまた大病をしました。心筋梗塞を起こし、夜中に救急車で病院まで運ばれたのですが、同行した私は病院に着く前に父は息を引き取るのではないかと観念したほどでした。幸い九死に一生を得、それから二〇年ほど生き延び、一九九〇年に心不全で亡くなったのでした。八六歳の長寿を得られたのは、一病息災というか、自分なりに健康管理には随分と気を配っていたからだと思います。特にこれといった趣味のない父でしたが、研究や翻訳の仕事が本業でもあり趣味でもあったといってよいのではないかと思います。

改造社版『キェルケゴール選集』と三木清、桝田啓三郎との関係

父の遺した仕事から主なものをあげてみますと、まず一九三五年に出版されている『アイロニーの概念』と『反復』の翻訳があります。日本で初めて出たキェルケゴールの選集のなかに入れられて刊行されたものでした。これは恩師だった三木清の推挙で、先生との共訳で出る予定であったものが、父だけの翻訳ということになって出されたのだと聞いております。シュレンプのドイツ語訳からの重訳でした。キルケゴール研究が生涯の課題となったのは、恩師から与えられたこの仕事が契機だったようです。三一歳、これが書物の形となった最初の仕事でした。そして程なく、キルケゴールの研究にはデンマーク語の原文を是非とも読まねばならないと確信するようになったようです。

三木清は、ご存知のように、戦時中に治安維持法によって検挙され、終戦後間もなく獄死いたします。父は当時、勤労動員の学生たちと愛知県にある工場にいっていたそうですが、まだ帰京しないうちに「ミキキヨシシス」の電報が父のもとに届けられたそうです。急遽帰京した父は、何人かの人たちに同行して三木清の遺体を引き取りに多摩刑務所まで行きました。当時のことですから、車も手配できず、荷車に棺をのせてご自宅まで引いて帰ったと聞いてい

ます。三木清は戦前に法政大学の教授でしたが、在職期間はわずか三年という短い間でしたから、教え子がそれほど多くいたわけではありません。そのせいか、大変目にかけていただいたようです。思想犯として逮捕、獄死ということで、三木清は戦後の一時期、悲劇の英雄とみなされるようになってしまったところがあったようです。終戦の翌年一九四六年に、岩波書店から『三木清著作集』が刊行されますが、このときの責任編集を父が任されることになりました。この著作集の発売日には、神田神保町の岩波書店のまわりに早朝から長い人の列ができていたということで、当時大変な話題になったそうです。

大学卒業後ほどなくして、といえば昭和初期の大恐慌の時期にあたるのですが、祖父の製糸工場も倒産し、実家からの経済的支援はまったく望めなくなったそうです。私の父母の結婚式は三木先生ご夫妻が仲人になってくださっているのですが、記念写真を見ると、父方の親族からは早稲田の学生だった弟一人が代表で出席しているだけという有様でした。幸い法政大学予科に就職が決まり、それ以来長らく貧乏学者の生活が続くことになったわけです。

ところで法政大学の学生時代から後年にいたるまで、決定的な影響を与えてくれた恩師として父は、三木清のほかに、関口存男、田中美知太郎のお名前をあげておりました。関口ドイツ語文法で有名な関口存男は語学の天才といわれておりますが、先生の学識は多方面にわたっていて、外国語の習得とはどういうことなのかを先生によって思い知らされたそうです。田中美知太郎先生は、先ほども触れましたが、父の親友であった山本光雄先生との共通のギリシャ語、ギリシャ哲学の先生で、生涯この三人の間には親しい付き合いが続いておりました。

かつて岩波書店には小林勇という有名な編集者がおられました。この方が一時岩波書店を離れ鉄塔書院という出版社を設立しております。この鉄塔書院から呉茂一、高津春繁、田中美知太郎などが監修者となり『ギリシャ・ラテン語講座』が刊行されております。貧乏生活の一助にと、田中先生のご配慮で、アルバイトとして山本先生と共に、この講座の校正をまかされていたということです。とくにギリシャ語は植字工も活字をうまく拾えないので、誤植を避けるために印刷所に通い活字拾いまでしたのだそうです。

こうして小林勇を親しく知ったことが機縁で、父と岩波書店との関係が深まったようです。岩波書店に戻りやがて同書店の重鎮となった小林勇氏は、三木清と父との関係をよく知っていたので、三木清の著作集を出すに際して編集を任せたいとの依頼を寄せられたのだということです。この著作集刊行時のことは先に触れましたが、戦後の混乱期に、限られた時間と環境の中で編集の作業をしなければならず、だいぶ不満の残る仕事だったようです。父は結局、決定版となる全集を仕上げることを生涯の重要な仕事の一つとしていたようです。後に二度にわたって『三木清全集』が刊行されます。一九六六年から六八年までに全一九巻の全集を完成し、さらに八四年から八六年までに再度全集の責任編集にあたっております。これで自分としては最善を尽くしたということで、自分に課せられた仕事に一つの区切りがついたと語っておりました。

翻訳者としての桝田啓三郎

父の仕事のもう一つはキルケゴールの研究と翻訳です。しかし父は、いろいろな哲学者や文学者に関心が及んでいたようで、「自分は哲学研究の素人だ」というようなことを口にしていたことを憶えております。早くからウィリアム・ジェイムズにはとりわけ関心があり、『プラグマティズム』は学生時代に英語の読解力をつける修行のつもりで翻訳していたということでした。これに大幅に手を入れて一九五二年に単行本として刊行されたのが、創元社版『プラグマティズム』でした。これはさらに改訳されて、現在は岩波文庫にはいっております。ついでに触れておきますと、ジェイムズは夏目漱石の文学に大きな影響を与えている、当時漱石ほどジェイムズを深く読んでいた人はいないのではないか、と言っておりました。岩波の「図書」（一九七〇年五月号、六月号）に「漱石の愛読したウィリアム・ジェイムズ」というエッセイを連載しておりますが、漱石のジェイムズとの関係についてどうしても書き残して、漱石研究者の関心を促してみたかったようです。

ジェイムズへの関心は、日本教文社の『ウィリアム・ジェイムズ著作集』の企画へとつながっています。そして自分でもこの著作集で『宗教的経験の諸相』を新たに翻訳しております。ジェイムズのこの著書を父はたいへん重要なものと見なしていたようですが、これも今は岩波文庫に入っております。父の翻訳にはその他フォイエルバッハ、フィヒテ、ベルグソン、デカルトの著作や、マルクーゼの『理性と革命』やボヘンスキーの『現代の哲学』などがあります。私にはよく分かりませんが、こういった仕事はそれぞれなにか関連した理由があって行われていったようです。

父にはいわゆる学術論文はさほどありません。自分は哲学者ではない、哲学者の研究をするので翻訳を行っているのだ、というようなことを語っております。その代わり翻訳をすると、それにかなり長い解説をつけているのが常だったようです。この解説が研究論文の代わりとなっていたようです。結局は頓挫してしまった個人訳のキルケゴール全集は、最初の一巻ができたときには、注と解説のほうが本文よりも長いということになってしまい、出版社としてはあらためてこれは大変な事業になってしまったと思われたようです。

関口存男に学んで

前にも触れましたように、三木清、田中美知太郎、関口存男という三人の先生方が学生時代に決定的な影響を与えてくださった恩師でした。三木清は、近代哲学からキルケゴール研究へと導いてくださった先生だといえるのでしょう。田中美知太郎先生は、ギリシャ語とギリシャ哲学の勉強を大学卒業後も長年にわたり指導してくださったそうです。

関口存男先生は、ご存知の通り、語学の天才といわれた方です。先生にドイツ語を習ったことが、後に父がいくつもの言語に親しむようになったきっかけでもあったようです。関口先生は、一般には、ドイツ語の先生としてしか知られていないようですが、ドイツ文学だけでなく広くヨーロッパの文学について造詣が深く、とくに演劇については翻訳だけでなく演出にいたるまで玄人はだしのところがあったそうです。父は、関口存男先生をドイツ語の教師としてしか知らない人は、先生のほんの一端しか知っていないのだと、よく言っておりました。関口先生は『冠詞論』という全三巻の膨大な著書を遺されています。門外漢の私にこの著作の価値はとうてい計れるものではありませんが、多くの言語を援用しながらドイツ語の冠詞に焦点をあてた研究をとおして独創的な言語論を展開されていることは、この著書を開いてみれば誰にでもすぐに分かると思います。ギリシャ語、ラテン語はもとよりサンスクリットにいたる古典語、ドイツ語、フランス語、ロシア語、英語さらには中国語までにいたる言語から例文をあげて叙述されたこの研究書は、関口存男の学問の真髄を示しているということなのでしょうか。とにかく父が、ギリシャ語とラテン語を早くから学習し、その後いくつかの外国語を習得するようになったのは、田中、関口両先生から言語の学習とはどういうことなのかを思い知らされたことによるといってよいのではないかと思います。

白水社版『キルケゴール著作集』と個人訳『キルケゴール全集』について

これも先に述べましたが、キルケゴールの最初の翻訳は三木清の勧めでおこなったわけです。「大学は出たけれど」という言葉で知られた不景気がまだ続いていた時代に、名の知れた出版社から無名の訳者による翻訳が出せるというのは、当時としてはたいへん晴れがましいことだったようです。しかし、この翻訳は蛮勇を奮って仕上げたというのが本音だったようです。後でまた触れることになるかと思いますが、キルケゴールの哲学の理解も当時は不十分で、この翻訳はできることなら葬り去りたいという気持ちになっていった、と後に述べております。そして研究を続けるうちに、シュレンプ編のドイツ語訳にも問題があることが分かり、デンマーク語から翻訳をする必要性を痛感するようになっていったということのようです。

その一部を実現したのが、終戦後の一九四九年に筑摩書房から刊行された『反復』の翻訳でした。これが日本で初めてデンマーク語から翻訳されたキルケゴールの著作ということでした。当時としては珍しい上製本でした。幸いこれが好評で、これが機縁で筑摩書房から原典による個人訳の全集を計画してみないかという話が始まったようです。時代は実存主義ブームの時代となり、キルケゴールの名もそれとともに広く知られるようになっていた訳です。一九五〇年には務台理作先生を会長として、日本キルケゴール協会が設立されております。年長者ということで父が中心となり、飯島宗享、大谷愛人、小川圭治といった先生方が協会の運営にあたられたようです。また、キルケゴール没後百年を記念して一九五六年に講演会が開催されております。務台理作、桝田啓三郎、桑木務、金子武蔵、椎名麟三の順でこの五人が講演を行っております。会場は法政大学の大教室でしたが、当日の会場は一〇〇〇人を超す聴衆が集まり超満員だったそうです。当時の実存主義ブーム、そしてキルケゴールへの関心がどのようなものであったかその一端をよく表していると思われるので、余談ながら付け加えておくしだいです。なお、この時の講演集は理想社から務台理作編『セーレン・キルケゴール――その人と思想』（昭和三一年）として出版されております。

このような時代背景のなかで父のキルケゴールの翻訳も少しずつ進んでおりました。こうした間にも筑摩書房から個人訳のキルケゴール全集刊行開始の決意をするよう幾度かにわたり促されていたようでした。これは後に語っていることなのですが、自分にはキルケゴールをまだ本当には分かっていないところがあるので全集翻訳の仕事にはとりかかれない、として承諾をするまでにいたらなかったようです。そうこうするうちに白水社が『キルケゴール著作集』の刊行を企画することになりました。これはたしか飯島宗享先生が中心になって話を進められたもので、先生からこの著作集の訳者に加わってほしいと要請があったようです。これも余談ですが、飯島先生は長身痩躯で長髪のいかにも哲学の学者といったタイプの方でした。ご自宅がそう遠くなかったせいか、お若い頃からよく父を訪ねてこられては長いこと話しこまれておりました。キルケゴール研究者の中では父が早くからもっとも親しくしていた年下の友人でした。この著作集に参画するには筑摩書房に黙ってという訳にはいかないので、諒承を求めに行きました。筑摩書房からは、かねてから依頼している経緯があるのだし、数巻分の翻訳はすでにできているのだから、この際個人訳全集の刊行を決意してほしいと改めて強く要請されたのだそうです。

見果てぬ夢

今、私の手許に個人訳『キルケゴール全集』全三六巻の宣伝用パンフレットがあります。このパンフレットは編集担当の方とかなり時間をかけて作成したようで、全巻のかなり詳しい内容の説明と、キルケゴールの年譜までつけたもので、それなりの決意を表しているようでした。もうこれ以上話を先送りするわけにもいかず、まだ逡巡する自分を思い切って押し出すといった心境だったようです。出版社のほうも、ある程度、冒険を覚悟の船出だったのではないでしょうか。

日本の出版界では、一般に全集といえば、ひと月に一巻とか、ふた月に一巻とか、定期的に刊行を続け完結させるのが慣わしになっているようです。外国の場合だと、ご存知のように、個人全集の完結に一〇年以上かかるのはむしろ常識といってよいようですし、二〇年、三〇年をかけて完結するものもめずらしくありません。最初の一巻『おそれとおののき』が出たのが一九六二年でしたが、このとき日暮れて道遠しの感なきにあらず、と書いておりますが、運良く長寿を保てればなんとか仕上げられるかもしれない、という気持ちだったのではないでしょうか。

筑摩書房の、父が長らくお世話になった編集者の方も、ある程度の遅延は最初から覚悟されておられたのではないかと思っています。「図書新聞」の新春号（一九六二年一月一日刊）の「翻訳研究室」というコラムに、父は個人訳全集の開始にあたっての心境を書いております。昔、若気の至りでキルケゴールの翻訳を出したが恥をかいた。よく分かりもしないまま訳したものを葬り去って雪辱をはかりたいと長いこと思っていた。戦後、ほどなく原典から『反復』を再訳したところ、これがきっかけで全集の翻訳を勧められた。けれど躊躇してきた。キルケゴールという哲学者を自分はまだ本当には理解できていないのではないかという思いがあったからだ。しかし今やそうも言っていられない。見通しも立たなくはないので何とかやってみたい。こんな趣旨の文章でした。

しかし、この全集は四巻が刊行されただけで頓挫してしまいました。読者から寄せられてくる遅延の理由の問い合わせに、各巻が研究書をも兼ねたような仕事なので、どうしても時間がかかってしまう。読者の期待にそいたいがなかなか順調にはいかない、とその苦衷を記しております。二度にわたる『三木清全集』の編集が入ったことでも随分と時間がかかったようでした。筑摩書房も「読者の皆様へ」という文を出し、「無理やりに全集を企画したけれども、いざ出発してみたところ、この翻訳はとても短い時間で出来るものではなかった」と見通しの甘かったことを詫びております。

六〇年代後半から大学紛争が異常なまでに激化した時期がありました。父の周辺でも心労の重なる状況が起こり、身近に見ていて、身体を壊すのではないかと心配していました。案の定、心筋梗塞で倒れ、死の淵からかろうじて生還するという事態が起こりました。これから先は半病人の状態が続いていくことになりました。それでもその後、二〇年の余命があったのですが、三六巻の全集を完成する体力も気力も、残されていなかったというのが実情だったのではないかと思います。

原意を噛みしめつつ

もう一つ触れておきたいことは、父にはなんと言うかちょっと厄介な性格がありまして、自分の翻訳の誤訳、不適切な訳などの訂正は後回しにして、とりあえず先に進むということがなかなかできないというところがありました。キルケゴールの翻訳については特にそうだったようです。この全集の編集担当者は、少しでも早く仕事を先に進めてほしかったに違いありませんが、増版の際にはこう直してもらいたいと言って、初版に随分と訂正の赤を入れておりました。私もこれでは仕事は前に進まないではないかと思ったことでした。編集者の困惑した面持ちがいまでも思い浮かんでまいります。

最後に、法政大学哲学会の会報に掲載されている「もう一つのキルケゴール像を求めて」について触れておきます。これは晩年、間もなく生涯を終えるという時期におこなった講演の聞き取り原稿をもとに掲載されたものです。ここで父は、自分はどういう態度でキルケゴールと接してきたか、ハイデガーとの出会い、そしてジェイムズとの出会いから、さらにキルケゴールへと関心が向かっていったことなどを語っております。父はここでキルケゴールの書いたものは哲学の本ではあるけれど、キルケゴールは基本的には詩人なのだとも言っております。このことをしっかりと理解しておかないと、キルケゴールの思想は分からないのではないかと言っているようです。

以下は、哲学の素養もなく、キルケゴール研究にはまったく門外漢の見当違いの妄言にすぎないのではないかと思います。蛇足としてお聞き流しください。

キルケゴールは普通『人生行路の諸段階』と訳されている著述で、人間が生きていく上での三つ段階、すなわち美的な段階、倫理的な段階、宗教的な段階について考察していることはよく知られております。もう三〇年以上も前のことだったかと思います。私が聞き違えていたのかもしれませんし、また私が手前勝手な受け取り方をしてしまっているのかもしれませんが、父がこんな意味のことを言ったことがあるように記憶しています。日本語で諸段階というと階層的だという意味がはいってしまう。この点が誤解を生む原因になっていたのではないか。キルケゴールが用いているのは「階」を表す“stadium”という単語で、英語でいえば“stage”、すなわち、芝居のステージ、舞台のこと。それは「詩人」シェイクスピアが『お気に召すまま』でいっているように「すべてこの世は舞台」という意味でのステージ。「段階」と訳されているが、キルケゴールのこの三つの段階を上下の関係としてのみ捉えると誤解を招くことになる、ということだったのでしょうか。美的ステージ、倫理的ステージ、宗教的ステージで演じられる人間の生、あるいは三つのステージが交錯するところに生きる複雑な人間の存在について考察していく、その考察を表現する方法は詩にほかならないとでもいえるのでしょか。私には、父はキルケゴールを、哲学者というよりは、本質的に詩人、文学者として理解しようとするようになっていったような印象をもっているのです。

英語の“poet”、デンマーク語の“digter”はふつう日本語で「詩人」という語があてられておりますが、本来の意味は「作る人」であり、それは詩人がその典型であるような、思考力、想像力、創造力、表現力を備えた人を意味する語でありましょう。それは作家、文学者だけではなく、ある種の哲学者たちをも包含する語で、キルケゴールはその典型といってよいのではないか、などと思ったりするのです。

私の勝手な想像はともかく、父は翻訳を進めながら、理解の及ばないところを解決するのに難渋していたようです、そして何とか先が見えてくるかと思われるところで、生涯の持ち時間のほうが尽きてしまったということではなかったかという気がしております。

最後に私事にわたることで恐縮ですが、私はデンマーク語を中年になってからやっと身を入れて勉強してみようという気になりました。北欧文学関係の書籍が家に多くあり、そういった環境がやはり大きく影響していたのだと思います。私が関心を持つようになった作家のひとりがカレン・ブリクセン（＝イサク・ディーネセン）でした。十数年前に彼女の作品『アフリカの日々』と『バベットの晩餐会』が映画化されて話題になり、ちょっとしたカレン・ブリクセンのブームが起こったことがあります。私が彼女の作品を以前から読んでいたのを知っていた筑摩の編集者から促されて急遽『バベットの晩餐会』を翻訳したのですが、これは短い作品なので、彼女の最後の作品『エーレンガート』を併せて一冊の本として出しました。エーレンガートというのは物語の主人公の女性の名前です。この作品は英語で書かれ、イサク・ディーネセンの筆名でアメリカで発表された物語です。彼女はこの作品の題名を『誘惑者の日記』として発表するつもりでしたが、出版社の意向でこの題名は採用されませんでした。彼女としてはキルケゴールを念頭においてつけようとした題名にちがいありません。彼女はこの作品も、そして『バベットの晩餐会』も、キルケゴールを強く意識して創作したにちがいないと私は思っております。

【参考文献】

桝田啓三郎「翻訳研究室　新春随筆・キルケゴールと私」『図書新聞』、一九六三年一月一日号。

――「私の翻訳」『キルケゴール全集　月報3』、筑摩書房、一九六六年、四―六。

――「遅延のお詫び」『キルケゴール全集　月報4』、筑摩書房、一九七五年、九―一〇。

――「もう一つのキルケゴール像を求めて」『法政大学哲学会会報』第七号、一九八九年、七―一五。

桝田啓介「法政大学と桝田啓三郎」『法政大学　桝田文庫カタログ』、一九九八年、xi―xiii。

「読者のみなさまへ」『キルケゴール全集　月報3』、筑摩書房、一九六六年。

【付記】

本書の校正は、桝田啓介先生がご病臥のため、記念論文集刊行委員会が代行いたしました。文責は当委員会に在ります。

キェルケゴール協会（大阪）の草創期

橋本　淳

〔本稿は、以前に「キェルケゴール研究センター通信」（第三号、二〇〇〇年七月一〇日発行、および第六号、二〇〇二年一二月二八日発行）に所載した内容です。〕

デンマークのキェルケゴール研究者たちに接すると、きまって先に逝去された故大谷長先生に対する追悼の辞を受ける。そして、先生と親交のあった人たちは、その思い出を私に話される。

あの頃、大谷先生に協力された人たちも、次々と逝去された―武藤一雄先生（京都大学）、片山正直先生（関西学院大学）、大小島眞二先生（関西大学）、湯浅南海男先生（京都工芸繊維大学）、有賀鉄太郎先生（京都大学）、中村幸平先生（大谷女子大学）など……。それだけに、歴史が風化しようとしている今、日本のキェルケゴール研究史を飾っ

た足跡を、大谷先生の傍らにいた一人として記録に残しておきたい。〔所属校名および職名はその当時の名称〕

（一）

キェルケゴール協会（大阪）が、故大谷長先生の下で設立されたのは、一九六三年（昭和三八年）のことで、かねてその構想を打ち明けておられた先生は、理事を依頼された方々のリストを示されて私が書記をするようにと要請された。設立趣意書・規約を各方面へ郵送するのが、書記の最初の仕事となった。

一九六三年秋の創立講演会は、大小島眞二先生のお世話で関西大学文学部哲学科が協力くださって同大学で開催された。菅円吉先生（立教大学）と片山正直先生（関西学院大学）が講演された。それから毎月（大学の休暇期間中を除いて）、例会が開かれた。当時は、今日のようにワープロがなく、例会の案内のハガキは謄写版によるもので、その原版の作成から印刷そして郵送まで、一切が書記の私の仕事になっていた。又、例会は大阪外国語大学（当時の所在地は大阪市天王寺区上本町八丁目）の教室を会場としたが、当日の案内掲示、受付接待なども書記の仕事であった。そのようなとき、大阪外大の学生であった菅原邦城さん（現・大阪外大デンマーク語・スウェーデン語学科教授）や細谷昌志さん（現・大阪外大教授〔宗教学・倫理学〕）が、手伝ってくださった。

草創期のキェルケゴール協会を支えられた方々は、北田勝巳先生（大阪電通大学教授）、故湯浅南海男先生（前出）、故中村幸平先生（前出）で、毎月の例会にいつも参加された。しばしば片山正直先生が宝塚から出てこられ、一番前に座られ研究発表を真剣に聴いておられた。太田早苗さん（明星大学教授）も東京へ転出されるまでは、いつも私たちと一緒で、多忙な私の書記の仕事をよく助けて下さった。まもなく京都大学から尾崎和彦さん（明治大学教授）が、私たち事務局のスタッフに加わり協力して下さった。

毎月の例会の日時や講師の決定は、大谷先生や私たちの間で企画されたが、年一回刊行の会誌『キェルケゴール研究』は、専ら大谷先生が編集された。しかし、執筆者の原稿や校正刷の郵送、印刷された同誌を会員や関係者に配送する作業などは、私たち事務局の手作業によっていた。書記は、会費の領収など会計全般までも兼担していたので大層忙しく、この用務のため週一度は大阪外大の大谷研究室に詰めていた。

（二）

当初の財政は決して良好でなく、未だ少数の会員による会費納入だけでは運営が困難で、財政の算段を大谷先生と一緒にあれこれ苦慮した。関西デンマーク協会と、それに関係する企業とが、よく支援して下さった。そのような賛助会費を受領するために、大谷先生の代理で私はサントリー株式会社の本社総務部や日立造船株式会社の本社秘書室を訪ねていったことがある。

今日に至って刊行を継続中の『キェルケゴール全集』（創言社）にしても、当初の出版補助費は関西デンマーク協会とそれに関係する企業関係者の厚意によって拠出された。この時の出版補助の要請が大谷先生から申し出られたとき、関西デンマーク協会副会長の楠本広昭氏は私を訪ねてこられ、「全集」出版の学術意義について私の見解を質された。私は当時すでに大谷先生やキェルケゴール協会の仕事から離れていたが、「全集」が日本において刊行される大きな意義について、当然、異論のあるはずはなく、その旨を楠本氏に返答した。

キェルケゴール協会の機関誌「キェルケゴール研究」は、故大谷長先生の編集によって、創刊号が一九六四年に発行された。その後、大阪外大における大学紛争の期間中は刊行が中断したが、一九九五年の第二五号まで刊行が続いた。当初、果たして三号まで続刊できるかどうか、先生は心配しておられた。しかし毎号の発行には、ずい分と私財が投ぜられ、ご負担は重かったと察せられる。

創刊号を新聞に紹介できないかと相談をうけ、当時私が勤務していた短期大学の副学長であり、また大阪毎日新聞本社の論説委員でもあったO氏にその旨をお願いした。快く承諾してくださったが、数日後に毎日新聞社から論説委員室に来るよう、電話を受けた。訪ねて行くと、自分たちで一読してみたが専門外の者たちばかりで、仮にも誤解した内容の記事となってはいけないので、まずお前が初めに原稿を書くようにと依頼された。私が用意した原稿を、さらに推敲された上で、「キェルケゴール研究」創刊号が毎日新聞の紙上で紹介された。毎日新聞社から、もともとお前の文章だからと原稿料を頂いた。私が新聞社から受けとった、最初の稿料である。

（三）

大阪外国語大学にデンマーク語学科を設置したいというのは、大谷先生の久しい悲願であった。そのところでデンマーク語を習得するキェルケゴール研究者を、将来に期待された。一九六五年の夏、私は先生の軽井沢の別荘に招待を受けて滞留していた。近くには、堀辰雄や川端康成の別荘もあって、旧軽井沢の一等地に先生の別荘があった。私は、先生の原稿の整理など僅かな仕事のほかは、ほとんど拘束されることなく、軽井沢の周辺に観光に出かけたりしていた。毎日の朝食と夕食は、大谷先生の手づくりの食事で、その味付けはとても好ましかった。そのような或る夕べ、夕食の折、テレビを一緒に見ていると、文部省の新年度に増設する国立大学の学部・学科についてニュースが流れ、その中にデンマーク語学科が大阪外国語大学に新設されると知ったとき、私たちふたりとも驚いた。大谷先生は、別荘を片づけてから帰阪するので、私が先に帰って学長を訪ね、自分の代理で挨拶をしておくようにと命じられた。

大阪外大のデンマーク語学科は、大谷長先生が学科主任となり、英語学科出身のM君が助手に就任して最初の学年度を始めた。大谷先生は、デンマークに留学してキェルケゴールを研究されたF・S牧師を助教授に迎えたいと折衝されたが、同氏は教会牧師として自分の使命を果たしたいと、その申し出を辞された。このあと、助教授には岡田令子先生がコペンハーゲン大学から迎えられた。学科が発足した年、現在はデンマーク語・スウェーデン語学科の菅原邦城教授が、将来デンマーク語学科の専任教員となるべく、デンマークへと留学に出られた。

その後の大阪外大の大学紛争が、デンマーク語学科から発したことは、残念なことである。大谷教授は責任をとって主任教授を辞され、紛争の渦中にあったF助手も辞任し、かわってデンマークに留学中の間瀬英夫教授が迎えられた。

一九六九年から七〇年にかけて私は、デンマークで最初の留学研究に携わったが、同志社大学から英語学教授の貞方敏郎先生［故人］がコペンハーゲンに滞在しておられた。貞方先生は、松本清張や司馬遼太郎の文庫本を数多く日本から持参して来られ、読了されると私に次々と下さったが、それらの本を読みながら私は日本をなつかしんだ。私たち二人は、当時コペンハーゲン大学で研究中の間瀬氏の下宿に招かれ、日本食のご馳走に与ったことがある。そのようなとき三人は、日本の唱歌や童謡を一緒に歌って遠く日本を思い馳せた。貞方先生は、大阪外大デンマーク語学科を再建する教員の人選を託されておられたが、私たち二人は間瀬氏が最適任者であることで一致した。

大阪外国大学のデンマーク語学科は、大谷先生の当初の志を十分に継ぐものとはなれなかった。しかし今日、日本の国立大学でデンマーク語を学習できる唯一の場所であり、デンマーク語あるいはデンマーク文化の普及に、十分と寄与してきたと思われる。

［付記］

――大谷長先生のご経歴・研究業績等の詳細は「大谷長先生古希記念論集」として刊行された『キェルケゴール――デンマークの思想と言語』（東方出版・一九八二年）を参照。また、大谷長先生、キェルケゴール協会（大阪）の出版活動、あるいはデンマークのツルストルプ教授夫妻との関係などは、モーテンセン教授の Kierkegaard Made in Japan（七一ページほか）を参照。

一九九九年一二月一日に大谷長先生は逝去された。東京のデンマーク大使館参事官のベンツ・リンブラッド氏のお話では、その数日前、先生が自宅に戻られた折を見てデンマーク大使が訪ねデンマーク騎士十字勲章を手ずから授与された。

この叙勲は、大谷先生の長年にわたるキェルケゴール研究に対してデンマーク国民が寄せる敬意と感謝のしるしである、と。

私たちの日本キェルケゴール研究センターは、会報「センター通信」（№２）で訃報を次のように伝えた。

訃報

大谷　長　氏（大阪外国語大学名誉教授・文学博士）

先生は、去る一二月一日午後七時一五分にご逝去され（享年八八）、一二月三日に葬儀が行われました。

先生は、日本を代表するキェルケゴール学者の一人として海外でも知られ、キェルケゴールに関する業績によって、デンマーク政府から二度にわたって叙勲の栄誉に与っておられます。私たちの秀れた先達を失いましたことを悼み、深く哀悼の意を表します。

当研究センターから先生の訃報を、駐日デンマーク大使館、デンマークをはじめ海外のキェルケゴール関係者に伝えましたが、次々と弔意が寄せられております。（記・橋本）

武藤一雄のキェルケゴール論

林　忠良

武藤一雄のキェルケゴールとの出会いは、武藤の回想によれば、旧制第四高等学校に在学中の一九三二（昭七）年にさかのぼる（「キェルケゴールへの問い」）。そしてそれはK・バルトを介してだったとも語った。ただし武藤のキェルケゴールとの本格的な取り組みは、そのバルト神学の延長上にではなく、紆余曲折ののち京大の哲学に学び、主として田辺元からの刺戟や影響のもとにはじまることになる。そして田辺のキェルケゴール論に深い影響を受けつつ、同時に問題をどこまでもキリスト者たる自らの実存の問題として捉えようとした。そうした閲歴を通じて彼のキェルケゴール論の特質も育まれ、またそこに彼のキェルケゴール受容の特徴も、またその意義も認めることができよう。

日本のプロテスタント・キリスト教の夜明けは開国前の外国人居留地内での宣教師の活動に始まるが、武藤は一九一三年に長崎で、最初期宣教師の一人オランダ改革派フルベッキの流れを汲むキリスト教の家庭に生まれ、厳格な改革派的キリスト教信仰のなかに育ったが、これは陰に陽に彼を生涯にわたって規定した。神戸一中をへて西田幾多郎以来の雰囲気をもつ金沢の四高を卒業後、哲学への思いを懐きながらも、成功した実業家の父の説得に応じ東大法学部政治学科に進み、一九三四（昭九）年から三年間、丸山真男らと政治思想史の南原繁のゼミに在籍した。だが法学部の講義はわずかな例外をのぞけば当時の彼の心を満たし得なかった。ただ無教会キリスト者の南原に対しては、武藤は終生尊敬を失うことはなかった（「南原先生との出会い」『回想の南原繁』所収）。哲学への想いは断ちがたく、一年後京大の哲学に再入学、一九三八年（昭一三）から三年、さらに大学院に一年在籍した。京大は〈基督教学〉講座を有し、のちに武藤自身それを担うが、当時まだ独立講座でなく〈宗教学〉講座に属した。けれども武藤はその〈宗教学〉講座ではなく、田辺元を主任教授とする〈純哲〉講座に入学し、田辺や、高山岩男（純哲）、西谷啓治（宗教学）らの下で卒業論文「良心と悪」を書き、半年の文部省勤務のあと、四二年松本高等学校教授となり、敗戦後四六年に第三高等学校に移り、その移管にともない京都大学教養部で一般教養科目〈宗教学〉〈西洋社会思想史〉などを講じたのち、文学部〈基督教学〉講座に転じ、六二年から七七年まで同講座主任教授、その後七七年から八二年まで関西学院大学教授、八二年から八六年まで龍谷大学教授、一九九五年に死去した。

武藤がキェルケゴールにふれた一九三二年には、バルト『ローマ書』のはじめての邦訳が出版される。この年すでにバルト自身はキェルケゴールと一線を劃して『教会教義学』へと踏み出しており、翌三三年にはブルンナーとの論争により弁証法神学内の分裂が顕在化するが、それに先立つ昭和のはじめ、社会主義運動などに直面した日本のキリスト教界では、従来の主としてアメリカ宣教師たちに指導されてきた教会内的敬虔では片づかない思想や文化との折衝が問題化するなかで弁証法神学が流入し、次第にバルトが、改革派の伝統をひく教会で文化や思想に関心をもつ者たちの熾烈な関心を惹くようになる。厳格な改革派的信仰のもとに育ちながらも、思想への関心を強めつつあった武藤も、そうした流れのなかでバルトに出会い、『ローマ書』第二版序文などを介して、キェルケゴールにふれることになったと云えよう。

この時期バルト研究からキェルケゴールへと遡った橋本鑑らもいるが、バルトとの関連でキェルケゴールのいち早い紹介者となった熊野義孝は、当初よりキェルケゴールを「キリスト教に固有な神秘主義の現代的表現」（熊野『現代の神学』）と解し、のちにはキェルケゴールは本質的に建徳的教化的にすぎず、そこに宗教哲学や神学は求め難いとするに至る（熊野「キェルケゴールとバルト」）。世代的にも異なるが、哲学への志向を抱懐する武藤は、ある面ではバルトの主張に強い共感を寄せつつも、自然神学論争などで明確化されるバルトの方向には同調し得なかった。また武藤のキェルケゴール論の随所に明らかなように、彼がキェルケゴールをたんなる研究対象としてでなく、同時につねにキリスト者たる自らの主体的自己形成につながるものとして読んだことに疑いはないが、さりとて橋本鑑のように「研究対象として眺める態度を棄却して、言々句々を通し……今の我が身に迫る何ものかを……聴取、正視しつつ、徹底的にこれと対決し抜く根元的な自己革新の飛躍的一路」（『使徒と天才との相違について』訳序）とする読み方にもとどまれず、それを思想や文化の広がりにおいても問題とせざるをえなかったと云えよう。

だが武藤は直ちにキェルケゴールに本格的に取り組むには至らず、南原のもとでの三年を経て、京大の哲学に入学する。その際自覚的に〈純哲〉講座を選んだことを武藤は回想し、それにより現代の神学的視野の狭隘さを自覚し、哲学的思索の厳しさを学ぶ刺戟を得たとする。この時期田辺はすでに〈種の論理〉を確立し、問題的な「国家的存在の論理」（一九三九）を発表するのであるが、同時に講義ではキェルケゴールを情熱的に論じた（武藤『田辺元全集』第一〇巻解説）。同時期に聴講した北森嘉蔵も、その時期に田辺が最も多く関説したのはヘーゲル哲学との対決におけるキェルケゴールであったと証言する（同月報）。その田辺の講義に、武藤がキェルケゴールとの本格的な取り組みへの策励を見出しても不思議はなく、自らシュレンプ独訳全集の通読に努めることとなる。ただ卒業論文「良心と悪」（一九四二）は純哲の論文という事情もあり、カント、シェリング、ヘーゲルを軸に、西谷のシェリング論などからの影響の跡を残しつつも、主として田辺の思索の延長上に悪と良心を論じている。そこではわずかに三カ所で、『不安の概念』『死に至る病』における罪の積極性や、個体と人類との相即、主観的意識を超える絶望などが、議論の核心にふれるかたちで関説されるものの、未だキェルケゴールをそれとして論ずるには至らない。ただし良心や悪をたんに個体的実存的問題にとどめず、社会や宗教との関わりで問題にする点や、宗教と倫理との相互媒介性など、のちのキェルケゴール論において基本的視点ともなる問題もすでに姿を見せている。

痛切な反省と苦闘の末に田辺は〈懺悔道〉に到達し、『懺悔道の哲学』(一九四六)でカント的理性批判を絶対批判にまで押し進めて、自らの理性の自律の立場を徹底的に清算し、理性の七花八裂を突破して、新たな哲学ならぬ哲学の構築に向かう。同時に「国家的存在の論理」に破綻した〈種の論理〉の再構築を試み(『種の論理の弁証法』)、『政治哲学の急務』などの時局論を積極的に展開し〈社会民主主義〉の政治哲学を唱える。

南原繁は『国家と宗教』(一九四二)において、田辺の「国家的存在の論理」を「国家信仰」にほかならぬとし、またそこに解される宗教はキリスト教的信仰とは相違すると断じた。田辺哲学に傾倒しつつも、田辺の思想がファシズムに傾斜する国家の現状に対する憂慮と批判に発するにしても、そこには重大な誤解を生む問題性も潜むことを感じた武藤にとって、敬意を懐き続けた南原による痛烈な田辺批判は〈肉中の棘〉としてつきささり、絶えず揺曳する思想的一契機になったと回顧する(「南原先生との出会い」)。そうした境位にあって戦争と敗戦をくぐった武藤に、田辺の後期哲学への転回は光明をもたらし、武藤も「政治の課題と基督教」(四七)をはじめ政治や国家や平和をめぐる多くの論文を発表するとともに、「田辺博士の社会民主主義の哲学」(五一、『田邊哲学』所収)も執筆した。

『懺悔道の哲学』は親鸞の教説を導きの糸として展開されたが、同時にそこにはキェルケゴールへの言及がヘーゲル哲学批判を中心に数多くなされ、「懺悔道がキェルケゴールの信仰に合する」とさえ云われるに至る。これは武藤らが聴講した講義を引き継ぐものでもある。田辺のこうしたキェルケゴールとの取り組みは、キェルケゴールそのものを主題とした『実存と愛と実践』（一九四七）の第一論文第二論文へと展開される。そこで田辺は、キェルケゴールの哲学思想のうちで不朽の意義を有するものを抉出分析すると同時に、その立場が超越的自己の往相的単独性に偏して社会的媒介を欠き、社会解放の実践が稀薄で、説くところの愛の当為も抽象性を免れない欠陥を有すると批判する（序）。こうした田辺の思索の歩みは、すでにキェルケゴールに親炙していた武藤に、キェルケゴールとの取り組みへの大きな促がしとなったであろう。そこで武藤ははじめてキェルケゴールを主題とし「キェルケゴールにおける実存と現実」（四八）を発表し、引き続いて翌年「キェルケゴールにおける同時性の問題」、「宗教的実存の現代的課題」を執筆し、これらは『信仰と倫理』（一九五〇）に纏められることになる。

田辺の『実存と愛と実践』はあくまで懺悔道の思想や論理にのっとりながらキェルケゴールを論じはするが、しかしシュレンプ訳での主な仮名著作との熾烈な取り組みにもとづく主要思想の解釈と実存的な対決であり、たんなる我田引水的恣意的なキェルケゴール論ではない。けれども田辺がどこまでも〈絶対無〉のはたらきとして実存の絶対否定性を論じるのに対し、武藤の「実存と現実」論文は、田辺が立入って論及しない（書名のみ『懺悔道』に出る）『イロニーの概念』（キューテマイヤー訳）に拠り、キェルケゴールのイロニー論に即しつつ絶対否定性を論じるように、武藤はあくまでキェルケゴールに即し、その思想展開に即するかたちで、キェルケゴール論を展開しようとしている。田辺が引照するMonrad, Brandes, Ruttenbeckら（ただし武藤のもとで田辺の署名入りのH. Diem, Philosophie u. Christentum bei K. を目にした覚えもあり、田辺の参照文献が以上に限られるわけではないが）に対し、武藤は加えてDiemのほかにLowrie, Kassner, Bohlin, Geismar, Allen, Adorno, Himmelstrupなど当時独語英語で入手し得たキェルケゴール文献をも参照し、また冒頭に「キェルケゴール小論」を配して彼の生涯と思想展開の概略をたどり、それとの折衝対決を試みるところにもそれは明らかであろう。

しかしこれらのキェルケゴール論に田辺の思索が色濃く反映していることは蔽うべくもない。それは武藤自身が認めるところでもある。けれどもそれらを田辺のキェルケゴール論のたんなる焼き直し、細密化にすぎぬと見ることはできない。四六年秋北軽訪問の際に、武藤が自らのキェルケゴールとの取り組みへの田辺の激励を感得したと語るように、すでにそれまでに彼が田辺の講義や論文の策励のもと自らキェルケゴールに長く取り組んできていたことは、四二年の卒業論文にすでに、のちの彼のキェルケゴール論に通じる重要な視点が見出せることにも知られよう。武藤は田辺の思想に傾倒し、また『懺悔道』以降田辺がキリスト教への接近を強め、『実存と愛と実践』や『キリスト教の弁証』（一九四八）でそれを顕在化させる時期の田辺の〈無即愛〉〈愛の三一性〉などの思想にも深く共鳴するが、自らキリスト教信者ではないと明言し、とりわけイエスの受肉の教義をきびしく斥け、『実存と愛と実践』で言及され『キリスト教の弁証』で主題化される〈パウロからイエスへ還れ〉とする田辺の主張を、改革派的信仰に育ち、論文中でも自らがキリスト教信仰に生きるキリスト者たることをくりかえし明言し、「キリスト教の思想・信仰は、私の人生の最大関心事であった」（「無即愛」）とも述べる武藤が、そのまま自らの立場となし得ないのは明らかである。彼のキェルケゴール論も田辺の強い影響下にあるが、それが田辺の講義や論文の策励のもとでの、武藤自らのキェルケゴールとの実存的な取り組みの成果であることに疑いはなく、そこには武藤自身のキェルケゴールとの対論と、同時に隠されたかたちで、田辺のキェルケゴール論との対論も秘められている。

「良心と悪」の問題意識をうけつぎつつ、キェルケゴールを主題とし、例外的単独者が罪意識を媒介として絶対者に自己の超越的根拠を見出す実存の逆説的転成の道程を、キェルケゴールに即して辿る「実存と現実」論文で武藤は、田辺と批判を共有して、キェルケゴール的実存の単独性の非歴史的非実践的性格、彼の倫理の社会性具体的実践性の欠如を指摘する（この批判は「キェルケゴールへの問い」（七九）まで変わらない）。『現代の批判』や教会攻撃など、時代批判というかたちをとった時代や社会への熾烈な関わりは両者ともに看過しないし、信仰の二重運動による有限性の再獲得の思想、第二倫理学の提唱、『愛のわざ』での愛の当為や平等性の主張などにも深い意義を認めるものの、現実性への還相が社会的倫理的実践としての具体性を十分もち得ないとする批判である。しかし他面で武藤は、それがキェルケゴールの思想全体を貫く終末論的性格にもよることに注意を促がし、彼の思想にふくまれた、世俗的ユートピアニズムに対する徹底的批判性と神の国の終末論的性格が、政治と宗教との同一性的連続や、絶対的目的と相対的目的との思弁的媒介によって歴史的現実の絶対化を図る内在主義・人間中心主義を滅尽し、政治的社会的実践の相対性と限界を自覚させ、それに宗教的無私性を賦与する可能性を見出し、そこに実存の現実化を期待しようとするが、そこにはニーバーの主張を反映させた武藤の立場がある。

「同時性」論文では、キリスト者になるとはキリストと同時的になることであるが、同時性の主体はどこまでもキリストにあるとされる。同時性の超越的根拠は天に挙げられた活ける主キリストであるが、活ける栄光の主との同時性は地上の卑賤のイエスとの同時性にほかならず、史的イエスが同時性の実在的根拠である。地上のイエスはすべての者の背後に立つ模範であり、キリストとの同時性は救主にして模範たるキリストと同時的になることである。そこからキリストの救いを信じる信仰とキリストの模範にまねぶ倫理との不即不離の関係が主張される。この信仰と倫理との交互循環的媒介関係は武藤が田辺からうけつぎ、失うことのなかった視点である。しかし模範たる師主キリストは認めても救主キリストは肯がわず、キリストとの同時性を先進後進の還相行とのみ解する田辺に対し、キリスト者武藤はそれを模範から救主へ、救主から模範への交互循環において捉え、よりキェルケゴールに即して同時性、模範、随順を捉える。さらに注目すべきは、同時性の主体があくまでキリストにあることを強調する武藤は、キリストと同時的になり、彼とともに生きるキェルケゴールの〈同時性〉を、汎神論的神秘主義とは区別された〈信仰神秘主義〉と捉える点である。『キリスト教の弁証』でのパウロのキリスト神秘主義に対する批判、さらに神秘主義一般に対する田辺の厳しい対峙を思えば、ここには田辺とは異なる武藤の主張が明らかである。「キリストと共に」から「キリストに於て」への転化は行為から存在への立場の変更であるとして、それを厳しく斥ける田辺に対し、やがて武藤は

「キリストにあって」生きることを強調し、「キリストを信ずる」から「キリストにある」への転化はリアルなキリスト教的生への徹底であり(「キリストにある生活」)、「神秘主義は宗教にとって本質的なものであって、それを排除してはキリスト教信仰も成立たぬ」(「キェルケゴールの宗教哲学」)と明言し、のちにはパウロやルターの神秘主義に積極的に取り組むことになるが、その萌芽はこの〈同時性〉理解にある。これは直接にはRuttenbeckの研究に示唆を負うが、そこに西谷啓治(『神秘思想史』『神と絶対無』)の影響も見て取れる。

『信仰と倫理』の冒頭に配された「キェルケゴール小論」は、「宗教的実存の現代的課題」(第六、七節)の前に、キェルケゴールの生涯と思想展開の概観とその解釈を加え補完したものである。「現代的課題」論文で武藤は、キェルケゴールの段階思想の図式的絶対化、固定化を警め、その後も折にふれそれを警めるし、また倫理と宗教性との交互循環性や宗教性Aと宗教性Bとの相互媒介性にこそ武藤のキェルケゴール理解の特徴があるが(その点で武藤は『後書』の〈遡及力〉という言葉に着目する)、ここでは一応実存の三段階に沿うて思想の展開をたどり、その上で宗教的実存の課題を論じる。キェルケゴールの二元論的終末論的思惟が、神と人との質的懸絶を説き、神の国とこの世の現実・文化とを厳しく対立させ相互媒介を峻拒するため、宗教的実存は宗教以前の倫理的・歴史的世界と積極的な関係を結び得ず、実存の立場は科学や倫理との媒介を断念せざるを得ない、そこに武藤は田辺の批判の正当性を認める。しかし同時に武藤は、終末論を見失った近代的人間の宗教性に対するキェルケゴール(さらに弁証法神学)の鋭い批判には積極的な意義を与えようとする。その上で宗教的実存の内面性と歴史的現実との、二元論でも発出論でもない、内外の対立と媒介との弁証法(愛なる戦い)をはらむ弁証法的発出論を求めようとする。武藤はのちに至るまで「絶対的なものに絶対的に関係し、相対的なものの相対的に関係する」(『後書』)をくりかえし引照しつつ、終末論的信仰的であると同時に現実的でもある、逆説と緊張をはらむ統一を追求し続ける。宗教的実存のもう一つの課題は現代のニヒリズムの問題であるとされる。ニーチェのニヒリズムを、キェルケゴール的に美的実存が行きつく絶望と片づけることも、さりとて善悪の彼岸に立つ超人を、宗教性Aと解することも妥当性をもたない。キェルケゴール的実存やその実存的生成の枠組みが必然的に負うている制約のゆえに、キェルケゴール的立場を固守するのみではニーチェの思想と対決し得る具体性をもち得ず、そのニヒリズムの克服は望み得ないとする。さらに現代のニヒリズムが、キェルケゴールやニーチェにおけるような、実存の立場で自覚的になる虚無性にとどまらず、直接的な日常的現存在の深部に根を下ろし、しかもそれをたんに非実存的な頽落とは片づられない深刻なニヒリズムであるとし、そうしたニヒリズムの克服には、キェルケゴールもニーチェも十分に届き得ない限界性をもつとする。さらに武藤は、直接的美的な生は必ずしもキェルケゴール的絶望には究極せず、即自的なニヒリズムがそのまま透明な諦念として自己自身に深まり、東洋的無に深まり行く可能性も認める。ただし現代のニヒリズムが東洋的無に徹底し摂取され克服され得るかには疑問を投じる。これ以降武藤はくりかえしニヒリズムを論じるが、ニヒリズムに対するこの強い関心にも西谷に学んだ跡が窺えよう。かくして、必ずしも〈三段階論〉のように、美的実存が絶望に帰結して倫理的実存に転じ、さらに宗教的実存へ躍入するとはかぎらない。しかしそれはキェルケゴールの思想や精神の廃棄を意味せず、新たな境位においてその徹底深化と具体化をわれわれに迫るものであるとする。ここに武藤による段階論の自己化と対論を見ることができよう。

『信仰と倫理』は小書ながらも、当時未だ数少ない、キェルケゴールの思想展開の全体に即した実存的な取り組みであった点に、それなりの意義を有したと云えよう。これはのちに『キェルケゴール——その思想と信仰』（一九六七）第一部として再刊されるが、その際には引き続く時期に武藤が雑誌『兄弟』（武藤が同窓友人の久山康、北森嘉蔵らと組織した基督教学徒兄弟団の機関誌）に執筆したシリーズ「キェルケゴールに関するノート」やその延長上の「随想ノート」ほかの小文も多く収録される。これらの小文には、建徳的講話に共感し、とりわけ橋本鑑の取り組みに共鳴した久山とは趣きは異にするが、武藤もキェルケゴールをどこまでも自らの生き方・信仰の問題として実存的に身読しつつ、しかしまた神学や哲学や仏教思想など文化や思想の問題との広い連関のなかでそれと対論しようとする姿勢が窺えるが、これは生涯変わらない武藤のキェルケゴール受容の方向性であり、そこにどこまでもキリスト教信仰に固着した彼のキェルケゴール論が、にもかかわらず、神学のみならず広く思想や哲学に開かれたものにもなり得た理由もある。

前著を引きつぎ武藤は、マルクス主義、終末論、ニヒリズム、宗教哲学等々をめぐる諸論考を発表し、その論点の多くは『宗教哲学』（一九五五）に集約される。本書は直接キェルケゴールを主題に論じはしないが、「キェルケゴールの宗教的実存主義は小書の全体を通じて常に私を導いてくれた思想である」（序）と自ら語るように、キェルケゴールをつねにさまざまな問題に媒介しつつ捉え、対論する彼の取り組み方を如実に示している。〈宗教の弁証〉は外なる思想に対し自己を固守防衛するだけでなく、同時にそれにより自己の本質をより深く反省究明することでもあるとされるが、それはまさしく武藤のキェルケゴール論のありようでもあり、キェルケゴールの思想が他に媒介され、他との対決が同時にそれ自身の本質の究明反省となるかたちで論じられる。

前著「小論」でキェルケゴール的な宗教的実存の現代的課題とされた二つの問題が、第一章「宗教とマルクス主義」、第二章「ニヒリズムと宗教」で取り上げられる。第一章は明示的にはわずかに瞬間、絶望に言及するのみで、大半はマルクス主義をめぐる論議に終始するが、叙述全体が意図するのは、キェルケゴールの瞬間論が単独者としての実存と永遠絶対者との関係が中心となり、歴史哲学に不可欠な〈種〉の論理を欠如するように、彼の思想のもつ社会的歴史的実践性の欠如という問題との武藤の対論であり、また田辺のキェルケゴールとマルクスとの結合の試みに対する武藤なりの対論でもある。

第二章は第二の課題〈ニヒリズム〉との対論である。キェルケゴールの宗教的実存主義とニーチェの無神論的実存主義とは対蹠的な立場であるが、ニヒリズムを媒介にして深く触れ合う。だがニヒリズムにおいて相通いながらも、超克の方向が全く逆となるのは、両者の体験把握する虚無性そのものの異質性をも示し、キェルケゴール的思想範疇のみではニーチェの立場は片づかない。その異質性を明らかにした上で、異質的なニヒリズムをも自らの問題として共感的に受けとめ、対決することに課題があるとし、さらにハイデッガーのニヒリズムの理解や克服との対論を試みる。これらには西谷のニヒリズム理解（『ニヒリズム』）が反映しているが、ハイデッガーになお残る同一性連続性を指摘して、キリスト教的立場との根本的相違を語る点では田辺のハイデッガー批判を受けつぐとも云えよう。前著で指摘された現代の直接的日常的存在に浸透する虚無性の問題は言及されないが、無常観の問題はのちに「ニヒリズムと宗教」（七九）でさらに論及され、そして武藤はニヒリズムをキリスト教と仏教との出会いの場としても捉えようとする。

第三章「神学と宗教哲学」で武藤は、神学と哲学との間に自らの立場の確立を図る。〈宗教哲学〉を神学と哲学の独自性、両者の対立を認めつつ媒介する位置に立つものと捉え、媒介において神学が哲学に裏づけられる面の強い〈哲学的宗教哲学〉と、哲学が神学に規定される面の強い〈神学的宗教哲学〉を区別し、その典型をウォッバーミンとキェルケゴールに見る。啓示の超越性と体験の内在性とが対立しつつ媒介され、宗教的体験から啓示へ（前者）と、啓示から宗教的体験へ（後者）との媒介統一に真に具体的な宗教哲学は成立するとする。哲学的宗教哲学は啓示の超越性を体験の内在性に解消し、両者の対立緊張を介した媒介性を見失う危険をはらむのに対し、キェルケゴールの思惟はどこまでもキリスト教信仰に規定されながらも、同時にあくまで不安・悔い・絶望などの実存的自覚を否定的媒介とする。内在性との断絶である宗教性Bが〈逆説的内面性〉とされるように、実存的内面性が絶対否定を通じて逆説に媒介され、それによって彼の思惟はニーチェの無神論的思惟にも触れ合うものとなる。そこに神学と哲学とを真に媒介する宗教哲学の可能性を見、キェルケゴールの思惟をそのような〈神学的宗教哲学〉と解し、そこに自らの立場を定位し、それとティリッヒの弁証論的神学との親近性を指摘する。

「キェルケゴールの宗教哲学」（五五）では武藤は、キェルケゴールの思想をシュライエルマッハーとバルトとの関連で論じる。彼の思想には神学的教義学的前提と同時にそれと異質な実存的心理学的契機があり、両側面が相互に弁証法的に媒介され、一面きわめて厳格に神学的にキリスト教信仰の逆説性を主張し、同時に他面きわめて実存的人格的な宗教的体験に裏づけられる点にその特色を見る。そこにはシュライエルマッハー的な宗教的体験主義とバルト的な弁証法神学の両要素が弁証法的内面的に結びつけられた〈神学的宗教哲学〉がある。宗教的体験主義に対する弁証法神学の批判の意義を認めつつも、「キリストとの同時性」に「信仰神秘主義」（H. E. Weber）を見出し、体験に内在化されない超越者が、信仰においてキリストと同時的に生きることにより、自己の実存の根底に内在的に生きられるという逆説的体験主義、〈高次の体験主義〉があると見る。武藤はシュライエルマッハーを宗教性Aの一つのあり方とも解し得るとし、こののちしばしば彼を論じる。同時期に書かれた「キルケゴールの現代的意義」（五五）もキェルケゴールの思想の特質を〈ニヒリズム〉と〈神秘主義〉と〈高次の実在主義〉との内面的結合に見る。

この視点は学位論文『神学と宗教哲学との間』（一九六一）第一章「カントからキルケゴールへ」に受けつがれる。前出「キェルケゴールの宗教哲学」での宗教性Aと宗教性Bとの内面的有機的結合をめぐるGeismar, Hirschの所説などをさらに敷衍して第三節に配し、問題をさらに遡及させて、カント、シュライエルマッハー、オットー、ウォッバーミンらとの対論を試み、キェルケゴールの〈神学的宗教哲学〉に哲学と神学とを真に媒介する宗教哲学を見ようとする。第二章以降キェルケゴールは主題的に扱われないが、表題『神学と宗教哲学との間』が、哲学と神学とを真に媒介する〈神学的宗教哲学〉を、その媒介の場に自分を据えて、自ら問い求めようとする武藤の立場の表明である点で、本書全体は武藤のキェルケゴール受容の具体化でもある。第二章第三節のキェルケゴールのヨブ論をめぐる議論は武藤独自の『反復』解釈であり、『反復』論としても意義を失わない。

武藤は『キェルケゴール』に続き『宗教哲学の新しい可能性』（一九七四）『神学的・宗教哲学的論集Ｉ』（一九八〇）

『同Ⅱ』（一九八六）『同Ⅲ』（一九九三）を執筆するが、「キェルケゴールへの問い」（『論集』Ⅰ）をのぞけば、「宗教哲学の新しい可能性」（『新しい可能性』）「学問のゆくえ付論⑵註」（『論集』Ⅰ）「信仰の神と哲学者の神」（『論集』Ⅰ）「神学的宗教哲学について」（『論集』Ⅱ）「神学主義と宗教主義」（『論集』Ⅲ）などで宗教性Ａ・宗教性Ｂの相互媒介に触れて議論を展開するのみで、キェルケゴールは主題的には論じられない。これは直接には武藤が教養部から文学部基督教学講座に転じて主たる研究領域を移した（『神学と宗教哲学との間』はその移行期に当たり、第一章は教養部講義、他は主に文学部講義を基礎とする）ことにもよるが、しかし京都着任以来いっそう深まった西谷との親交を介し、次第に西田幾多郎の思想に深い共感を寄せて行くこととも無関係ではない（「宗教における〈内在的超越〉ということについて」（『新しい可能性』））。〈信仰神秘主義〉からさらに〈キリスト教の聖霊論的理解〉への武藤の新たな歩みの重要な契機となったのは西谷との対論であり、それらを通じ武藤は田辺の影響を残しつつも西田への接近を強める。かくして『神学と宗教哲学との間』は田辺への献辞をもつが、『論集Ⅱ』は西谷に献呈されることになる（「序」参照）。だが「キェルケゴールへの問い」（七九）は未だ『神学と宗教哲学との間』に至るまでのキェルケゴール論に基づく対論であって、新たな立場からキェルケゴールがあらためて論じられるには至らなかった。

『信仰と倫理』序では「私のキェルケゴール研究」と書いた武藤も、その再版『キェルケゴール』序や「キェルケゴールへの問い」では、自らの論考は「キェルケゴール研究という名に値しない」「キェルケゴール論」でしかないとする。事実武藤はデンマーク語原典・文献に通じず、さらに研究領域を移して行くにつれキェルケゴールを主題的に論じることも少なくなるが、しかし彼の思想的営為の全体がキェルケゴールの思想の自己化と対論であったと見ることもできる。キェルケゴール研究に対しても関心を失わなかった武藤は、それだけに研究の現状に照らして、自らを研究ならぬ論にすぎぬと言わざるを得なかったのである。だが「キェルケゴールへの問い」で武藤は、田辺が先哲の思想を歪曲することなく、しかも独自の解釈を提示しつつ自己化し、そこに批判的対決という姿勢を貫いたことを高く評価するが、それはまた武藤が自らに期した姿勢でもあった。キェルケゴールの実証的研究の必要を武藤も認めたが、しかし武藤自身はその研究の当初から、キェルケゴールをつねに問いつ問われつの関係において解釈し、自己化し、対論しようとした。そこに武藤のキェルケゴール論の特質があり、武藤なりのキェルケゴール受容があったと云えるし、そこにまた彼のキェルケゴール論の独自の意義もあると云えよう。

遥かなデンマーク
――キェルケゴールの国

橋本　淳

〔A〕N・H・セー教授（Prof. Dr. N. H. Søe）

（1）デンマークへの道

キェルケゴールの国デンマークを訪ね、デンマーク語の習得とともにキェルケゴール研究に携わりたいと、かねてから願っていた。だからしばしば萩原朔太郎の詩をもじって、「デンマークへ行きたしと思へども／デンマークはあまりに遠し……」と嘆息した。その夢もかない、ふり返れば、デンマークまでの道程はたしかに「あまりに遠く」あった、けれども今、H・C・アンデルセンの語をもって十分に言うことができる――それは私にとって、一篇の

eventyr（fairy tale・不思議な物語）であった、と。

一九六八年、四国学院大学から招聘を得たとき、住みなれた大阪を離れる躊躇があり、すぐ近くにデンマークへ留学する計画も抱いていたので、一度は辞した。しかしそれでもと望まれ、とまどいながら大学の所在地・香川県善通寺市へ赴く決心を下した。赴任したばかりの新任教員が翌年に海外研究へと旅立つのでは、近しい人たちならばともかく、教授会全体が合意するまでに問題がありすぎた。大学から最終的には了解が得られ、同年の秋、コペンハーゲン大学神学部教授ニールス・ツルストルプ〔後出〕あてに意を伝えた（九月十七日付）。それがツルストルプ教授にあてた最初の私信であったが、これを喜ばれ、一〇月十一日付で応諾の返事を下された。コペンハーゲン大学神学部教授会にも早速に諮られ、つづいて大学学長からも公文書が送られてきた。

準備はこのように進展しても、留学費用の目途がまったくなかった。唯一の希望は、次年の二月に行われるデンマーク政府奨学金に応募して、試験を受けることだった。不合格ならば乏しい家計から捻出しなければならず、気持ちは重かった。幸いにも翌年二月の試験で、二名の合格者の中に私が加えられた。

一九六九年七月末に善通寺を離れた。海外研究へと旅立つ私を見送るため、大ぜいの学生たち教職員が駅に集まり、花束まで贈られた。中には高松の連絡船の桟橋で待ちうけ、見送ってくれた学生たちもいる。

当時、日本からヨーロッパへ渡るのに廉価で簡便な方法は、横浜港からナホトカへ、列車でハバロスクへ、そこから航空機でシベリア上空をこえてモスクワへ、さらに空路をとりスウェーデンのストックホルムへ行くルートである。横浜を客船で出て四日目の深更、ストックホルムのホテルに着いた。翌日は市中の観光にあて、その次の朝、国際列車でコペンハーゲンを目ざした。前夜は心が高ぶって寝つかれず、旅行ノートに記した、「いよいよ明日はコペンハーゲンに入る――その道はあまりにも遠く、かなしい、けれども幸せだった」、と。

一九六九年八月一日の夕刻、コペンハーゲン中央駅に降りた。駅前のチボリ遊園の灯が、白夜の薄ら明かりの中でうるんでいた。

（2）エグモント学生寮の学生たち（Egmont H. Petersens Kollegium）

デンマーク滞在中の私の身許保証人は、N・H・セー教授（Prof. N. H. Søe, 組織神学）にお願いしていた。セー教授は、後述のように、デンマーク国内だけでなく欧米で高名の組織神学者である。その頃にはすでに停年で退官しておられたが、私の最初のデンマーク留学（一九六九年―七〇年）に際して、終始よくお世話をして下さった。

セー先生は、私が関西学院大学神学部に学び、小林信雄教授（新約聖書学）から紹介された者であることを喜ばれ、「プロフェッサー・コバヤシが推薦する者ならば安心だ」と、おっしゃった。以前に小林教授がスイスのエキュメニカル・インスティチュートで学ばれたとき、セー教授は客員教授として教えておられ、小林教授が日本人に見られがちな暗さを持たず、明朗で活溌なその人柄に好印象を抱かれていた。セー先生は、コペンハーゲンでの私の下宿先まで配慮して下さったが、私は学生寮に入ってデンマークの学生生活を共どもに体験したいと申し出たので、先生と大学で知己の法学部教授・エグモント学生寮舎監の William. E. von Eyben 博士に私を紹介された。〔同教授のご子息は、現在、同じくコペンハーゲン大学法学部教授で、二〇〇四年に関西学院大学法学部の客員教授として来日された〕。

エグモント学生寮は、コペンハーゲンから北シェランへと通じる Nørre Allé の幅広い通りに面していて、各階に二十四の部屋数をもつ八階建てマンションが三棟も並ぶ大きな学生寮である。寮の前を走る Nørre Allé の向こう側では、木立ちの深い広大な公園が広がり、ここは又とない遊歩道となった。私の部屋は五階（五〇六号室）で、窓から木立ちの緑が映え、その上に月がかかる秋の夜などは、一入に故国が焦がれてならなかった。

寮では、二つの部屋で共用するトイレ、シャワー室があり、各階ごとに共同炊事室をおき、ここで学生たちはそれぞれの食事とか飲み物を用意していた。一階の玄関口右手に寮食堂があったが、月曜日から金曜日までの夕刻だけ開かれ、それ以外は自炊するか外食するしかなかった。各棟各階ごとにチーム（班）が作られ、リーダーを選び、寮生活を楽しむプログラムがこらされた。新入寮生たちの歓迎パーティーやイースター明けの仮装舞踏会は、寮全体の祭事であるが、各階ごとのチームによる大小さまざまなパーティー（デンマーク語でfest）が企画され、そのような時は各階の共同炊事室に集まった。留学を志してから私は、ワルツのステップを僅かながら覚えたが、ゴーゴーダンスの全盛期で、それなりに体を動かせておれば何でもよかった。あるとき私たちの企画で、真夜中にデンマーク・スウェーデン海峡をフェリーに乗って往復し、そのあと学生たちと共だって波止場の一角にある薄暗い酒場に入った。朝が明けるまで飲みさわぎ歌った。そんなとき、デンマークに古くから伝わる学生歌、民謡、俗謡などを学生たちから教わった。

エグモント学生寮には、男女の学生が区別なく入寮している。私の隣室は、デンマーク文学が専攻の女子学生マーグレッテで、異郷に独りいて沈みがちな東洋人を気づかい、果物などを運んでくれた。クリスマスも近い頃、彼女が突然に往復切符をもって部屋にやってきて、クリスマス休暇は自分と一緒に郷里のカルンボー（Kalundborg）へ来るよう招待した。彼女の父親は、カルンボーのギムナシウム［高等学校］の校長で、母親はコペンハーゲン大学の出身、兄が法学部の学生という上流の知識階級にいて、、それだから日本人留学生に理解があったのだろうか。思いもかけずクリスマスをカルンボーで過ごすことになり、デンマークの家庭でのクリスマスを味わうことができた。

カルンボーは、古くからの港町で、ここからユラン半島へ渡るフェリーが発着する。かつてキェルケゴールが大学を卒えてまもなく、父祖の地を望んで西ユランを訪ねたときも、ここから乗船している。コペンハーゲン中央駅から普通列車に乗り、デンマーク最大の聖堂で知られる古都ロスキレを経て約二時間で着く。

カルンボーの丘の上には、四つの大きな塔をもつ要塞のような教会堂が建っている。クリスマスの前夜、すでに日は落ち宵闇が迫る丘の道を、人びとは手に手にローソクをともして教会へむかう。そこに粉雪が流れ、まるで一幅の絵を見るような光景を、誰が忘れられるだろうか。

教会での礼拝が終わると家にもどり、両親とマーグレッテ（大学生の兄はこのとき所用があって帰宅できなかった）、そこに私が加わり、デンマークの家庭でのクリスマスの祝祭（julefest）が始まる。今もまた私は、クリスマスが巡ると、カルンボーで過ごしたクリスマスをいとおしみ、偲ばれてならない。そして、家族みんながそろって近郊の冬の森へとドライブしたことも。

二階の一室が私のために用意されていた。しばしば彼女が姿を見せ、デンマーク語やデンマーク文学を私に教えた──ヨハン・エーヴァル、アダム・エーレンスレアー、ステーン・St・ブリカー、ヘンリク・ポントピダンなど……。

日本に帰国後も、クリスマス・カードの交換だけは幾年にもわたって続いた。彼女は卒業後、ユラン地方で教育行政に携わり、要職にも就いた。しかしある時期からその消息が途絶えた。そして一九九七年の冬、彼女の兄から突然にクリスマス・カードが届き、同年三月に癌で逝去したと言う。その前年（一九九六年）の夏、デンマークを訪れていた私は、コペンハーゲンで彼女と再会するよう約していた、が私の短い滞在スケジュールと彼女の時間とがやはりそろわず、次を期したのだが……、Margrethe！

（3）ニースル・セー教授のこと（Prof. Dr. Niels. H. Søe）

初めてデンマークを訪れキェルケゴール研究に励んだ期間中（一九六九年―七〇年）、私は終始、セー教授から随分と好意あふれる恩情に浴した。前年の一九六八年七月にセー先生あて最初の私信を書き、次年度に留学研究を志している由をお伝えし、当時いまだ交信がなかったツルストルプ教授（神学部、宗教哲学）への紹介を願い出た。

コペンハーゲン大学が新学年度を迎える九月一日までにコペンハーゲンを訪れ、まずはデンマーク語の学習に没頭したいと、七月末に日本を離れた。八月中は、コペンハーゲンのデンマーク人の家庭（Henrik Brandt 氏宅）に下宿してデンマーク語会話を習い、またコペンハーゲン大学で開かれたデンマーク語の夏期講習にも参加した。そのようなとき、突然セー先生から電話がブラント氏宅にかかり、すでにコペンハーゲンへやって来ている私と話したいと言われる。電話口には出たものの、私にデンマーク語の発音が聞きとれるはずはない——私と会いたいと言われるが、指示される地名などまったく聞き留められない。困惑する私を見かねてブラント氏が代わって電話を聞いて下さった。八月二十七日の木曜日、午後三時にゲントフテ（Gentofte）駅へ来るようにとの招きだった。ブラント氏から教えられて、コペンハーゲン郊外のゲントフテへと出むいた。しばしばデンマークでは晩夏の頃に突然の激しい雨となる。一時間も前から駅で待っている間に、この日も強い雨が落ちてきた。その、しぶく雨の中をセー教授は傘を抱えてやって来られた。

駅から近い私邸へと招かれ、手づくりのデンマーク・サンドウィッチ（オープンサンドウィッチ）で持て成して下さった。すでにご夫人を亡くされ、お二人の愛息をも失われて独りで暮らしておられた。白髪の先生には気品がにじみ、慈愛でつつまれていた。けれども学問を語られるとき、知性的で厳めしい表情を見せられ、瞳が輝いた。先生は書棚から、キェルケゴール最後の戦い——教会攻撃文書『瞬間』を取り出され、ページを開き、自分はキェルケゴールの思想に対して数々の点で共感する、しかし教会攻撃文書で見られるキリスト教理解や教会観に関しては不満で批判的ですらあると、ご自身の神学的立場との間で一線を画された。〔ここでの課題——キェルケゴールの教会攻撃とそこで見られるキリスト教思想をめぐって、私は後年に自分なりの見通しをつけた——「殉教のキリスト教——『認容』の問題をめぐって」（『理想』一九七九年八月）〕。

それから、教え子のツルストルプ教授やツルストルプ教授夫人の、それぞれのキェルケゴール研究について論評され、さらにはマランツク博士〔後述〕の研究にも言及された。とりわけマランツクの研究を評価され、単に学問的客観的な域だけにとどまらず、そこには余人では見出されない霊的なものを宿している。是非その指導を受けるよう勧められ、マランツク博士あての紹介状までも用意して下さった。

N・H・セー教授は、一八九五年十一月二九日の出生で、『キリスト教倫理学』（一九四二年）、『宗教哲学』（一九五五年）、『デンマークの神学――一九〇〇年以降』（一九六五年）などを著された。コペンハーゲン大学神学部を代表する組織神学教授として、デンマーク本国をはじめ北欧の各国、ドイツ、米国で知られ、退官後の一時期、東京のルーテル神学大学から招聘され客員教授として来日されたこともある。とりわけバルト神学の紹介者であり、デンマークにバルト神学を根づかせた最大の功労者である。

デンマークのキェルケゴール協会〔後出〕が創立されたとき副会長に挙げられ、一九五〇年から会長職を要請され、一九六七年になって高齢と健康が理由で辞任を申し出られるまで、デンマーク・キェルケゴール協会の中枢にあってよく指導された。会長を退かれた後も顧問として協会を支えられたが、一九七八年六月十日に逝去された。

キェルケゴール協会の研究誌 *Kierkegaardiana XI*（一九八〇年刊）の中で、大学における故セー教授の後任者、そしてキェルケゴール協会ではセー会長の下で書記となって補佐されたツルストルプ教授が、美しい追悼の辞を献げられた、――「セー教授はセーレン・キェルケゴール協会に対して積極的に参与され、とりわけ協会の出版活動はセー教授の尽力に多くを負うている。……つねに見識に富み、しばしば批判的に、けれどもつねに明晰な評言でもって後進を指導された……厳密な意味で言えば、セーはキェルケゴール研究者ではなかったし、そうであることを望まれなかった。彼は自身の中心的な課題を神学の中に求め見出しておられた。しかしながらキェルケゴールの著作や日誌・遺稿集に通じておられ、キェルケゴール協会の会長へと懇望されたとき、本来の傾向よりもそれ以上に、そこでの義務と責任を痛感されたかもしれない、しかしN・H・セーはそれを十分と完うされた」。

ほぼ一年にわたるデンマークでの研究が終わり、そのあと私はミュンヘン大学のドイツ語夏期講習に参加し、それからチュービンゲン大学にユルゲン・モルトマン教授を訪れヘーゲル研究の指導を受ける予定でいた。コペンハーゲンを離れるに際し、セー先生に感謝したいとゲントフテの私宅をお訪ねした。一年間の私の成果を喜ばれ、前庭をぬけて門口まで送ってこられると、日本の風習にしたがって身をかがめ、「日本の知人たちに宜しく」と挨拶された。

帰国後もセー先生との交信が重ねられた。風聞では再婚されたとも聞いた。一九七八年にクリスマス・カードをさし上げたところ、翌年になって、再婚されたセー夫人から教授の訃報が伝えられた。デンマークでの別れのときセー教授が自署して贈られた『宗教哲学』を、いつかは日本語に訳出したいと望んでいたが、それも果たせないまま今日を迎えている。

二〇〇〇年の夏、デンマークに滞在した私は、ゲントフテのホテルで部屋をとり、思い出を探してみた。遠い日の晩夏をなつかしみ、はるかな記憶を紡ぐようにして、日中でも人通りが少ない住宅地をゲントフテ駅からたどってみた。しかし、湖の辺りに建っていたと思われる瀟洒なその私邸を、ついには見出せないで終わった。

＊　＊　＊

N・H・セー教授の後任人事がもつれた。セー自身は、ハンブルク大学で学位を取得していた気鋭の若い組織神学者 Poul Henning Jørgensen を推した。一方、他の二名の選考委員はニールス・ツルストルプを挙げた。神学部教授会は多数決でツルストルプを決定した。セーは当然のこと、教授会の評決にしたがった。（『コペンハーゲン大学五〇〇年史』の中、L・グラネーによる「神学部史」五四七ページ）。Jørgensen は、一九六九年に *Afteologisering*（『非神学化論』）を著して、話題を喚んだ。

デンマーク・キェルケゴール協会の会長としてセーは、その高齢と健康を理由として辞任されるまでの七年にわたり、誠実に職責をまっとうされた。セーほどの豊かな学識と高潔な人格があって、キェルケゴール協会の諸活動はデンマーク内外において信頼され、目ざましく進展もした。セー会長は、書記ツルストルプの仕事を理解しこれを支え、ツルストルプもまたセー会長によく仕え、キェルケゴール研究が国際的な規模で展開していく今日、そろってふたりは不滅の足跡を記した。

あるとき、このような出来事があった。キェルケゴール協会の例会が終った夜、私はセー教授と連れだってNørreportの国電の駅にむかいNørregadeの通りを歩いていた。後方からツルストルプ教授の運転される車がやってきて、セー教授に窓ごしに声をかけられ、自宅までお送りしたいと申し出られた。するとセーはそれを辞され、家が駅から近いのでこのまま電車で帰ると返事された。ふたりの様子を私は、何か怪げんな思いで眺めていたことがある。

〔B〕N・ツルストルプ教授（Prof. Dr. Niels Thulstrup）

（1）セーレン・キェルケゴール・インスティチュート（キェルケゴール研究所―― Søren Kierkegaard Institutet）

一九六九年九月二日の火曜日、指定された時刻にニールス・ツルストプ教授を、コペンハーゲンのSkt. Peders Stræde五番地にあったキェルケゴール研究所へ訪ねた。そこはコペンハーゲン大学本館からごく近く、コペンハーゲンでも最古の教会の一つ、聖ペテロ教会の側壁にそう狭い通りに面している。入り口のドアーをたたくと、あらかじめ伝えられていたのであろう、すぐに学生がドアーをあけて迎え入れ、学生たち・研究員たちが机にむかう間をぬけ、奥の教授室へ私を導いた。

ツルストルプ教授が机を前にすわって待っておられた。机の上をキェルケゴールの著作全集や日誌・遺稿集が囲んでいる。(私もまたそれを研究室で真似て机の上を日誌・遺稿集で囲った)。部屋のまわりの壁には、セーレン・キェルケゴールの蔵書目録から蒐集された古書が並ぶ。その一隅に、キェルケゴールの各国語訳の訳書をそろえている。そこに日本語訳書があった。以前に大谷長先生から命じられて、ツルストルプ教授の Søren Kierkegaard Bibliotek へ日本語訳書を送るので、人文書院刊の『キェルケゴオル選集』を整えるよう依頼されたことがある。京都市中の古書店をめぐって探し求めたものの、全部がそろわなかった。そのとき私は、H・Yさんが『選集』をセットで所持されていることを思い出し、事情を伝えて貰い受け、デンマークへと発送した。その折、『あれか・これか』のうち「結婚の美の権利について」(『選集』第三巻)だけは、手許の私蔵本と差し替えた。久方ぶりに、日本語『キェルケゴオル選集』との対面となった。

たがいに挨拶をかわした後、ツルストルプ教授からインスティチュートの玄関口の鍵を手渡された。これを使って好きな時にやって来て勉強してください、と。そのときには、日本から届いている日本語の書物に関する目録カードをデンマーク語訳にして、目録を作成して欲しいとも依頼された。

インスティチュートでは、助手のニールス・カペローン氏(Niels Cappelørn, 現在、デンマーク・キェルケゴール研究センター所長〔Direktør, Søren Kierkegaard Forskningscenteret i Danmark〕)が中心となって、キェルケゴールの日誌・遺稿集〔第二版〕(*Papirer*)から主要用語・概念・人名などの索引カードを作成していた。この索引カードは、当時の私の研究テーマ(「キェルケゴールにおける〝苦しみ〟〔Lidelse〕の理解」——のちに私の学位論文へと仕上げられた)に、ずい分と役立った。カペローンの多年の労作である大量のカードは、今日、ツルストルプが覆刻刊行した Papirer(『日誌・遺稿集』第二版)の補巻(*Pap.* XIV, XV, XVI)として刊行物になっている。

キェルケゴール・インスティチュート〔研究所〕は、ツルストルプが組織神学教授に就任(一九六八年)してコペンハーゲン大学神学部で開設された。ここには、デンマーク人学生だけでなく各国から研究者が学んでいる。当時、ともに学んだ外国人研究者らは、母国に帰国して後それぞれの国でキェルケゴール研究を指導した。北米の Bradley Dewey, Lou Pojman, イタリーの Alessandro Cortese, フィンランドの Kalle Sorainen など。インスティチュートでいつも夜おそくまで居残っていたのは、私とデンマーク人研究員のパウル・ミュラー（Paul Müller）で、時には近くのデパートの食堂へ遅い夜食に誘われたことがある。ツルストプ教授の没後、その後任者に挙げられたミュラーの、当時の若々しい姿が私のカメラにおさまっている。ミュラーとは、以後も親しい交信がつづいた。論文や著書が出るたびに、それらを次々と送ってこられた。私もまた自身の論文や著書を送りとどけた。私にあてた手紙の中ではいつも、デンマークを再訪するよう書き添えられていた。そこで私は、学部長の二期目を一年で切り上げ、早々にミュラーを訪ねてデンマークを再訪した。あえてそうまでしなければ、大学行政に忙殺されて機会を失うのでないかと懸念されたからである。

ミュラー助教授から歓迎された。彼は授業に出るとき、学生らと変わらない服装で、ジーンズの上衣とスラックス姿で講義した。時には机の上に腰かけ、話しかけるような口調でキェルケゴールを講じた。あるときゼミが終ると、学生たちをともなって、日中の人だかりがする Købmagergade の通りへと出て、ともにビールを飲み、ビヤーホールでゼミが続いた。生き生きと弾み、若やいで、輝いていた。けれどもその頃すでに病患が犯していたのであろう、再会してまもなく、まるで私がやってくるのを待ちかねていたかのように、二カ月後の六月（一九九二年）に急逝された。告別式は六月十五日、Hellerupland 教会で行われ、神学部長 Leif Grane 教授〔後述〕夫妻など関係者が出席されていた。惜しい逸材をデンマークは失ったものである。

インスティチュートには、各国から知名の研究者たちが訪れる。キェルケゴールの著作全集および日誌・遺稿集の英訳者として名高い Howard H. Hong 教授もその一人で、白髪がすてきな方だった。Paul L. Holmer 教授がアメリカから来られたとき、歓迎晩餐会がツルストルプ教授の私邸、Hellerup の Sofievej で開かれた。私たち外国人研究員も招待された。広い大きな庭を臨む広間では、壁にぎっしりと蔵書がつまっていた。ツルストルプ教授は、日本から送られてきた桝田啓三郎先生の日本語訳書あるいは大谷長先生の著書などを取り出して私に示され、日本のことを話題にされた。

デンマークに留学し、デンマーク語の学習とともにキェルケゴール研究にあたることが、私の悲願だった。留学日誌の中に書いたことがある――、

いつの頃からか、〝絶望〟が私に心の病いとなっていた。私は絶望していたし、確かに絶望を病んでいた。それは、物心ついた、人生に目ざめた時からだろうか、たしかに少年時代の頃である。すでに、人生に目ざめたばかりのやわい心が破れ、裂かれ、血が滴っていた。だから必死に生きようとした。生きたかった。それだからキリスト教を、絶望する病いのいやしとしてのキリスト教を必死に求めねばならなかった。けれども又、絶望はしきりと魂を蝕み、疼かせた。……傷ついて、もがき、泣き、ふるえていた。それでも生きたかった、生きねばならなかった。そして今も、何としてでも生きたいと願う。私の人生にはいつも、目に見えない壁が立ちはだかった。それに突きあたっていつも、心がえぐられた。そこから立ち上がるとき、心身を使いきらねばならなかった。だからいつも疲れていた。生の重さが肩にのしかかり、疲れていた。私は何をなすべきだったのか。一方で必死にキリスト教――キェルケゴールを通じたキリスト教に取りすがっていた。その他方で、絶望の重圧が心を裂いていた。生きようとするあがきは、けれども一層の絶望へと突き落とした……三四歳までに死ぬことを予期していたキェルケゴールにとって、三四歳は生きながらうことのなかった年齢だった。今、私は同じ三四歳となっている。それは、生きながらうべき年としてあるのか、それとも生きながらうべきでない年なのだろうか

（九月十日　水曜日）

インスティチュートには、時折、ツルストルプ夫人が姿を見せられる。夫人もまたキェルケゴール研究者として知られ、セー教授は高く評価されていた。夫人は、チェコスロヴァキアの出身で、コペンハーゲン大学神学部に留学してキェルケゴール研究にあたっていた折、同じ神学部の学生ツルストルプと親しみ結婚された。ふたりの華やかなロマンスは、キェルケゴール研究者の間でよく知られていた。夫人が姿を見せると、インスティチュートの空気はたちまち華やぎ、陽光が射す。夫人の話されるデンマーク語の、甘く高い発音が心地よく耳に残っている。

（2）セーレン・キェルケゴール協会（Søren Kierkegaard Selskabet）

デンマークのキェルケゴール協会は、キェルケゴール生誕一三五年を祝って一九四八年五月五日に設立された。前夜の五月四日に創立祝賀パーティが開かれ、百名余が出席したと言う。五月五日はキェルケゴールの生誕日であると同時に、この日は現代デンマークにとっても記念の日で、デンマークがナチス・ドイツの支配から自由となった解放記念日でもある。コペンハーゲンの家々の窓べに市民らはローソクをともし、往時の喜びを今なお偲ぶ。

キェルケゴール協会が創立されて以後の一九六七年まで、ほぼ二〇年にわたってニールス・ツルストルプは「書記」（Sekretær）であり、セー会長が引退して副会長のビレスコウ・ヤンセン教授が会長に就いたとき（一九六八年）、書記のツルストルプは副会長となった。それは一九八二年まで続いた。創立に参与したときのツルストルプの肩書きはstud.cand.theol〔神学士・神学修士〕でしかなかったが、そのときすでに協会の定期刊行物である *Meddelser fra Søren Kierkegaard Selskabet* の編集責任者であった。この小冊子は、われわれの日本キェルケゴール研究センター発行の「**通信**」にも等しい、文字通りの小冊子で、二〇ページほどのものでしかなかった。今日に至るデンマーク・キェルケゴール協会の輝かしい活動は、小さなパンフレットから始まった。これは十七号まで発行され、一九五五年三月の第三期第二号が最終号となり、以後は研究誌 ***Kierkegaardiana*** の刊行となる。(これら当初の冊子〔*Meddelser fra Søren Kierkegaard Selskabet*〕を、最初から最終号まで全部がそろってコペンハーゲンの古書店で見つけ出した時は、感激で震えた。当時の私は、食費や生活費を切りつめて金銭を貯え、キェルケゴール関係の文献資料の蒐集に執心していた)。

キェルケゴール研究を国際的な規模へと大きく寄与することとなる研究誌 *Kierkegaardiana* 第I号は、一九五五年に刊行され、ここでもツルストルプは編集責任者である。ツルストルプの編集による *Kierkegaardiana* は第XI号(一九八〇年刊)に達し、この号の中で、一九七八年に逝去した恩師 N.H.Søe 教授に深い哀悼を述べる〔前述〕。同じ号では、一九七八年に同じく没した G.Malantschuk 博士〔後述〕に対する追悼が、故人と親しく交わった Hong 教授夫妻(Edna og Howard Hong)から寄せられている。

デンマーク・キェルケゴール協会の当初から参与していたツルストルプが公式に姿を見せるのは、これが最後となる。次の *Kierkegaardiana XII*(一九八二年刊)の編集は、ツルストルプの手を離れ、同誌の冒頭で会長のビレスコウ・ヤンセン教授がこれまでのツルストルプの功績を賛え、同時に編集責任者の変更を報じている。

翌年ツルストルプ教授は、女王マーグレッテ二世からデンマーク騎士十字勲章を授けられナイトに叙せられる。次の一九八四年、ツルストルプ六〇歳を慶賀して**記念論文集**(*Faith, Knowledge, and Action*)が出版され、乞われて私もまた祝意を寄せた。

そして一九八九年十二月三一日、ツルストルプは急逝された。自殺であるとも仄聞される。

デンマーク・キェルケゴール協会は、各国の研究者との間で交流を深めながら、セーレン・キェルケゴールの人と思想が国際的な規模で展開する大きな貢献を果たした。その研究誌 *Kierkegaardiana* には各国から秀れた論文が寄せられたが、ツルストルプに対する親愛感とその有能な手腕に負うている。キェルケゴール研究史に、不滅の足跡を残している。

ツルストルプは、キェルケゴールがひとりデンマーク人だけの専有物とならず、各国において理解が深められそれぞれの精神風土に根づくよう願い、キェルケゴール研究に基礎資料となる刊行物を次々と出された。公刊著作と並んでキェルケゴールを総合的に理解する上で不可欠な『日誌・遺稿集』(Papirer) は久しく絶版であったが、これの覆刻刊行へと盡力され、その際に若干の資料批判を付された。また『セーレン・キェルケゴールに関する文書と手紙』を出版し、これには精細な補注の一巻を添えられた。あるいは又、キェルケゴール研究における歴史的研究の必要を強調され、『哲学的断片』および『非学問的な後書』に対して緻密で詳細な注解書を出され、その「歴史的研究」の方法がいかに必要かつ適切なことを、ご自身でもって証明された。(ツルストルプ教授の下で、他国からの研究員ともども私もまた、キェルケゴールにおける「歴史的研究」の方法を学び、自著でもって提唱し解説もした。しかし今日に至ってなお日本では瞠目されることが少なく、したがって日本のキェルケゴール研究が欧米の水準に匹敵できないでいる現況は、ひとり私の責任だろうか)。

ツルストルプ教授のキェルケゴール研究は、専らヘーゲルとの関係へと集約された。その学位論文『ヘーゲルに対するキェルケゴールの関係』(邦訳――『キェルケゴールのヘーゲルへの関係』(大谷長ほか訳)) は、デンマークの内外で研究者としてのツルストルプの名声を確かとした。当書が出て、ヘーゲルに対するキェルケゴールの関係は、通説を一変させた。

私は、ツルストルプ教授が神学部で開いておられた研究演習に出席したいと申し出た。すると教授は、自分のゼミでは専らヘーゲルを学んでいるので、あえて出席することもないと言われた。その折、自分はデンマーク人であるのでキェルケゴールの思想体質はある程度までなじむことが出来る､けれどもヘーゲルはドイツ人で､自分たちデンマーク人とは異質の精神風土に根ざしている。だからここ十数年にわたってヘーゲルと取り組んでいるとも話された。この評言を､私たち日本人は真摯に受けとめられるだろうか。どこまで私たちはヘーゲルを､ましてやデンマークのキェルケゴールを……。

(3) キェルケゴール・アカデミー (Kierkegaard Akademiet)

ツルストルプ教授は、夫人と協力して、一九七六年に国際研究機構キェルケゴール・アカデミーを創立された。デンマークをはじめ各国から選抜された十四名の指導的なキェルケゴール学者から構成され、日本からは、大谷長教授がただひとり選ばれた。(そのあと一九八三年から私が加えられた)。アカデミーは、キェルケゴールに関する国際会議を催し、その成果を ***Liber Academiae Kierkegaardiensis*** に所収した。キェルケゴール・アカデミーから刊行された研究誌 *Liber Academiae Kierkegaardiensis* は、第Ⅰ巻から第Ⅹ巻まで——時には A. Cortese なども編集に加わったが——実質上の編集刊行は、ツルストルプ教授夫妻に負うている。しかし一九九〇年に刊行の第Ⅷ巻で、ツルストルプ教授と親しかったドイツ人 Wolfdietrich von Kloeden 教授がツルストルプの急逝を報じ、David Cain(一九九七年にキェルケゴールの生涯と著作活動をめぐる写真集 *An Evocation of Kierkegaard* を刊行し、故ツルストルプ教授に献呈)が回想を述べる。その中で、ツルストルプ教授が少年時代に父親の蔵書の中から初めてセーレン・キェルケゴールと接した事情を記す。ツルストルプのキェルケゴール研究は、単に学問的な好奇心からのものでなく、己が実存を賭した主体的真理の探求であったことを思い知らされる。次に刊行された第Ⅸ巻(一九九二年刊)が最終号となり、ここで「キェルケゴール研究者としてのツルストルプ」の貢献が、あらためて回想されている。

教授の没後、夫人は故国のチェコへ去られ、そのまま消息が途絶えた。

ツルストルプ夫妻は、各国の研究者の協力を得て大部な *Kierkegaard Encyklopædi* の出版を、かねて構想されていた。その試刷見本（prøvehæfte）を、私は大谷長先生から頂いたことがある。試刷見本では、ページの左側にデンマーク語、右側にその英語訳を記し、英語を国際言語とする各国へと開かれていた。しかしこの出版計画は刊行費用の目途が立たず難渋し、遂には断念された。すでに用意されていた論稿は、***Bibliotheca Kierkegaardiana*** 全十六冊となってライツェル書店から出版された。その第十五巻は、各国のキェルケゴール受容史を結集するもので、日本に関しては大谷長先生が担当された。けれども大谷長先生の執筆内容が一方に偏する傾向を懸念され、編集刊行者ツルストルプ夫人は私からも寄稿を求められた。とり急ぎ英文原稿を書き送ったが、出版には間に合わなかった。第十五巻に所収される各国のキェルケゴール受容史の中に、日本が見られない。後年この間の事情について、私はツルストルプ教授あるいはツルストルプ夫人から私あての手紙を示し、客員教授として来日された Finn Hauberg Mortensen 教授に伝え、よく了解して頂いた。〔参照―― Finn Hauberg Mortensen, *Kierkegaard made in Japan* (Odense University Press),1996 p.71f.〕。

ツルストルプ教授は、上等の葉巻煙草をたしなまれた。デンマーク製の葉巻は、国際的に高い品評を得ている。あるときツルストルプは、インスティチュートにいるデンマーク人学生や外国からの研究員らに葉巻を勧められた。助手のカペローンは喜んで手に入れた。私にもすすめられたが、もともと煙草とは無縁で、丁重に辞した。

いつかコペンハーゲンの **Kultorvet** の広場で、ツルストルプ教授と出会ったことがある。広場の東側にコペンハーゲン市立図書館があり、その階上に当時は日本大使館があって、日章旗が窓から外へ出ていた。広場を挟んでこれと向きあう西側に、キェルケゴールも住んだことのあるKultorvet nr.132〔現在は十一番地〕の建物が、往時の姿のまで建っている。教授は建物を指し示し、キェルケゴールと日本とが深く結びあう由縁を、ユーモアをこめて話された。おだやかな微笑があふれた、そのときの温顔をなつかしむ。

(4) 帰国

いよいよ日本へ帰国することとなり、別れの挨拶のためインスティチュートにツルストルプ教授を訪ねた。私はソニーの携帯テープコーダー（現今のボイスコーダーと違い、B5版の辞書ほどに大きく重かった。それでもデンマークではまだまだ珍しい製品だった）を持参し、予め用意していた質問をただした。ツルストルプ教授の肉声が、私の録音テープに収録されている。

私の質問の一つは、なぜキェルケゴールが隣国のドイツ人に愛好されて広く理解されながら、しかし本国のデンマーク人からは疎縁なのかを質した。教授の答えはこうだった。――キェルケゴールの思想体質は、彼に大きな影響を及ぼした父親の出身地ユランの精神風土に根ざしている、しかし今日のデンマーク人の精神構造は、コペンハーゲンを中心とするシェラン的な傾向となっていて、だからキェルケゴールの思想はデンマーク人一般にとって疎隔を覚えるのでないか、と。

この解答は、私にとって終生の課題となる。すなわち、セーレン・キェルケゴールの思想風土の背後にあるユラン的な精神構造とは何か、又これと隔たって現今のデンマーク人の精神的な気質を形成するとされるシェラン的なものとは何か、両者がどのように異質なのかどうか。

キェルケゴールに関する「歴史的研究」が痛感されるとき、この問いは根本的なように思われてならない。

インスティチュートの研究室の窓からはいつも、聖ペテロ教会の煉瓦の側壁が見えた。冬の夕ぐれ、そこに粉雪が舞い、ガス燈をあしらった街灯のうるむ風情は、今なお忘れがたい。

ツルストルプ教授夫妻の手で起こされ育成されたキェルケゴール・アカデミー刊の先の研究誌第Ⅷ巻で、David Cain 教授が故ツルストルプ教授に追悼をささげている。その中で、かつてキェルケゴールが「コルサー」紙と対決した際に用いた周知な表現をあて、次のように記される、「キェルケゴールの在るところに、ツルストルプが在る」。又とない美しい手向けの辞となっていないだろうか。

〔C〕G・マランツック博士（Dr. Gregor Malantschuk）

「マランツック博士はブルーの花が好きでした……」と、ジュリアさん（Dr.Julia Watkin, 二〇〇五年一月に急逝）が言われ、私はデンマークのブルーの花をいっぱいに抱えて、マランツック博士の墓を訪ねた。一九九二年五月八日のこと。コペンハーゲンの中央駅に近い広大な Vester 墓園の一隅で、祖国ウクライナから遠く離れても生涯かけてこよなく愛した国で、多くのデンマーク人に愛された地で、永遠の眠りについている。墓園はカールスベヤーのビール会社に近く、マランツックの研究活動を支援したカールスベヤー財団に今もまた感謝するのだろうか。

グレゴー・マランツク博士は、一九〇二年九月三日、ウクライナ西部の村で生まれた。父は農業に携わる一方で小さな雑貨店を営んでいたが、第一次大戦の惨禍が及び、家族はオーストリアへ逃れた。一年半のち家族は郷里の村に戻ったが、村はすっかり破壊されていて、まもなく両親はチフスに罹り相ついで死去した。小さな弟や妹ら子どもたちだけが残り、絶望そのものだった。しかし亡父の知己で、以前に近所に住んでいて米国へ移住していたペーター・チリンスキー氏から思いがけず助けの手がのべられた。この経済的支援があってギムナジウムを卒業できた。

村の司祭は、彼がローマで学ぶよう勧めたが、彼自身はベルリン大学で哲学研究を志し、一九二三年にドイツへ留学した。けれども、これまでの辛労が肉体も精神をも犯し勉学に専念できなくなった。医師は静養を勧めたが、貧しい留学生にとってはどうしようもなかった。見かねてウクライナの友人たちが金銭を集め、デンマーク領ボンホルム島で休養が出来るよう尽くしてくれた。彼は、わが身に生じた人生のあれこれを回想するとき――文字通りにキェルケゴールの表現を使って、凡てが「摂理の配慮」と、感謝している。

ある日のこと、道で一人の鍛冶職人と出会った。彼は、マランツクが哲学を学ぶ学生と知り、デンマークの哲学者セーレン・キェルケゴールの思想にも接するよう示唆した。しかし当時、哲学研究では長年にわたり栄光に輝くベルリン大学で学ぶ学生マランツクにとって、偉大なデンマークの哲学者というイメージなど思い描けなかった。それだから、このときの会話はそこまでで短く終わった。

健康を回復してベルリンに戻った彼は、哲学研究だけでなく物理学や他の勉学にも励んだ。そしてショーペンハウアー、ことにニーチェに魅かれた。その後になって彼はキェルケゴールを思いうかべ、その研究に自分を当てた。こうして彼はキェルケゴールの『不安の概念』を読みはじめたが、同時に他方で非キリスト教的なさまざまな宗教思想や人生観にも親しんだ。

少しづつ彼は哲学研究へ自分を集中させ、最終的にはドイツの哲学者ヘルマン・ロッツェ（Hermann Lotze）のカテゴリー論をめぐって学位論文を書き、ドイツでの大学教育を終了した。これによって一九三四年五月九日付で哲学博士の学位が授与された。ロッツェはヘーゲルの哲学体系に対する強い批判者であるだけに、キェルケゴールのことが多少とも念頭に置かれたであろう。

卒業後、博士マランツクに好条件のポストが申し出られた。しかしそれはヒトラーのナチズムと結びつくものであったため、即座にそれを拒絶した。このため彼は生活難に陥り、ナチズムに支配されるドイツでは光明がないと思われ、コペンハーゲンに赴く決心をした。コペンハーゲン大学の組織神学教授エジュアル・ガイスマー（Eduard Geismar）とは以前から知己で、ガイスマーは彼をコペンハーゲンに迎えたいと願っていた。ガイスマーの尽力を得てマランツクは、一九三四年五月二十五日にデンマークへ移ることができた。コペンハーゲンではガイスマー教授の指導の下で、キェルケゴールの公刊著作や日誌遺稿集の研究に精力的に携わった。彼はその生涯を通じてガイスマーを指導教授と仰ぎ、自らに霊気を吹き込んだ恩師として敬っている。

コペンハーゲン滞在の当初、リー牧師夫妻の家に下宿した。のちに彼は、最初の大著 *Dialektik og Eksistens hos Søren Kierkegaard*〔邦訳『キェルケゴールにおける弁証法と実存』（大谷長・桝形公也ほか訳、東方出版）〕を、恩師シャロッテ・リー夫人に献呈している。

長い時期にわたってマランツクの主たる生計は、各種の私的な研究会によって支えられていた。そこではドストエフスキーやニーチェが講じられ、そして一九四七年からキェルケゴールがこれに加わった。一九五一年になってデンマーク市民権が与えられ、それによってようやく給与生活の道が可能となった。

多年にわたって彼は、夜間の市民大学でキェルケゴールを教えていたが、一九六二年になって初めてコペンハーゲン大学哲学講師として、大学でキェルケゴールを講義するようになった。一九六六年から年金年齢に達したが、デンマーク文部省は彼を特別奨励研究者として遇した。この恩恵によって彼は生活を憂うことなく、キェルケゴール研究に専心できることとなった。この恩典には大学での講義義務はなかったが、マランツクは進んでコペンハーゲン大学においてキェルケゴールの著作を継続して講述した。そこでは、教授たちからも学生たちからも、大いに尊敬される知名の教師となった。

私がマランツク博士と初めてお会いしたとき、一九六九年の冬学期では『哲学的断片』を、次の七〇年の夏学期では『不安の概念』を講じておられた。五〇名余の学生たちが受講し、一般社会人の聴講者も加わっていた。マランツク講師が教室に入ってくると、これまで騒がしくしていた学生たちは静まって一斉に起立する。壇上に上がったマランツク講師が穏やかな目で学生たちを眺めわたした後、小さく頷くと初めて学生たちは着席した。そして、熱っぽい講義が始まる。一つの学期が終了する最終授業のときである。マランツクの講義が終わると学生たちは立ち上がって、一斉に拍手を送った。そのあとマランツクは教室出口のドアの前に立ち、退室する学生たち一人一人にしっかりと握手をして〈tak! tak!〉(ありがとう!)をくり返した。その眩しい光景に見とれながら私は、当時、大学紛争で騒然としていた日本の大学から失われた、人間の美しさを目の前にして涙ぐむ思いさえした。

今、マランツクが遺したキェルケゴール研究の業績全体を展望するとき、キェルケゴールの弁証法的な方法とそこでのキリスト教理解に専らな関心が傾注されて、深い洞察が展開されたと思われる。とりわけ、キェルケゴールの個々の概念に対する優れた分析には感嘆せずにおれない。それゆえ、我々がキェルケゴールの思想形成の跡を追うとか、その全体像を解明する際に、マランツクの分析は不朽の意義を負うものであろう。その点でマランツクの研究業績が今後とも変わることなく評価されてよい。しかしわが国では未だ彼の研究業績が十分に紹介されないままで、ましてやそれを消化して各自のキェルケゴール研究へと咀嚼することなどはほとんど見られない。

マランツクの研究論文は、一つ一つが珠玉の輝きを放つ佳品となっている。まるで手練れた名工が心魂をこめて手作りで仕上げた芸術作品であるかのような光彩を放つ。そこでは第一に、徹底してキェルケゴールの本文テクストが——公刊著作のみならず日誌・遺稿集にわたってその全体が読み通され、個々の概念や思想内容に対して精緻な分析が下される。次いでこれら個々の分析が綜合され、全体としての思想像が、キェルケゴール自身の内面史の動きやそれと連動する著作活動の展開に沿って提示されていく。それは、まるで一箇のパノラマを見るかのように、個々の概念が互いに組み合わされ、発展して、時には相互が反発しつつ、一つの思想像へと形成されていく過程を展望させる。加えて、現代社会を生きる同時代人としての今日的な問題意識を背後にひそませて、キェルケゴールの問題を現代の我々の日常の場面と接近させ、キェルケゴールを親しいものとさせていく。そこでは常に、どこか宗教的な香気が漂い、マランツック博士の内面に息づく豊かな鼓動をうかがわせ、それが我々の魅力をそそってやまない。

かつてデンマークを訪れ図らずもマランツック博士の知遇を得、その学殖の一端に接することが出来た僥倖は、今もなお身にしみてならない。私自身のささやかなキェルケゴール研究の方法にしても、あるいはその展開に際しても、マランツックから十分な感化を得てきた——その感化の下で、自らの研究が霊気を吹き込まれてきたことを喜んで誇りとしたい。コペンハーゲン大学哲学部で講義されるその風姿、あるいは毎月に一回さまざまな家庭をめぐって開かれた研究会、——熱っぽい講義が終わると茶菓が供され、マランツックを囲んで一同が歓談する親しげな光景は、今も目の前で点滅する。

デンマークを去る直前にマランツックの私邸へ招かれたことがある。書物に囲まれた書斎で、マランツック自らカールスベヤーのデンマークビールを私のカップに注ぎ入れながら、「自分はあまりビールを飲めないが、かわって沢山、もっともっと飲んで下さい」と笑顔で言われた。カールスベヤー財団から研究費の恩恵を得ていることを、その冗句の中でそれとなく伝えられた。

日本に帰国してからもマランツク博士との暖かな交誼は少しも褪せず、著書を刊行されるごとに次々とそれを送呈して下さった。時には雑誌論文の抜刷までも送ってこられた。マランツクにとって最後の大著となった *Fra Individ til den Enkelte* が、私の許に送られてきたのは一九七八年四月のことで、その礼状のデンマーク語作文をあれこれ苦慮していて一カ月後、ようやく礼状をデンマークへ書き送った。それが私たちにとって最後となるなど、夢にも思わなかった。それだけに夏の八月末、マランツク博士の最大の後援者グレーテ・ケアー夫人（fr. Grethe Kjær）から届いた突然の訃報は、信じられないものであった。

私の手許には今、亡きマランツク博士の思い出にとケアー夫人から贈られた、キェルケゴールの『四つの宗教講話』（一八四四年）がある。亡きマランツクの蔵書の一つで，はじめの扉のところにサインが記入され、包装紙か何かの紙を切り取ってカバーがかけてある。書物には、鉛筆書きで彼の書き込みが随所で見られる。その一つ一つが声となって、私のキェルケゴール研究を指導する言葉ともなって響いてくる。いつも当書を手にすると、今もなお親しみ深い笑顔が傍らにあり、あの熱っぽい優しい声が近くで聞こえるかと思われる。あれほど人生の辛酸を味わい尽くしながら、純な心を失わず、どこまでも人を信頼し、あくまでも謙遜そのものであった温容な人格がなつかしまれてならない。

〔D〕一九六九年—七〇年

デンマークを初めて私が訪れた時期、一九六九年から七〇年にかけて日本の大学は、学園紛争で騒然としていた。出発の折、小さな駅頭に集まり花束を贈って見送ってくれた学生たちは、私が帰国した七〇年秋、キャンパスの一隅にある女子寮へ角棒やヘルメットを密かに運びこみ、街頭に出て通りをデモっていた。大学の所在地・善通寺には、かつて乃木希典将軍も在任した第十一師団司令部があり、今もまた陸上自衛隊が継いでいて、学生たちのデモの格好な標的となっていた。

デンマーク滞在中、コペンハーゲン大学生たちが大学制度の改革を要求して、大学本部を占拠したことがある。エグモント学生寮の学生たちに誘われて私もその光景を目にした。ところが翌朝の新聞には、占拠した大学を退去するとき学長室を清掃する学生たちの姿を一面にかかげ、「この愛すべき学生たち」と大きく見出しが付いていた。日本の大学紛争とどこか違っている。デンマーク社会が「成熟した社会」であることを、今さらに痛感された。

あのとき、大学紛争で日本を追われた日本の大学生たちが、身分を隠してコペンハーゲンに幾人も潜んでいた。彼らだけの地下組織もできていた、と聞く。たまたまその一人と接触して親しみ、クリスマス・パーティーには招くと約束を得たが、やがて彼は私の前から姿を消した。私が大学の人間である身分をどこかで聞き出したのだろうか。

初めてデンマークを訪れた私にキェルケゴール研究を指導された三人の先生たち――N. H. Søe 教授、N. Thulstrup 教授、G. Malantschuk 博士は逝かれた。その折に私は、十九世紀デンマーク教会史をテーマとしてゼミを開いておられたライフ・グラネー教授（Prof. Dr. Leif Grane）の研究演習に加えて頂いた。グラネー教授は、当時のコペンハーゲン大学神学部で最年少の教授で、そのゼミは、故ハル・コック教授（Hal Koch ――教会史研究で名高く、没後にその私邸が大学に献げられた）の旧邸で行われた。ゼミ生は四人の女子学生と私だけで、学生たちが順に研究発表をするが、間にブレイクが入る。当番の者が用意してきたケーキを出し、コーヒー・紅茶がまわる。その当番には教授自身も入っていて、あるときケーキの用意を忘れられ、ブレイクの時間になると私たち学生を残して足早く外に出て、ケーキの箱をかかえて戻ってこられた。それからいつものようにコーヒー・紅茶が供された。留学生の私にはその当番がなく、ゼミでの研究発表も課せられなかったが、仲間の一人として隔てなく親しんで頂いた。

あるとき、教授のマンションでゼミのコンパが開かれた。夜の八時からと連絡を受けたので、その時刻に訪ねていくと、四人の女子学生たちはすでに集まり台所で料理を用意していた。(グラネー教授は、そのころ離婚されていて独りの生活であった)。料理が並べられ、ビヤーグラスをあげて“skål”と乾杯し、共に歌い談笑し、時間が過ぎた。終ったときには夜の十二時をまわっていて、市電も市バスも終刻が過ぎていた。女子学生たちはそのために自転車で来ていたが、私にその用意はなく、歩いてエグモント学生寮まで戻っていった。

帰国後もグラネー教授と交信が続いた。コペンハーゲン大学が創立五百年を祝賀した年(一九七九年)、グラネー教授は神学部長として記念講演をされ、講演内容の印刷物とともに『神学部五百年史』(その後半部分は教授が執筆)を送って下さった。

一九九二年に私がデンマークを訪問した折、教授から手紙が届き、再会したいので訪ねてくるよう促された。デンマークを訪れるとき、いつも教授のことは念頭にあったが、自分の会話能力を恥じて気おくれしていた。今回はやむなく決心をつけた。先生は神学部教授であるとともに、コペンハーゲン最古の学生寮として知名のRegensen(その建物はコペンハーゲンの観光スポットの一つ「円塔」(Rundetårn)の前にある。Regensenに住んだ学生たちからは幾多の人材がデンマーク史を飾った)の学生寮牧師を兼任しておられた。レーゲンス学生寮の中の牧師室へ先生を訪ね旧交を暖めると、ふしぎと会話が弾み、少しも憂慮する必要などなかったと今さらに悔いた。談笑中に一人の学生が部屋を訪れ、先生は自分の息子で神学部に学んでいると話され、私を“Professor HASHIMOTO”と紹介された。日本に帰国後、やがて関西学院大学とデンマーク文部省との間で整った学術友好交流協定にのせて、グラネー教授を客員教授で招聘できないかと模索していた。しかし二〇〇〇年四月にデンマークを訪れたとき、たまたま手にした三位一体教会の教会報の中で、グラネー教授が同年の春三月に逝去されたことを知った。

いつしか私にも老いの日が始まっている。聴力は遠ざかり、文字がぼやけて読書は捗らない。腰痛が走る……、ますますデンマークは遠くなる。丘から丘へと穂波がゆれてそのむこうに佇む教会の塔、ブナの木立ち、うす紫の湖水、その上を渡る夏の白い雲、白夜の薄ら明かりの中でうるむ古城……、遙かなデンマーク——キェルケゴールの国。

【参考文献】

Meddelelser fra Søren Kierkegaard Selskabet, 1 Årgang 1949 Nr.1（1949）—— 5 Årgang Nr.2（Marts 1955）.

Kierkegaardiana I（1955）—— XIV（1988）.

Kierkegaardiana 15（1991）

Studier i Stadier（Søren Kierkegaard Selskabets 50-års Jubilæum）1998.

Leif Grane, *Det teologiske Fakultet 1830-1979*（Københavns Universitet 1479-1979, Bd.V, 1980）.

Finn Hauberg Mortensen, *Kierkegaard made in Japan*（Odense University Press, 1996）.

【付記】

遙かなデンマークを回想するとき、ここで記した以降のことをも含め、なお加筆することがいっぱいにある。現今のデンマーク・キェルケゴール研究センター所長ニールス・カペローン博士（Dr. h. c. Niels Jørgen Cappelørn, Direktør, Søren Kierkegaard Forskningscenteret）は、私が最初にデンマークを訪れたとき以来、ともども親しみ信頼を重ねてきた（本書四六頁を参照）。その親交は今なお変わらない。

一九九二年に再びデンマークを訪れる直前、そのころ京都に滞留されて研究活動を進めておられたフィン・モーテンセン教授（Prof. dr. Finn Hauberg Mortnsen, Syddansk Universitet）が、大学の研究室に私を訪ねて来られた。井上光子さんの紹介で、この時の対談は、同教授の *Kierkegaaed Made in Japan* の中に収録されている。まもなく同年四月にデンマークを再訪した私を迎えて、教授夫妻は心を尽くして歓待して下さった。Hornbæk のサマーハウスに招かれた幾多の思い出は、あまりにも美しい。それ以降、又となく細やかで信頼あふれる友愛が今に続いている。先のカペローン博士ともども、私のキェルケゴール研究に対する最大の理解者として、これ以上にはないほどの好遇に惜しみなく与ってきた。デンマーク文部省（あるいは南デンマーク大学）と関西学院大学との間で学術研究友好交流協約が整ったのも、モーテンセン教授の格別な好意があってのことで、この友好交流協約があればこそ関西学院大学の教授も学生も、今日デンマークを訪れて歓迎されている。その感謝をもこめ、二〇〇〇年の春学期にモーテンセン教授を客員教授として関西学院大学へお招きした。その折の数々の思い出がなつかしまれる。モーテンセン教授ご夫妻（fr. Ella）のことでは、なおも語り尽くせない。

デンマーク文部省（Dansk Undervisningsministeriet）は、私の最初のデンマーク留学研究以来、幾多の支援を寄せてくださった。中でも、国際交流局長クアーさん（fuldmægtig Birgit Kure）の温情は忘れがたく、たえず感謝されてならない。日本から感謝のしるしにと持参した「御殿手毬」（京都四条の老舗・田中彌の品）を、とても喜んでくださった。その後に私が幾度かデンマークを訪れたあるとき、マンションの私室を自由に使って下さいとまで好意を寄せられた。このようなデンマークの友愛があればこそ、デンマークを慕われてならないのである。

東京の駐日デンマーク大使館の参事官・領事リンドブラッド氏（Bent Lindblad, Councellor, Royal Danish Embassy in Japan）は、私がデンマーク政府奨学金の試験を受けた当初から、今日にわたって暖かく見守ってくださっている。私の最初の著書『キェルケゴールにおける「苦悩」の世界』を幾冊も買い上げ、デンマークの関係者に贈呈もして下さった。関西学院大学で開設した全学共通科目「総合コース・デンマーク」の特別講師を快諾して頂き、新幹線で来学くださったこともある。

デンマーク政府奨学金受験の折、少しでもデンマーク語会話が習得できるよう、当時、千葉の習志野市に宣教師として在日しておられたレッツラルセン牧師（Pastor Frode Leth-Larsen）を訪ね、その宣教師館で一週間ほど滞留させて頂いた。それ以来、ご夫人（fr. Anne Marie）ともども、今なお豊かな温情が私に注がれている。

キェルケゴールの父祖の地、デンマークのSædding を初めて訪れ、キェルケゴール家発祥地記念碑の前で写真をとっていたとき、車で通りかかったフォルケ・ハンセンさん（hr. H. Folke-Hansen）が私に声をかけられた。デンマーク体操チームの一員として来日されたこともある奥さま（fr. Grethe）ともども、ご家族との親交は、こうして始まった。

マランツク博士の思い出は、終始、博士を後援されたケアー夫人（fr. Grethe Kjær）、そして博士の下で研究指導を得られたジュリアさん（Dr. Julia Watkin）と、つねに一つに結びあう。ケアーさんもジュリアさんも日本人と親しまれ、日本からの来訪者を隔てなく暖かく迎えられた。私たち日本人は、心から感謝しなければいけない。

そのほか、デンマークで接した教授・牧師・学生たち、さまざまな人たち（持病をかかえる私がデンマークに滞在して安心しておれるのは、日本人医師、**小林隆先生**ご夫妻がコペンハーゲンに居住されるからでもある）、あるいは日本においてデンマークやキェルケゴールと関係して暖かなご交誼を頂いた幾多の、あの人この人が今さらに思いおこされる。いつの日か、感謝と喜びをこめて、それぞれを書き記す日があるものと念じている。

今こうして喜ばしく思いを馳せてみると、しみじみ痛感されてならない――かつてキェルケゴールが語りマランツク博士もまた記されたように――そのすべては、恵み豊かな「攝理の配慮」であった、と。

橋本　淳先生　経歴・研究業績　(Jun Hashimoto, Dr. Phil. Prof. Emeritus, Kwansei Gakuin University)

一九三五年四月一六日生（大阪市）

一九五八年　関西学院大学神学部卒業
一九六〇年　関西学院大学大学院神学研究科修士課程修了
一九七八年　文学博士（関西学院大学）
二〇〇四年　四月一日　関西学院大学名誉教授

現　職

二〇〇六年　四月一日　関西福祉科学大学社会福祉学部教授（「福祉人間学」「研究演習」）

職　歴

一九六二年　浪速短期大学（現・大阪芸術大学短期大学部）・大阪芸術大学専任講師（「倫理学」）（〜一九六八年三月まで）
一九六八年　四国学院大学文学部助教授（「キリスト教学」「宗教学」）
一九七二年　四国学院大学文学部教授（一九七七年三月まで）
一九七七年　関西学院大学神学部教授（「宗教哲学」「組織神学」「哲学史」「研究演習」「キリスト教学」）
一九八〇年　関西学院大学大学院神学研究科　前期課程指導教授（「宗教哲学特殊講義」「キリスト教学特殊講義」「研究演習」）
一九八五年　関西学院大学大学院神学研究科　後期課程指導教授
一九八九年　関西学院大学神学部長・大学院神学研究科委員長（一九九二年三月まで）
二〇〇四年　三月　停年退職

〈在外研究〉

一九六九年　コペンハーゲン大学神学部キェルケゴール研究所（Søren Kierkegaard Institutet）客員研究員（一九七〇年八月まで）

一九九二年　コペンハーゲン大学神学部キェルケゴール研究所　客員研究員（一九九二年一〇月まで）

二〇〇〇年　コペンハーゲン大学キェルケゴール研究センター（Søren Kierkegaard Forskningscenteret）客員研究員（二〇〇〇年八月まで）

〈非常勤講師〉

一九六三年　大阪外国語大学講師（「宗教学」）（一九六八年三月まで）

一九七九年　信州大学人文学部講師（「西洋哲学特殊講義」）（一九八〇年三月まで）【集中講義】

一九八六年　京都大学文学部哲学科・京都大学大学院文学研究科講師（「キリスト教学特殊研究」）（一九八七年三月まで）

一九九八年　大阪大学講師（全学共通教育機構――「宗教とは何か」）（一九九九年九月まで）

一九九五年　大手前女子大学（現・大手前大学）文学部及び社会文化学部講師（「キリスト教思想」「宗教学」）（現在に至る）

一九九五年　大手前大学大学院修士課程講師（「西洋文化特殊研究」）（二〇〇五年三月まで）

学会活動

一九六二年　日本基督教学会会員（現在に至る）

日本基督教学会幹事（一九八七年四月～一九九〇年三月まで）

日本基督教学会理事（一九九〇年四月～現在に至る）

日本基督教学会近畿支部代表理事（一九九七年四月～二〇〇四年三月まで）

日本基督教学会学会誌編集委員（一九九九年四月～二〇〇三年九月）

一九六八年　日本宗教学会会員（現在に至る）

一九七一年　デンマーク・キェルケゴール協会会員（現在に至る）

一九九八年　日本キェルケゴール研究センター代表理事（現在に至る）

一九九九年　日本キリスト教文化学会理事長（二〇〇二年一〇月まで）
二〇〇〇年　日本組織神学会会長（二〇〇二年九月まで）
二〇〇〇年　デンマーク・キェルケゴール研究センター（コペンハーゲン大学）評議員日本代表委員（現在に至る）

研究業績

著　書

一九七六年　『キェルケゴールにおける「苦悩」の世界』〔博士学位論文〕　未来社（単）
一九七六年　『セーレン・キェルケゴール年表』　未来社（単）
一九七九年　『逍遥する哲学者』　新教出版社（単）
一九八〇年　『キェルケゴール、憂愁と愛』　人文書院（単）
一九九六年　『デンマークの歴史』　創元社（編）
一九九七年　『キリスト教と欧米文化』（キリスト教文化学会編）　ヨルダン社（共）

翻訳書

一九七六年　キェルケゴール『背後から傷つける思想』　新教出版社
一九八五年　『セーレン・キェルケゴールの日誌』第一巻　未来社
一九九六年　P・ガーディナー『キェルケゴール』（コンパクト評伝シリーズ14）　教文館

主要研究論文

一九六四年　キェルケゴールにおける苦悩について――その一、『後書』の「宗教的苦悩」『キェルケゴール研究』（キェルケゴール協会刊）創刊号
一九六五年　キェルケゴールにおける苦悩について――その二、受難のイエス像における「苦しみ」『キェルケゴール研究』（キェルケゴール協会刊）第2号

一九六七年　キェルケゴールにおける苦悩について――その三、キリスト者と苦しみ　『キェルケゴール研究』（キェルケゴール協会刊）第4号
一九七三年　「真理の証人」――セーレン・キェルケゴールのキリスト教理解と教会闘争に関する一研究《その一》　『論集』（四国学院大学）第二六号
一九七三年　「真理の証人」――セーレン・キェルケゴールのキリスト教理解と教会闘争に関する一研究《その二》　『論集』（四国学院大学）第二七号
一九七四年　セーレン・キェルケゴールにおける真理の問題　『聖書と教会』（日本基督教団出版局）八月号
一九七七年　生涯と思想――キェルケゴール小伝　『現代思想』（青土社）四月号
一九七九年　キェルケゴールの著作活動と《ソクラテス的な助産術》　『神学研究』（関西学院大学神学部）第二七号
一九七九年　殉教のキリスト教――「認容」の問題をめぐって　『理想』五五五号（――夏期特大号キェルケゴール）（理想社）
一九八〇年　キェルケゴール『畏れとおののき』における「罪」の問題　『キェルケゴール研究』（キェルケゴール協会刊）第一〇号
一九八一年　日本におけるキェルケゴール――（一）吉満義彦の場合　『神学研究』第二九号
一九八二年　セーレン・キェルケゴールにおける「不安」の問題　『聖書と教会』（日本基督教団出版局）七月号
一九八二年　セーレン・キェルケゴールの遺稿文書（Papirer）について『キェルケゴール――デンマークの思想と言語』（大谷長博士古稀記念論集、東方出版刊）
一九八三年　パスカルとキェルケゴール　『パスカル著作集』（教文館刊）別巻・「パスカル論集」
一九八六年　キェルケゴール『死に至る病』の研究（一）『神学研究』第三四号
一九八八年　日本におけるキェルケゴール　『日本の神学』（日本基督教学会）第二七号
一九八九年　キェルケゴール『死に至る病』の研究（二）『神学研究』第三六号
一九九〇年　キェルケゴール『死に至る病』の研究（三）『神学研究』第三七号
一九九一年　セーレン・キェルケゴール――懺悔者の道　『キリスト教文化学会年報』三七号
二〇〇一年　On Japanese Resources（Translation of the Work and Research Literature）-Kierkegaard's Upbuilding Discourses（1843-44）*Kierkegaard Studies Yearbook 2000*（デンマーク・キェルケゴール研究センター刊）

二〇〇三年　日本のキリスト教会とキェルケゴール　『神学研究』（新制大学神学部開設五〇周年記念講演集）
二〇〇四年　自然と人間――キェルケゴールにおける自然観　『神学研究』五一号

新聞論文

一九八四年　「危機の時代とキェルケゴール」「朝日新聞」（夕刊）
一九八六年　「永遠のレギーネ――久遠の哲学」「毎日新聞」（夕刊）
一九九三年　「アンデルセン・デンマーク国のこと」「神戸新聞」（朝刊）

主な辞典・事典項目

一九八六年　『キリスト教人名辞典』「トゥルストロプ・ニールス」ほかのデンマーク人名　日本基督教団出版局
一九九六年　『世界文学大事典』第一巻「キアケゴー（キェルケゴール）、セーレン」　集英社
二〇〇三年　『精神医学文献辞典』「死に至る病」　弘文堂

文献目録

一九九四年　Søren Kierkegaard Litteratur i Japan (1906-1979).〔キェルケゴールに関する日本語文献（一九〇六年から一九七九年まで）のデンマーク語訳による国際版データベース〕

執筆者紹介

ニールス・J・カペローン（Niels Jørgen Cappelørn, Dr. h. c., Dr.theol. h. c., Director of The Søren Kierkegaard Research Centre at Copenhagen University (Denmark)）

一九四五年　デンマークにて生。Dr. h. c., Dr. theol. h. c.

〔現職〕デンマーク・キェルケゴール研究センター（コペンハーゲン大学）所長。

デンマーク・キェルケゴール協会書記として *Kierkegaardiana* の編集（一九八二年―八七年）。デンマーク聖書協会理事長として旧新約聖書の現代デンマーク語訳を指導（一九八七年―九二年）。キェルケゴールの『日誌・遺稿文書』第二版（Papirer）の覆刻刊行に際してインデックス三巻を増補（PapirerXIV-XVI、一九七五年―七八年）。

キェルケゴール研究センター所長として、その刊行事業 *Søren Kierkegaards Skrifter*〔セーレン・キェルケゴールの批評的新版原典全集〕および *Kierkegaard Studies Yearbook*（一九九六年―）、*Kierkegaard Studies Monograf Series*（一九九七年―）の責任編集者。共著 Skriftbilleder（一九九六年）、*Tekstspejle*（二〇〇二年）。研究センター主催によるデンマーク各地・海外各国におけるカンファレンスでも活躍。

他に数多くの論文・新聞論文・書評を執筆。テレビ・ラジオでの公演も多い。研究者としての同氏の手腕は、次の論文において顕著に見られる。　―*Søren Kierkegaard til altergang om fredagen i Vor Frue Kirke* (*Dansk teologisk Tidsskrift 1/2000*).

NIELS JØRGEN CAPPELØRN, born 1945 (Denmark), cand. theol, University of Copenhagen, 1977. Dr. h. c., Dr. theol. h. c. Assistant Lecturer, University of Copenhagen, 1977. General Secretary, Danish Bible Society, 1980-93. Member, Board of Directors, Søren Kierkegaard Society,1981-87; Member, Editorial Board, *Kierkegaardiana*, 1982-87; Co-editor, *Bibelselskabets Kommentarserie*, 1982-93; Chairman, Committee for Revision of the New Authorized Danish Translation of the Bible, 1987-92. Member, United Bible Societies Executive and Regional Committees, 1988-94. Publications: *Søren Kierkegaard Papirer*, *Indeks*, volumes XIV-XVI (1975-78), and *Bibelsyn* (1985), *Fra tekst til prædiken* (1986). Co-editor, Gregor Malantschuk: *Frihed og*

Eksistens. Studier i Søren Kierkegaards tænking (1980), Wladimir Herman: *Kierkegaards sidste dage. Et skuespil* (1982), *Søren Kierkegaard: Dagbøger i udvalg* 1834-46 (1993). Director of The Søren Kierkegaard Centre at Copenhagen University. Member of the Editional Board of *Søren Kierkegaard Skrifter (SKS).* On the Centre's another Publications, co-editor of *Kierkegaard Studies Yearbook* (1996–), *Kierkegaard Studies Monograf Series* (1997–). Co-author of *Skriftbilleder* (1996), *Tekstspejle* (2002). Numerous articles, reviews, television and radio broadcasts.

フィン・H・モーテンセン (Finn Hauberg Mortensen, Dr. Phil.(lic. Phi), Prof., University of Southern Denmark (Denmark))

一九四六年　デンマーク（コペンハーゲン）にて生。Ph. D.(lic. phil.)〔コペンハーゲン大学〕。

〔現職〕 南デンマーク大学（オーゼンセ）教授（北欧文学・北欧文芸思潮・北欧言語学）。

デンマーク文部省海外派遣教員プロジェクト委員長、大学教育評議会評議員、デンマーク学術会議（人文科学部門委員長）、デンマーク文学・言語学会会長などの要職を歴任。

客員教授として、北米・イギリス・ドイツ・イタリア・日本（関西学院大学、一九九七年と二〇〇〇年）の各国諸大学から招聘された。

〔主要著書〕 北欧（デンマーク）文学史のシリーズ、辞典などに数多く執筆。

Publications: Books: *Litteraturfunktion og symbolnorm* 1800-1870, vol.1-2, Copenhagen 1973; *Danskfagets didaktik*, vol.1-2, Copenhagen 1979; *A Tale of Tales: Hans Christian Andersen and Danish Children's Literature,* Minneapolis 1989; *Søren Kierkegaard's Either / Or: Its Composition and Appropriation of Folk Literature,* Minneapolis 1989; *Funderinger over faget dansk, Odense 1993; Søren Kierkegaard Made in Japan,* Odense 1996.

Other Publications: Co-editor of : *Antologi af nordisk literatur,* vol.1-11, Copenhagen1972-84; *Dansk litteraturhistorie*, vol.1-9, Copenhagen 1983-85; *Søren Kierkegaards Skrifter*, vol.1-II, Copenhagen 1997-2000; *Læsninger af dansk litteratur,* vol.1-5, Odense, 1997-99; *H.C.Andersens skrifter, project* 2001— . Have written some 200 articles, published in Denmark and foreign countries, including Japan, contributing also to *Dictionary of Literary Biography,* vol.300 (on Søren Kierkegaard and Mondern Danish Literature), San Francisco / London / Boston, 2004; *Dansk Kulturkanon* (2006–).

FINN HAUBERG MORTENSEN, born 1946 (Denmark), lic.phil., University of Copenhagen, 1979. Professor of Nordic Literature, University of Odense, University of Southern Denmark (Odense) 1991- present. Member, Danish National Research Council. Guest Professor, Kwansei Gakuin University (Japan, 1997 and 2000). Publications on Kierkegaard: *Litteraturfunktion og symbolnorm 1800-1870,* (Gold Medal, University of Copenhagen, 1969, Published 1973), and in *Dansk litteraturhistorie* 5 (1984). International Publications: *Søren Kierkegaard's Either / Or : Its Composition and Appropriation of Folk Literature* (1989), *Kierkegaard Made in Japan* (1995). Participation in large publishing projects: *Dansk Litteraturhistorie (1983-85), Dictionary of Literary Biography* (DLB, 2004), *Dansk Kulturkanon* (2006~). Work at The Søren Kierkegaard Research Centre on *Søren Kierkegaards Skrifter,* Research Professor.

表　在明（ピョ　チェミョン　Pyo Jae-Myeong, Ph.D. Prof. Emeritus, Korea University (Korea)）

一九三三年　ソウル市（韓国）にて生。哲学博士、高麗大學校名譽教授。

ソウル大學校文化大學哲学科卒、高麗大學校大学院修了。高麗大學校教授、デンマーク政府招待研究員としてコペンハーゲン大学神学部キェルケゴール研究所に研究。韓國キェルケゴール學会会長。

韓国・日本キェルケゴール國際カンファレンスでは韓国側を代表し、第一回國際カンファレンス（二〇〇〇年一一月）において主題講演者。

〔主要著書〕

『キェルケゴールの單独者概念』（瑞光社、一九九二年）

『キェルケゴール研究』（知性の泉、一九九五年）

〔主要訳書・韓國語訳〕

キェルケゴール『哲學的断片』（平和出版社、一九七三年）

キェルケゴール『野の百合・空の鳥』（鐘路書籍、一九八〇年）

M・ブーバー『われとなんじ』（一九七七年）

PYO JAE-MYEONG born 1933 Seoul, (Korea), Ph.D. Professor of Philosophy, Korea University. Research at The Søren

Kierkegaard Institute, University of Copenhagen. President of Søren Kierkegaard Society in Korea. A main Lecturer in The 1st Korea-Japan International Kierkegaard Conference, 2000, published in Korean *The Concept of "Individual" in Søren Kierkegaar* (1992), *Søren Kierkegaard – His Life and Philosophy* (1995), translated *Philosophical Fragments* (into Korea, 1973) *The Lily of the Field and the Bird of the Air* (into Korea, 1980), and numerous articles in the Philosophy of religion, in the Kierkegaard Studies. Emeritus Professor, Korea University.

河上正秀（Shoshu Kawakami, Dr. Phil. Prof, Tsukuba University）

一九四三年生まれ。筑波大学人文社会科学研究科教授。博士（文学）取得（筑波大学）。

著書『ドイツにおけるキルケゴール思想の受容――二〇世紀初頭の批判哲学と実存哲学』（創文社、一九九九）。『他者性の時代――モダニズムの彼方へ』編者・著者（世界思想社、二〇〇五）など多数。

舟木　譲（Jo Funaki, Associate Prof, Kwansei Gakuin University）

一九六一年生まれ。関西学院大学助教授。

共著『暴力を考える――キリスト教の視点から』（前島宗甫編著、関西学院大学出版会、二〇〇五）。『国際人権辞典』（関西学院大学人権教育研究室監修、明石書店、二〇〇六）など。

平林孝裕（Takahiro Hirabayashi, Associate Prof, Kwansei Gakuin University）

一九六三年生まれ。関西学院大学助教授。

共著『暴力を考える――キリスト教の視点から』（関西学院大学出版会、二〇〇五）。論文「セーレン・キルケゴールにおける《心理学》の問題」（『理想』第六七六号）など。

井上光子（Mitsuko Inoue, Lecturer, Kwansei Gakuin University）
一九六六年生まれ。関西学院大学非常勤講師。
共著『デンマークの歴史』（創元社、一九九九）。『国際商業』（ミネルヴァ書房、二〇〇二）など。

水垣　渉（Wataru Mizugaki, Dr. Phi. Prof. Emeritus, Kyoto University）
一九三五年生まれ。京都大学名誉教授。京都大学文学博士。
著書『宗教的探求の問題――古代キリスト教思想序説』（創文社、一九八四）など多数。

松木真一（Shinichi Matsuki, Dr. theol. Prof. Kwansei Gakuin University）
一九四四年生まれ。関西学院大学教授。神学博士。
著書『人間存在の探求――キリスト教的人間論の根本問題』（創元社、一九八八）。『無の克服の思想――聖書の根本思想の一考察』（創元社、一九九九）など。

近藤　剛（Go Kondo, Lecturer, Kobe International University）
一九七四年生まれ。神戸国際大学、神戸松蔭女子学院大学講師。
共著『比較宗教学への招待――東アジアの視点から』（晃洋書房）。共訳ティリッヒ『平和の神学一九三八―一九六五』（新教出版社）など。

石原　等（Hitoshi Ishihara, Rev., Post Doctorial Fellowship）
一九五九年生まれ。日本キリスト教団相生教会牧師。
論文「モルトマンの終末論的希望について――『希望の神学』の根本思想に関する研究」（『神学研究　第四九巻』関西学院大学神学研究会）など。

桝田　啓介（Keisuke Masuda, Prof., Hosei University）

一九三五年生まれ。法政大学教授。早稲田大学講師。

アンデルセン、カレン・ブリクセン、ブランデスなどに関する論文、エッセイなど。

林　忠良（Tadayoshi Hayashi, Prof. Emeritus, Kwansei Gakuin University）

一九三八年生まれ。関西学院大学名誉教授。

論文「キルケゴールの〈反復〉概念の一解釈」（関西学院大学『キリスト教学研究』Ⅰ、一九七四）。「キルケゴールにおける〈論理的問題〉」（京都大学基督教学会『基督教学研究』第一四号、一九九二）など。

New Perspective of Studies on Kierkegaard and the Scope of Contemporary Christian Theology

Essays Published Commemorating the 150th Anniversary of Søren Kierkegaard Death
Dedicated to Jun Hashimoto, Dr.Phil. Prof. Emeritus. in Honor of His Contributions on Studies of Søren Kierkegaard

ed. Søren Kierkegaard Research Centre in Japan
pub. Kwansei Gakuin University Press, April 2006

〈**Table of Contents**〉

キェルケゴールとキリスト教神学の展望

〈人間が壊れる〉時代の中で

2006年3月31日初版第一刷発行

刊　行　日本キェルケゴール研究センター
編著者　松木真一

発行者　山本栄一
発行所　関西学院大学出版会
所在地　〒662-0891　兵庫県西宮市上ケ原一番町1-155
電　話　0798-53-5233

印　刷　大和出版印刷株式会社

Printed in Japan by Kwansei Gakuin University Press
ISBN 4-907654-91-X
乱丁・落丁本はお取り替えいたします。

http://www.kwansei.ac.jp/press